国際法で読み解く 外交問題

坂元 茂樹 著

東信堂

はしがき

　2022年2月のロシアのウクライナ侵略で始まったロシアとウクライナの戦争は未だ継続しており、2023年8月時点ですでに両軍の死傷者数は50万人を超えたと報道されている。さらに子どもの死者数は484人、ロシアに連れ去られた子どもの数は1万6226人、うつやトラウマなどに直面している子どもたちは150万人ともいわれている。

　残念ながら、本書で触れられることはないが、2023年10月7日のパレスチナのガザ地区を実効支配するイスラム組織ハマスによるイスラエルへの大規模攻撃で始まったイスラエルとハマスの戦闘では、イスラエルによるガザ地区の無差別爆撃で、ガザ保健省の発表では11月7日までのわずか1カ月で、ウクライナの子どもの死者数のおよそ10倍の4237人の子どもを含む1万328人のパレスチナ住民が死亡したと報道されている。本来、国際人道法や国際人権法によって保護されるべき文民の命、生命権がいとも簡単に奪われている現状は、法の支配に基づく国際秩序がいたるところで破られていることをわれわれに伝えている。

　こうした現状を前に国際法は容易に無視され無力であると考える読者の方は多いと思われる。とりわけ、「国際社会の平和と安全の維持」を目的とする国連が、前者ではロシアの、後者では米国の拒否権によって十分に機能せず、紛争当事者による非人道的行為を止めることができない現実にあきらめに近い感情をもつ方は多いであろう。

　国連の常任理事国のみならず、国連の加盟国の多くが政治的思惑に国際法を従属させる傾向があるのはたしかである。しかし、彼らが活動する国連という機関は、まちがいなく国際法、国際人権法、国際人道法などの国際法の遵守を各国に求める機関である。国連憲章の前文にあるように、「基本的人権と人間の尊厳及び価値と男女及び大小各国の同権とに関する信念をあらためて確認し、正義と条約その他の国際法の源泉から生ずる義務の尊重とを維持することができる条件を確立し」、「寛容を実行し、且つ、善良な隣人として互に平和に生活し、国際の平和及び安全を維持するためにわれわれの力を合わせ、共通の利益

を除く外は武力を用いないことを原則の受諾と方法の設定によって確保」する機関である。第2次世界大戦後に設立されたこの国際機関は、戦争の惨害から将来の世代を救うことを誓って1945年に設立された。残念ながら未だ充分にその約束を果たし得ないでいるが、世界の人びとにとっては、この機関への信頼と機能の回復を求める以外に国際平和を実現する方法はないと思われる。

2023年は、世界人権宣言が1948年に国連総会で採択されてから75周年の記念の年である。第2次世界大戦中、ナチスドイツがユダヤ人を強制収容所に入れ、かれらをガス室で集団殺害したという人種優越主義的な事件が二度と繰り返されないようにという反省のもと、この宣言は採択された。宣言の第1条が、「すべての人間は、生まれながらにして自由であり、かつ、尊厳と権利とにおいて平等である」と述べているのは、そのためである。しかし、「すべての人間は」という時に、この当時、視野に入っていなかった人びとがいる。アジア・アフリカの植民地支配下にあった人びととパレスチナの人びとである。奇しくも1948年はイスラエルが建国宣言をし、パレスチナの人びとが暮らす村落を破壊し、住民を追放したナクバ（アラビア語で大厄災）が生じた年である。

クレイグ・モキーバー国連人権高等弁務官事務所ニューヨーク事務所長は、2023年10月28日、ヴォルカー・ターク国連人権高等弁務官に30年間の職務を終える退任の書簡の中で、「今年、世界人権宣言75周年にあたって、私たちは、世界人権宣言がそれに先立つナチスによるユダヤ人迫害・虐殺などの残虐行為から生まれたという古い決まり文句を捨てて、世界人権宣言が最も残虐な大量虐殺のひとつ、すなわちパレスチナの破壊とともに生まれたことを認めるのがよいだろう」と述べている。ともに大虐殺を経験した人びとが今また自らの生存をかけて戦っているのは、歴史の皮肉としか言いようがない。

世界人権宣言第6条は、「すべての人は、いかなる場所においても、法の下において人として認められる権利を有する」と規定し、すべての人間は、あらゆる場所において人間らしく取り扱われなければならないと述べている。世界中のあらゆる場所で、それが実現されていない現実がある。全30カ条からなる世界人権宣言は、人間が人間らしく幸せに生きていくための権利である人権の国際的な基準を示した大切な文書であると同時に、世界中のすべての人、すべての国が尊重すべき共通の人権とは何かを示している。特徴的なのは、その

前文で「人類社会のすべての構成員の固有の尊厳と平等で譲ることのできない権利を認めることが、世界における自由、正義及び平和の基礎である」と述べていることである。ここでは、人権が守れないところに平和はないという考えが採用されている。

　多くの日本人はすでに忘れ去っているが、日本は、第2次世界大戦に敗れ、国際社会に復帰した1951年のサンフランシスコ平和条約の前文で、「日本国としては、国際連合への加盟を申請し且つあらゆる場合に国際連合憲章の原則を遵守し、世界人権宣言の目的を実現するために努力」することを誓った国である。そして、世界人権宣言が採択された前年の1947年に施行された日本国憲法第98条第2項は、「日本国が締結した条約及び確立された国際法規は、これを誠実に遵守することを必要とする」と規定し、国際法を遵守することを憲法上の要請としている国である。

　現在、われわれが目撃しているように、戦争で人間の生命がいとも簡単に奪われていく事態こそ人権の重大な危機と言わなければならない。このような時にこそ、われわれは、世界人権宣言にいう「すべての人は、生命、自由及び身体の安全に対する権利を有する」(第3条)との規定を思い起こす必要がある。われわれ一人ひとりが、人間を中心に置き、人間一人ひとりを大切にする世界人権宣言に体現されている国際法の意義を改めて確認し、平和の実現を目指して努力する必要がある。

　本書は、その時々において生じた多国間の、また二国間の外交問題を国際法の観点から、雑誌や新聞などで筆者が論じたものを集めたものである。本書を手にとってくれた読者が、ご自分が興味のある外交問題に潜む国際法の問題を知る機会となれば望外の幸せである。

　最後に本書の刊行を熱心に勧めてくれた東信堂の下田勝司社長と面倒な編集作業を引き受けてくれた下田勝一郎さんに心より御礼を申し上げたい。

　2023年11月

自宅の書斎にて

坂元　茂樹

目次／国際法で読み解く外交問題

国際法で読み解く外交問題

第1部　国際法で読み解く多国間問題

1 ロシアのウクライナ侵攻

ロシアのウクライナ侵攻と国際法

1 国連安全保障理事会と国連総会での動き

2022年2月24日、ロシアによる「特別軍事作戦」と称するウクライナ侵攻が始まった。ロシアは、その3日前の同月21日、親ロシア派がドネツク州とルハンシク州の一部を実効支配する地域の国家承認を行った。

2月25日、国連安全保障理事会（安保理）において、米国とアルバニアによって共同提案された、ロシアの侵略はいかなる国の領土保全又は政治的独立に対する武力による威嚇又は武力の行使を禁止する国連憲章第2条4項に違反すること、ロシアはウクライナに対する武力行使を即時に停止し、すべての軍隊を即時、完全、無条件に撤退させること、2月21日のロシアの決定はウクライナの主権及び領土保全に違反し、即時かつ無条件に同決定を撤回することを内容とする決議案は、ロシアの拒否権行使によって否決された。ロシア以外の理事国は11カ国が賛成し、3カ国（中国、インド、アラブ首長国連邦）が棄権した[1]。

ロシアのネベンジャ（Nebenzia）国連大使は、反対票を投じた理由を、「決議案は、8年以上にわたり、悲劇を経験しているウクライナの人々の利益に反しており、2014年のクーデターにより権力を握ったキーウ政権はドネツクとルハンシクの人々を爆撃しており、ウクライナはミンスク合意を履行していない」などと述べ、大量虐殺を受けている人々を守ることだと説明した[2]。ここでいう人々とは、ウクライナ東部にある「ドネツク人民共和国」及び「ルハンシク人民共和国」の独立を宣言しているドネツク州とルハンシク州の「ロシア系住民」を指す。

今回の軍事侵攻に対し、ネベンジャ大使は、「国連憲章第51条に基づき決定

した」と説明する。国連憲章第 51 条は、「この憲章のいかなる規定も、国際連合加盟国に対して武力攻撃が発生した場合には、安全保障理事会が国際の平和及び安全の維持に必要な措置をとるまでの間、個別的又は集団的自衛の固有の権利を害するものではない」と規定し、加盟国による個別的・集団的自衛権の行使を認めている。ロシアのロジックによれば、ロシアが国家承認したドネツクとルハンシクの両人民共和国からの軍事支援の要請を受けたので、承認時にロシアとの間で締結した協力協定に従って集団的自衛権に基づき軍事支援を行ったということになる。また、個別的自衛権で正当化しようとすると、「自国民」保護のための個別的自衛権に基づく武力行使となる[3]。

　ロシアは、その周辺国への軍事介入に際して、しばしば「ロシア系住民」の保護を名目にしてきた。2008 年のグルジア（現ジョージア）紛争では、親ロシア派の南オセチア共和国とアブハジア共和国のロシア系住民（ロシアは 2008 年の時点で 90％近くの住民にパスポートを付与していた）の保護を理由に軍事介入し、両国の独立を一方的に承認した。

　2014 年 2 月 20 日、「ロシア系住民」が過半数を占めるウクライナ領クリミア半島に軍事介入した際も、「ロシア系住民」の保護を理由にあげた。そもそも、この軍事介入は、ウクライナの核不拡散条約の加入にあたって締結された、1995 年 12 月 5 日のウクライナ、ロシア、英国及び米国間のブタペスト覚書に違反している。同覚書において、ロシア、英国及び米国は、「ヘルシンキ最終議定書（1975 年）に従い、ウクライナの独立と主権及び既存の国境を尊重するとの約束を再確認し」（1 項）、「ウクライナの領土保全又は政治的独立に対する武力による威嚇又は武力の行使を慎む義務を再確認し、それらの武器は自衛権若しくは国連憲章に従う場合を除いてウクライナに対して決して用いてはならない」（2 項）と約束していたからである。この覚書は、ウクライナによって 2014 年 10 月 2 日に国連事務局に登録された条約である[4]。ロシアの軍事介入が同覚書に違反したことは明白であった。

　今回、軍事支援を要請した「ドネツク人民共和国」と「ルハンシク人民共和国」は、ロシアの軍事支援を受けて成立した「かいらい」国家であり、国連憲章第 2 条 4 項の武力行使禁止原則に違反し、ウクライナ人民の自決権に違反して成立した政治実体であり、国家承認の要件として実効性原則のみならず合法性原

則[5]を求める国際法の立場から言えば、国家として承認してはならない存在である。ただし、国際法上、承認行為は国家の一方的行為であり、かつ裁量行為なので、ロシアはこのように一方的に承認することができたといえる。

　ロシアは、今回の「特別軍事作戦」の目的について、ウクライナの「非軍事化と中立化」あるいは「非ナチ化」を挙げている。しかし、ウクライナにおけるナチズムはそもそも現実には存在せず、「ロシア系住民」の保護を必要とするようなウクライナによる攻撃も存在せず、今回の軍事侵攻を正当化する事態は何ら存在しない。

　安保理決議が採択できなかったことで、安保理の要請で2月28日に国連緊急特別総会が開催された[6]。同特別総会は、3月2日、16項目からなる「ウクライナに対する侵略」と題する決議（A/RES/ES-11/1[7]）を賛成141カ国、反対5カ国（ロシア、ベラルーシ、シリア、北朝鮮、エリトリア）、棄権35カ国（中国、インド、イランなど）で採択した[8]。本決議は日本を含む共同提案国96カ国、共同提案国以外の賛成国45カ国という圧倒的多数で採択された。

　本決議は、「国際的に承認されている国境、その領海に及ぶウクライナの主権、独立、統一及び領土保全に対する約束を再確認する」（1項）とともに、「国連憲章第2条4項に違反するロシアによるウクライナに対する侵略を最も強い言葉で非難し」（2項）、「ロシアによるウクライナに対する武力行使の即時停止、及びいかなる国連加盟国に対する違法な武力による威嚇又は武力の行使を慎むように要求し」（3項）、「また、ロシアに対し国際的に承認された国境内のウクライナ領域からすべての軍隊の即時、完全かつ無条件の撤退を求める」（4項）とし、「ロシアによるドネツクとルハンシクの特定の地域の地位に関する2022年2月21日の決定は、ウクライナの領土保全と主権に違反し、国連憲章の諸原則に違反するものとして非難し」（5項）、「ドネツク及びルハンシクの特定の地域に関する決定を即時かつ無条件に破棄することを要求」（6項）した[9]。国際世論のフォーラムとしての国連総会は、ロシアによる力による現状変更の試みに対して明確に「否」を突きつけた。

2　国連人権理事会と国際司法裁判所における動き

　国連人権理事会は、2022 年 3 月 4 日、ロシアのウクライナ軍事侵攻で起き
た人権侵害に対する独立した国際調査委員会の設置をめぐる決議案を、47 カ
国の理事国中で賛成 32 カ国、反対 2 カ国 (ロシアとエリトリア)、棄権 13 カ国 (中
国、ベネズエラ、キューバなど) で採択した[10]。当然のことながら、この調査委員
会は迅速に設置される必要があるが、実際に設置されて調査を開始するまでに、
ウクライナの戦況次第で実効的な調査ができるかどうかという問題が生じるで
あろう。ウクライナの現政権は調査に協力的態度をとるであろうが、ロシアは
今回のウクライナ侵攻で支配した地域の実地調査を認めない可能性がある。

　他方、ウクライナは、2 月 26 日に国際司法裁判所 (ICJ) に請求訴状を提出し、
ロシアが主張するウクライナによるジェノサイド (集団殺害) の事実は確認され
ておらず、ジェノサイドがあったとするロシアの主張に全面的に反論するとと
もに、ロシアの軍事行動の即時停止を求める暫定措置を要請した[11]。ロシアは、
3 月 7 日の ICJ の審理を欠席した。このロシアの欠席は予想されたことであっ
た。なぜなら、フィリピンが中国を訴えた、南シナ海仲裁判決直前の 2016 年
6 月 25 日、ロシアは、中国との間で、「国際法の促進に関するロシア連邦と中
国人民共和国の宣言」を発出した。その中で、「ロシア連邦と中華人民共和国は、
紛争の平和的解決の原則を再確認」すると述べる一方で、「国はみずからが合
意する紛争解決手段と紛争解決メカニズムを通じてみずからの紛争を解決しな
ければならないという確固たる確信を表明する」(5 項) と述べ、紛争当事国の
合意によらない、一方的提訴に反対していたからである。ウクライナによる一
方的提訴は、ロシアにより、紛争の平和的解決の原則から排除されているとい
える[12]。他方で、ロシアは、ウクライナが管轄権の基礎とした集団殺害罪の防
止及び処罰に関する条約第 9 条 (紛争の解決) について争う書簡を ICJ に送った。
その中でロシアは、先に国連事務総長に今回のロシアの行動を正当化する根拠
としてジェノサイドではなく、自衛権を援用しているとした[13]。

　ICJ は、2022 年 3 月 16 日、13 対 2 (反対はロシアのゲボージャン副所長と中国のシュ
エ判事) で「ロシアは、ウクライナ領域で 2022 年 2 月 24 日に開始した軍事活動
を直ちに停止せよ」(1 項) と命ずる暫定措置命令を発出した[14]。この暫定措置

命令は法的拘束力を有する。しかし、翌 17 日、ドミトリー・ペスコフ (Domitry Peskov) ロシア大統領報道官は、「ICJ の命令を考慮することはできない」とし、その理由として、「ICJ の命令を実行するには、ロシアとウクライナ双方が ICJ の決定に合意する必要があるが、この件について合意を得られていない」と述べた [15]。しかし、暫定措置命令はロシアに対して発出されており、その実施にウクライナとの合意を必要とするものではない。常任理事国であるロシアは、ここでも、国連憲章第 94 条が定める「各国際連合加盟国は、自国が当事者であるいかなる事件においても、国際司法裁判所の裁判に従うことを約束する」(1 項) との規定に違反していることになる。

ウクライナに残された道は、同条の「事件の一方の当事者が裁判所の与える判決に基づいて自国が負う義務を履行しないときは、他方の当事者は、安全保障理事会に訴えることができる」(2 項) と規定するが、ここでも安保理においてロシアが拒否権を使えるので、安保理が何らの決定を行うことはできないことになる。仮にここでもロシアが拒否権を使えば、ロシアは国際社会における「法の支配」を否定しているとの誹りを受けるであろう。

3　国際法秩序への挑戦

ロシアによるウクライナ侵攻が世界を震撼させたのは、国連憲章に代表されるリベラルな国際秩序に対する挑戦の側面をもつからである。2 月 28 日の国連総会緊急特別総会におけるロシア国連大使による「ウクライナの NATO 加盟は、レッドラインである」という言葉に代表されるように、自国 (ロシア) の安全保障の確保のために、他の主権国家 (ウクライナ) の独立と領土保全を侵害する行為が公然と行われたからである。

堅牢だと思われた国連憲章第 2 条 4 項の武力行使禁止原則が、ロシアによっていとも簡単に踏みにじられたのである。もちろんロシアは、自衛権や国連憲章第 7 章に基づく強制措置のみが許容される武力行使とされる国連憲章体制の下で、自らの行為を自衛権で正当化している。国家による武力行使は、国際法により、一部の例外を除いて禁止されている。どのような武力行使がそうした例外に当たるかを論ずることを、ユス・アド・ベルム (jus ad bellum) の問題という。

今回のロシアのウクライナ侵攻の根拠とされる自衛権が、まったく事実無根の
ウクライナにおける「ロシア系住民」のジェノサイドを根拠にしている点が問
題である。プーチン大統領という一人の独裁者の意思が、ロシアという国家の
意思とされている。ウクライナ侵攻後、ロシアでは、当局が「フェイクニュース」
とみなした場合には記者に最大15年の禁固刑を科すことができる報道統制法
が成立した。「フェイクニュース」であるかどうかは、当局が決めるので、恣
意的運用が可能である。これにより、報道の自由が確保されないばかりか、表
現の自由や集会・結社の自由でさえ制限され、反戦デモの参加者は逮捕・拘束
されている。ロシア国内では、世論により国家の意思が社会的に制約されると
いうメカニズムが働かない構造になっている。

　1928年の不戦条約で規定された、「締約国ハ、……其ノ相互関係ニ於テ国家
ノ政策ノ手段トシテノ戦争ヲ放棄スルコト[16]」（第1条）は、国際連盟規約（1919年）
や国連憲章（1945年）というその後の条約によって定着したと考えられていたに
もかかわらず、ロシアによってあたかも一片の紙くずのように無視されている。

　同時に無視されているのは、交戦法規（ユス・イン・ベロ：jus in bello）である。
ロシアが締約国であるジュネーヴ第1追加議定書（1977年）が定める、「紛争当
事者は、文民たる住民及び民用物を尊重し及び保護することを確保するため、
文民たる住民と戦闘員とを、また、民用物と軍事目標とを常に区別し、及び軍
事目標のみを軍事行動の対象とする」（第48条）や「危険な力を内蔵する工作物
及び施設、すなわち、ダム、堤防及び原子力発電所は、これらの物が軍事目標
である場合であっても、これらを攻撃することが危険な力の放出を引き起こし、
その結果文民たる住民の間に重大な損失をもたらすときは、攻撃の対象として
はならない」（第56条1項）に違反する戦闘行為がロシア軍によって行われてい
る[17]。今では、禁止されている生物兵器・化学兵器の使用でさえとりざたされ
ている。こうした行動により、人権の中でも最も重要とされるウクライナの文
民の生命権が奪われている。

　こうしたロシアの行為は、国際刑事裁判所（International Criminal Court: ICC）規
程（1992年）の言う「裁判所の管轄権は、国際社会全体の関心事である最も重大
な犯罪」（第5条）である戦争犯罪に該当し、第8条2項(b)の「文民たる住民そ
れ自体又は敵対行為に直接参加していない個々の文民を故意に攻撃すること」

(i) や「手段のいかんを問わず、防衛されておらず、かつ、軍事目標でない都市、町村、住居又は建物を攻撃し、又は砲撃若しくは爆撃すること」(v) に該当する。ロシアは、ICC 規程の当事国ではないが、第25条で「裁判所の管轄権の範囲内にある犯罪を行った者は、この規程により、個人として責任を有し、かつ、刑罰を科される」(2項) ことになる。今回の軍事侵攻に際して行われた管轄犯罪に責任を有する者を、ICC が起訴し、プーチン大統領の身柄を拘束することはなかなかむずかしいが、こうしたロシアの軍事行動の検証は不可欠であろう。

　2022年4月3日、ウクライナの検察当局は、ロシア軍が撤退した後のブチャを含むキーウ近郊の複数の地域で民間人410人の遺体を発見したと述べた。ウクライナのゼレンスキー大統領は、「ジェノサイド」と批判し、クレバ外相は、ロシアによる戦争犯罪の証拠を集めるよう ICC に要請したと述べた[18]。また、グテーレス国連事務総長も、ウクライナのブチャで殺害された文民の映像は大きな衝撃であり、効果的な説明責任を果たすような独立した委員会の調査が不可欠であると述べた[19]。今回の軍事侵攻がどのような形で終結するにせよ、国際社会はこうした戦争犯罪に関与した者を不処罰のままにするべきではない。

4　おわりに

　法は合法的な力の行使と違法な力の行使を区別するための規則の制定をめざす。しかし、安保理の常任理事国5カ国 (P5) に拒否権を認める国連体制の下では、ウクライナ侵攻のような明白な武力行使禁止原則の違反に対して、国際社会の平和と安全の維持に責任をもつべき安保理が、拒否権行使によって、平和に対する脅威、あるいは平和の破壊または侵略行為の認定ができない現状がある。

　2022年のロシアのウクライナ侵攻でわれわれが目撃しているように、戦争は無辜の人々を襲う[20]。2012年5月、シリア政府の自国民に対する武力行使の現実を前に、ロシアと中国による拒否権行使の結果、国連安保理が機能不全に陥った際に、Small 5 と称する小国、コスタリカ、ヨルダン、リヒテンシュタイン、シンガポール及びスイスの5カ国が「安保理の説明責任、透明性及び実効性の向上」(A/66/L.42/Rev.1) と題する決議を国連総会に提案しようとしたが挫折した。

同決議は、常任理事国 P5 の拒否権の行使について、「ジェノサイド、戦争犯罪、人道に対する罪を防止し、又は終了させることを目的とする理事会決議を妨げるための拒否権行使を慎むこと」(20 項)をその内容としていた[21]。残念ながら、この決議は、常任理事国の圧力もあり国連総会で採択されていない。

　他方で、国際社会を構成する諸国が国際法を遵守させる道徳的な力を獲得しつつある状況も見て取れる。2014 年のロシアによるクリミア侵攻に際して、193 カ国の加盟国で構成される国連総会でロシアを非難する決議に賛成した国は 100 カ国に過ぎなかったが、ウクライナ侵攻に際しての 2022 年の国連総会緊急特別会合の賛成国は 141 カ国に増えている。この背景には、大国ロシアが自分の安全保障上の考慮のみで、ウクライナという主権国家の NATO に入りたいという意思をあからさまに力で阻止しようという姿勢に小国が反発したからであろうと思われる。自らの安全保障上の政策実現のために他国の意思を無視することは許されないし、ましてそれを実現するために武力を使うことは許されないという強い意思表示が、この投票行動には示されている。

　今回のロシアのウクライナ侵攻の現実を前に、国際社会は、力による現状変更を許さず、国連憲章体制における常任理事国の拒否権という制度が、決して常任理事国に無制限の戦争決定の自由を与えているのではないことを改めて確認する必要がある。

（2022/04/08）

注

1　Security Council Fails to Adopt Draft Resolution on Ending Ukraine Crisis, as Russian Federation Wields Veto, SC/14808, 25 February 2022, pp.1-2. (print).

2　*Ibid.*, p.2. ミンスク合意とは、欧州安全保障協力機構 (OSCE) の援助の下、2014 年 9 月 5 日にベラルーシのミンスクで、ウクライナ、ロシア、「ドネツク人民共和国」、「ルハンシク人民共和国」が署名したウクライナ東部の包括的な停戦合意 (ミンスク議定書) を指す。

3　2014 年 5 月 22 日の参議院外交防衛委員会において、石井正文外務省国際法局長は、「国際法上の議論、純粋な国際法上の議論といたしましては、領域国の同意又は要請がない場合であっても、領域国が外国人に対する侵害を排除する意思又は能力を持たず、かつ当該外国人の身体、生命に対する重大かつ急迫な侵害があり、

ほかの救済の手段がないような極めて例外的な場合には、保護、救出するために必要最小限度の実力を行使することが自衛権の行使として国際法上は認められることがあり得るということでございます」との考えを示している。『第 186 回国会参議院外交防委員会会議録第 17 号』2 頁。

4　ソ連崩壊後、ウクライナにあった核兵器は撤去され、ウクライナは 1994 年 12 月 5 日、非核兵器国として NPT 条約に加入した。"Memorandum on security assurances in connection with Ukraine's accession to the Treaty on the Non-Proliferation of Nuclear Weapons," *UN Treaty Series*, Vol.3007, I-52241, Budapest, 5 December 1994, pp.169-170.

5　武力行使禁止原則や人民の自決権を柱とする現代国際法において、これらの基本原則に違反して樹立された国家については、たとえ実効性原則に基づく要件（一定の領域及び人民に対する実効的支配）が満たされていても承認を与えないという原則である。

6　緊急特別総会は、1950 年 11 月 13 日に国連総会で採択された「平和のための結集決議」（決議 377(v)）を嚆矢とし、今回は 11 回目にあたる。

7　"Aggression against Ukraine," A/RES/ES-11/1, General Assembly, Eleventh emergency special session Agenda item 5, 18 March 2022.

8　"General Assembly Overwhelmingly Adopts Resolution Demanding Russian Federation Immediately End Illegal Use of Force in Ukraine, Withdraw All Troops," GA/12407, 2 March 2022.

8　A/RES/ES-11/1, P.3, paras.1-6.

9　"Human Rights Council to establish Commission of Inquiry on Ukraine," *UN News*, 4 March 2022.

10　"Ukraine institutes proceedings against the Russian Federation and request the Court to indicate provisional measures," *ICJ Press Release*, No.2022/4, 27 February 2022.

11　The Declaration of the Russian Federation and the People's Republic of China on the Promotion of International Law, 25 June 2016, para.5.

12　Julian Borger, "UN international court of justice orders Russia to halt invasion of Ukraine," *The Guardian*, 16 March 2022. なお、ソ連は 1989 年 3 月 8 日に、ウクライナは同年 4 月 20 日にジェノサイド条約の紛争解決条項である第 9 条の留保を撤回した。Convention on the Prevention and Punishment of the Crime of Genocide, *United Nations Treaty Collection*, end note 23.

13　*Allegations of Genocide under the Convention on the Prevention and Punishment of the Crime of Genocide (Ukraine v. Russian Federation), 16 March 2022 Order*, p.19.

14　"Kremlin rejects top UN court order to halt Ukraine offensive," *The Guardian*, 17 March 2022.

15　浅田正彦編『ベーシック条約集 2021』（東信堂、2021 年）964 頁。

16　同上、1193-1195 頁参照。

17　Jennifer Rankin and Daniel Boffey, "Killing of civilians in Bucha and Kyiv condemned as 'terrible war crime'," *The Guardian*, 3 April 2022.

18　"Ukraine: Secretary-General calls for probe into Bucha killings," *UN News*, 3 April 2022.

19　国連人権高等弁務官によれば、2022 年 3 月 20 日現在、子ども 64 人を含む 847 人がロシア軍の攻撃によって死亡している。マリウポリでは民間人 5,000 人以上が亡くなっているとの推計もあり、死亡者数はもっと増えると思われる。

20　"Enhancing the accountability, transparency and effectiveness of the Security Council," A/66/L.42/Rev.2, General Assembly, Sixty-sixth session Agenda item 117, 15 May 2012, p.5, para.20.

ロシアのウクライナ侵攻と国際人道法・国際人権法

1　戦争と武力行使の相違

　国際法上、「戦争」とは戦意の表明によって生じる法状態をいう。しかし、これでは戦意の表明のない「事実上の戦争」(たとえば1931年の満州事変など)は法的に禁止できないことになる。そこで、第2次世界大戦後に設立された国連は、「すべての加盟国は、その国際関係において、武力による威嚇又は武力の行使を、いかなる国の領土保全又は政治的独立に対するものも、また、国際連合の目的と両立しない他のいかなる方法によるものも慎まなければならない」(国連憲章2条4項)と規定し、不戦条約(1928年)が用いていた戦争に代えて武力行使の用語を用いるようになった。この規定により、国連の加盟国は自衛権に基づく武力行使と国連憲章第7章の安全保障理事会(以下、安保理)が決定した軍事的措置を除き、すべての武力行使が禁止された。

2　国際人道法と国際人権法

　これまで、武力紛争法は、条約が採択された場所にちなんでハーグ法とジュネーヴ法と呼び分けられていた。ハーグ法とは主として戦闘の手段と方法の規制を目的とした法規則であり、ジュネーヴ法とは傷病者や捕虜、文民など武力紛争犠牲者の保護を目的とした法規則である。しかし、国際赤十字(ICRC)が1971年の「国際人道法の再確認と発展」に関する政府専門家会議で「国際人道法」という用語を用いて以来、ハーグ法とジュネーヴ法を合わせて国際人道法と呼ぶようになった。

　国連憲章は、「基本的人権と人間の尊厳及び価値……とに関する信念をあら

ためて確認し」(前文)、「人種、性、言語又は宗教による差別なくすべての者のために人権及び基本的自由を尊重するように助長奨励することについて、国際協力を達成すること」(1条3項)を国連の目的に掲げた。こうした国連体制の下で、国際人権規約や人種差別撤廃条約などさまざまな国際人権条約が締結され、国際人権法が発展した。武力紛争においては、こうした国際人道法と国際人権法が相互補完的に適用される。

3　ロシアによるウクライナ侵攻

　2022年2月24日、ロシアは「特別軍事作戦」と称するウクライナ侵攻を始めた。翌25日、安保理において、米国とアルバニアによって、ロシアの侵略は国連憲章2条4項に違反するとし、ロシアはウクライナに対する武力行使を即時に停止し、すべての軍隊を即時、完全、無条件に撤退させることなどを内容とする決議案が共同提案された。しかし、ロシアの拒否権行使によってこの決議は否決された。

　ロシアは、今回の軍事侵攻を国連憲章51条に規定する自衛権で正当化し、ドネツクとルハンシクの「ロシア系住民」保護のための武力行使と主張する。ロシアは、その周辺国への軍事介入に際して、しばしば「ロシア系住民」の保護を名目にしてきた。2008年のグルジア(現ジョージア)紛争では、親ロシア派の南オセチア共和国とアブハジア共和国のロシア系住民の保護を理由に軍事介入し、両国の独立を一方的に承認した。2014年2月20日、「ロシア系住民」が過半数を占めるウクライナ領クリミア半島に軍事介入した際も、「ロシア系住民」の保護を理由にあげた。

4　ロシアの軍事侵攻は国際法上許されない

　国際法上、戦争に訴えることの是非に関する法をユス・アド・ベルム (jus ad bellum) という。今回のロシアのウクライナ侵攻の根拠とされる自衛権は、まったく事実無根のウクライナにおける「ロシア系住民」の集団殺害(ジェノサイド)を根拠にしており、およそ正当化できるものではない。

　また、ロシアは、国際人道法に違反する武力行使を行っている。バチェレ
(Michelle Bachelet) 国連人権高等弁務官は、2022 年 4 月 22 日の声明で、すべての
当事者に国際人権法と国際人道法、特に敵対行為を規律する規則の尊重を要請
した。国際人道法の中で、国際武力紛争に適用されるのが、ジュネーヴ第 1 追
加議定書 (1977 年) である。

　ロシア軍のウクライナにおける軍事行動は、この条約が定める文民たる住民
と戦闘員の区別、民用物と軍事目標の区別を定め、軍事目標のみを軍事行動の
対象とすることを規定する 48 条やダム、堤防及び原子力発電所が軍事目標で
ある場合であっても、その結果文民たる住民の間に重大な損失をもたらすとき
は、攻撃の対象としてはならないと規定する 56 条に違反する戦闘行為である。
こうしたロシアの軍事行動により、国際人権法の中でも最も重要とされるウク
ライナの市民の生命権が奪われている。

5　ロシア軍の行為は戦争犯罪である

　ロシアの軍事行動は、国際刑事裁判所 (ICC) 規程 (1992 年) のいう戦争犯罪に
該当し、ブチャでの多数の市民の殺害などは 8 条 2 項 (b) の「文民たる住民そ
れ自体又は敵対行為に直接参加していない個々の文民を故意に攻撃すること」
(i) に、ウクライナ各都市の住居への攻撃などは、「手段のいかんを問わず、防
衛されておらず、かつ、軍事目標でない都市、町村、住居又は建物を攻撃し、
又は砲撃し若しくは爆撃すること」(v) に、人口密集地で少なくとも 20 回クラ
スター爆弾を使用したことは、「予期される具体的かつ直接的な軍事的利益全
体との比較において、……明らかに過度となり得るものを引き起こすことを認
識しながら故意に攻撃すること」(iv) に、子ども 12 万人以上を強制的にロシア
領内に連れ去ったことは、「占領国が、……その占領地域の住民の全部又は一
部を……当該占領地域の……外に追放し若しくは移送すること」(viii) に、マウ
リポリにおける産科病院や劇場への空爆は、「宗教、教育、芸術……のために
供される建物、歴史的建造物、病院……であって、軍事目標以外のものを故意
に攻撃すること」(ix) に、ブチャで 14 歳から 24 歳の女性 25 人が組織的に性的
暴行を受けたことなどは、「強姦、性的な奴隷、強制売春……その他あらゆる

形態の性的暴力であって、ジュネーヴ諸条約に対する重大な違反行為を構成するものを行うこと」(xxii) に該当する。

　2022年4月3日、ウクライナの検察当局は、ロシア軍が撤退した後のブチャを含むキーウ近郊の複数の地域で民間人410人の遺体を発見したと述べた。ウクライナのゼレンスキー大統領は、ロシア軍の行為を「ジェノサイド」と批判し、クレバ外相は、ロシアによる戦争犯罪の証拠を集めるようICCに要請した。これを受けて、同月14日、ICCのカーン主任検察官はブチャを訪れ、戦争犯罪が行われたという「合理的な根拠」があるとして、ウクライナ検察当局と協力して戦争犯罪などの捜査に本格的に乗り出す姿勢を示した。今回の軍事侵攻がどのような形で終結するにせよ、国際社会はこうした戦争犯罪に関与した者を不処罰にするべきではない。なお、ジェノサイドについては、ジェノサイド条約の定義として、「集団を全部又は一部を破壊する意図をもって」という要件があり、この「意図」の要件がジェノサイドの認定を困難にしている。

6　おわりに

　ロシアのウクライナ侵攻でわれわれが目撃しているように、戦争は無辜の人々を襲う。ウクライナにおける多数の市民の意図的な殺害を見ていると、自由権規約が定める、「すべての人間は、生命に対する固有の権利を有する」(6条1項)との規定の重要性が改めて思い起こされる。こうした生命権を脅かされている人々にとっての一縷の望みは、国際人権法の考えに裏打ちされた国際法の存在それ自体である。

　日本国憲法は、「われらは、全世界の国民が、ひとしく恐怖と欠乏から免れ、平和のうちに生存する権利を有することを確認する」(前文)と宣言している。世界人権宣言(1948年)以後の人間の尊厳に対する人権観念の発展は、「人間は永続的な平和を享受する権利がある」との考えを生み出した。そうした中で、人権としての「平和に対する権利」を構築しようという試みが、2016年に「国連平和に対する権利宣言」として国連総会で採択された。今回のロシアのウクライナ侵攻を契機に、改めてこの宣言の意味を真剣に考える必要がある。

2 SDGs と国際法

国連持続可能な開発目標 (SDGs) が目指す世界

1 はじめに

　火の使用を開始して以来、人類は炭素循環系を変え、ついには地球大気の組成すら変えてしまったといわれる。人類は地球を変え、生息可能な惑星基盤さえも危うくしている。地質学の時代区分によれば、われわれは安定した気候の「完新世 (Holocene)」に生きているはずであるが、人類の活動に起因した地球環境の急激な変化により、地質年代に「人新世 (Anthropocene)」を導入しようとの議論が生じている[1]。

　「人新世」の提唱者であるステフェン (Will Steffen) 教授らは、過去 250 年 (1750–2000 年) 間の人口、GDP、水利用、漁獲、耕作地面積、肥料の利用、紙の消費などの増加が二酸化炭素濃度、極端な異常気象の数、生物種の減少数などの変化をもたらしたとして、人間活動指標の変化と地球環境指標の変化の一致を提示し、人類の活動が地球環境に深刻な影響を及ぼしていることを明らかにした[2]。

　国連総会で、2015 年に「持続可能な発展のための 2030 アジェンダ[3]」決議が採択されたのは、気候変動、生物圏の変化 (遺伝的多様性の減少、種・生態系多様性の減少)、土地利用の変化、淡水利用量の増大、海洋の酸性化、生物化学的循環 (リン負荷、窒素負荷)、成層圏オゾンの減少、新しい化学物質などの問題に対処し、地球システムを維持するための新たなパラダイムの緊急の必要性があるとの「惑星限界 (Planetary Boundaries)」の認識に基づいている[4]。

　こうした事態に対応するために 2013 年から始まったのが科学者らのグローバル・ネットワークによる、より持続的な惑星のための革新的共同研究プログラム「未来の地球 (Future Earth)[5]」であり、地球の社会・経済・環境における持

続可能性を考える国連の「持続可能な開発目標(SDGs)」である。

2　ミレニアム開発目標(MDGs)から持続可能な開発目標(SDGs)へ

2015年9月25日、国連総会は、「われわれの世界を変革する：持続可能な発展のための2030アジェンダ」決議を採択し、2000年から2015年までのミレニアム開発目標(MDGs)に代わる持続可能な開発目標(SDGs)を設定した。国連は、2016年から2030年の期間に、世界を変革するために達成すべき17の国際目標と169の具体的なターゲットと、ターゲットの進捗を具体的に測定するための232の指標を設定した[6]。これは、MDGsの8つの国際目標の達成を基にしつつ、その未完の課題に取り組むものである[7]。

MDGsがもっぱら途上国の問題として8つの国際目標を設定したのに対して、SDGsは気候変動のような地球規模の問題に代表されるように先進国・途上国双方の問題、換言すればグローバルな課題として17の国際目標を設定した。

SDGsは6つの特徴を持つ。①全ての国に行動を求める普遍性、②「誰一人取り残さない」という包摂性、③国レベルでの目標の設定を許す多様性、④全てのステークホルダーに役割を果たすよう求める参画性、⑤社会・経済・環境問題への統合的取組みを求める統合性、⑥定期的レビューを求める透明性である。

SDGsは国連総会の決議であり、法的拘束力を持たない。しかし、重要な点は、各国が地球環境問題にとどまらないグローバルな課題を共有し、その課題の克服が国際社会全体の利益であるという共通認識のもと、SDGsにおける17の目標を設定していることである。気候変動枠組条約(1992年)を見てもわかるように、国際社会の共通利益に基づいて締結された多数国間条約であっても、世界中のすべての国が加入しているわけではない。

SDGsは、条約の非当事国が当該条約の共通利益は実現を期すべき自国の利益ではないとの立場をとらないように、各国の協力を促す法形式として、当事国のみを拘束する条約ではなく、国連総会決議という加盟国を包摂する形式を採用した。さらに、この法形式をとるもう一つのメリットは、SDGsの目標を達成するためには、国のみでなく企業や市民社会など多様なステークホルダー

を含む地球構成員全員の協力目標として設定する必要があり、それを可能とする法形式だからである。

　実際、2030 アジェンダは、「われわれは、強化された世界的な連帯の精神に基づき、最も貧しく最も脆弱な人のニーズに特に焦点を当て、全ての国、全てのステークホルダー及び全ての人民の参加を得て、活性化された持続可能な発展のためのグローバル・パートナーシップを通じてこのアジェンダを実施するのに必要とされる手段を動員とすることを決意する[8]」（パートナーシップ）と述べている。このグローバル・パートナーシップの推進は MDGs を継承するものである。

　さらに注目されるのは、SDGs は、2030 アジェンダの宣言の中で、「われわれが発表する 17 の持続可能な発展目標と 169 の関連づけられたターゲットは、統合され不可分のものである。……その際われわれは、国際法に対する約束を再確認し、このアジェンダが国際法上の国家の権利義務と両立するように実施されることを確認[9]」（18 項）している。つまり、SDGs は、目標ベースのソフト・ローである国連総会決議を、ハード・ローとしての国際法が下支えする構造になっている。たとえば、人権に関する項目では、「われわれは、世界人権宣言及びその他の人権に関する国際文書並びに国際法の重要性を確認する[10]」（19 項）という表現でこれを具体化している[11]。

(1) ミレニアム開発目標（MDGs）の設定

　2000 年 9 月 6 日から 8 日にニューヨークの国連本部に参集した 189 カ国の元首及び政府首脳は、国連ミレニアム宣言と題する国連総会決議を採択した[12]。この宣言では、21 世紀の国際関係における重要な基本的価値として、自由、平等、連帯、寛容、自然の尊重、責任の共有を掲げ、これらの価値を行動に変えるために特別な重要性をもつ目的として、(1) 平和、安全及び軍縮、(2) 開発及び貧困の撲滅、(3) 共有する環境の保護、(4) 人権、民主主義及び良い統治、(5) 脆弱な人々の保護、(6) アフリカの特別なニーズへの対応、(7) 国連の強化を掲げた[13]。

　この決議を基に 2015 年までに 8 つの目標の達成を掲げるミレニアム開発目標（MDGs）が設定された[14]。8 つの目標とは、目標 1「極度の貧困と飢餓の撲滅」、

目標2「初等教育の完全な普及の達成」、目標3「ジェンダー平等推進と女性の地位向上」、目標4「乳幼児死亡率の削減」、目標5「妊産婦の健康の改善」、目標6「HIV／エイズ、マラリア、その他の疾病の蔓延の防止」、目標7「環境の持続可能性確保」、目標8「開発のためのグローバル・パートナーシップの推進」である。これらの目標からわかるように、MDGsでは途上国問題の解決のための開発という位置づけがなされ、そのために先進国が途上国を支援する枠組みが採用された。SDGsのように、先進国、途上国を問わず、すべての国が共通して取り組む目標設定にはなっていない。

　注目されるのは、目標8におけるパートナーシップの導入である。ミレニアム宣言は、開発及び貧困の撲滅の遂行にあたって、民間部門及び市民社会の組織と強力なパートナーシップを発展させることを挙げていた[15]。ただし、目標8の「製薬会社との協力により、開発途上国で必須医薬品を安価に提供する」といった目標は、今から考えると不十分なものにとどまっていた。

　2007年に国連事務総長によって創設された国連機関間の協力を行うMDGs Gap Task Forceは、目標8の継承にあたって、定期的なレビューやMDGsを達成する努力と、持続可能な開発を強化する広範かつ長年にわたる国際約束を混同すべきではないとし、実効的なパートナーシップを実現するために行うべき課題を明らかにした[16]。

　しかし、こうしたMDGs達成に向けた進捗は、2007年から2008年にかけての食料・エネルギー価格の高騰や2008年からの金融・経済危機、さらには気候変動や自然災害の頻発によって妨げられた。さらに、中国やインドのように一部の途上国が急速な経済発展を遂げ、目標1を克服するなど、従来の「先進国対途上国」という図式が実態を反映しなくなった側面も生じた。他方で、アジア諸国のように、経済成長を遂げる一方で、国内の所得階層間での格差が拡大する国も生じた[17]。

(2) 持続可能な開発目標 (SDGs) の設定

　2012年ブラジルで開催されたリオ＋20会議（持続可能な発展に関する国連会議）で、各国政府は、MDGsの期限年である2015年に続く2016年から2030年までの国連持続可能な開発目標(SDGs)を創設することを約束した。その背景

に、単に MDGs を延長するのでは十分ではない状況が生まれていたからである。なぜなら人類が開発から得られる利益を損なうような形で地球を変容させていたからである。

　グローバルな社会が繁栄するための前提条件である大気、海洋、森林、河川、生物多様性及び生物地球化学的循環を含む地球システムの安定化機能を維持する必要が迫られていた[18]。そのため 2030 アジェンダは、「われわれは、人類を貧困及び欠乏の専制から解き放ち、地球を癒し、安全にすることを決意する。……われわれはこの共同の旅路に乗り出すにあたり、誰一人取り残さないことを誓う[19]」(前文)と述べた。このアジェンダに出てくる「地球を癒し、安全にする」との文言は、人類が快適性や利便性を求めた結果、その積み重ねが大きな負荷を地球に与え、地球を限界にまで追い詰めたとの認識を示す。同時に、グリッグス (David Griggs) 教授らが雑誌『Nature』で述べた、「我々は、地球の生命維持措置の保護・保全と貧困の削減が SDGs の双子の優先事項でなければならないと主張する。……2050 年までに地球の人口は 90 億人になるとされ、持続可能な開発の定義は人々及び惑星の安全を含むべきである[20]」との提言が採用されている。

　こうして、SDGs には、目標 1「貧困をなくそう」、目標 2「飢餓をゼロに」、目標 5「ジェンダー平等を実現しよう」、目標 10「人や国の不平等をなくそう」、目標 13「気候変動に具体的な対策を」、目標 14「海の豊かさを守ろう」、目標 16「平和と公正をすべての人に」及び目標 17「パートナーシップで目標を達成しよう」など 17 の目標が掲げられた[21]。

3　国連持続可能な開発 (SDGs) が目指す世界

(1) 国連の関心の転換——国際社会の構造から国内社会の構造へ

　国連憲章 2 条 1 項にあるように、国連は加盟国の主権平等に基礎を置く。こうした国家の形式的平等に基づく国際法秩序のあり方は、1970 年 10 月 24 日に国連総会で採択された「国際連合憲章に従った諸国間の友好関係と協力に関する国際法の諸原則についての宣言 (友好関係宣言)」(決議 2625 (XXV)) において再確認された。

　他方で、先進国や途上国という認識に示されるように国家間の格差は存在し、経済の側面から新国際経済秩序の形成を目指すものとして1974年に国連総会は「諸国家の経済的権利義務に関する憲章（経済権利義務憲章）」（決議3281（XXIX））を採択した。しかし、この決議には先進国の多くが反対ないし棄権したため、決議が目指す「途上国の必要及び利益と調和した均衡のとれた世界経済における構造的変革」（8条）は実現しなかった。

　ただし、国連海洋法条約（1982年）では、随所に開発途上国（後発開発途上国、内陸国、地理的不利国）への言及（266・268条）があり、国連公海漁業実施協定（1995年）では「開発途上にある島嶼国」への言及（24・25条）など、国家間格差を前提に途上国の利益やニーズを考慮する条文がある[22]。SDGs でも小島嶼開発途上国への言及（導入部16項）[23]、さらに政府間会議が行われている国家管轄権外区域の生物多様性（BBNJ）の保全及び持続可能な利用に関する協定の議長提案条文では、アフリカ沿岸国及び中所得開発途上国などという新たな区分が採用されている[24]。

　しかし、SDGs は、こうした国家間の不平等をなくすことはもちろん、先進国・開発途上国を問わず生じている国内の不平等、すなわち格差（inequality）の是正に関心を向け始めた[25]。

(2) なぜ目標10「人や国の不平等をなくそう」は設定されたか

　SDGs が始まった2016年の国連開発計画（UNDP）の報告書は、「世界は1940年代以来どの時代よりも今日より不平等になっている。多くの国における収入と富の格差は急速に高まっている。116カ国を例にとれば、1990年から2010年までの間に、低所得・中所得の国で所得格差が11％拡大した。世界の富のほぼ半分が今や全人口の1％によって所有されている[26]」と指摘した。この格差問題に取り組んでいる国際 NGO オックスファムの2018年の報告書も、「ナイジェリアはほぼ10年間経済成長を続けているが、貧困が増大した。もっとも裕福な1人のナイジェリア人の年間利息だけで、ナイジェリアの200万人が極度の貧困を脱するのに十分だと言われている。インドネシアでは、4人の金持ちが下位1億人の富以上の富を所有している。米国では、3人の金持ちの所有する富が米国の下位50％（おおよそ1億6千万人）の富と同じ富を所有してい

る[27]」という。極端な格差は、このように先進国、途上国を問わず生じている。

　なぜ、こうした格差が問題かといえば、UN ウィメンは、「ジェンダー平等と女性の能力開発を達成することは、17 の各目標にとって不可分の一部である。すべての目標にまたがる女性と女児の権利を確保することによってのみ、正義と包摂性を得ることができる[28]」とし、富の不平等とジェンダー関連の不平等はしばしば相互に関連しており、現に最も貧しい世帯の女性・女児が教育や保健サービスへのアクセスを含む、SDGs 関連の主要な分野で取り残される事態が生じているとの認識を示す[29]。

　SDGs の相互連関性は、2001 年にノーベル経済学賞を受賞した米国コロンビア大学の経済学者スティグリッツ (Joseph E. Stiglitz) 教授の論文でも指摘されている。彼は、「この格差は不可避のものではなく、政策と政治の結果である[30]」とする。そして、このような分断された世界では、「経済的格差が不可避的に政治の不平等に変わり、民主主義を損なう」と述べる。「より影響力を持つ富裕層は、より権力と影響力を持つように政治のゲームのルールを決める。……政治の不平等が経済的格差をさらに増大させる悪循環に陥る[31]」というのである。こうした格差の固定化が教育や就職をはじめとする様々な「機会の均等」を神話化させることは言うまでもない。そしてこうした格差は環境にも影響を与える。彼は、「貧困層は、富裕層よりもしばしばより自然環境に依存しており、気候変動を含む自然環境の悪化は貧困層に特に悪影響を与える[32]」と述べる。そのためにも二酸化炭素のゼロエミッションが必要だと彼は主張する。

(3) SDGs の相互連関性——気候変動と海洋

　2007 年に施行された海洋基本法は、「海洋が人類をはじめとする生物の生命を維持する上で不可欠な要素である」(1 条) とし、「海洋の生物の多様性が確保されることその他の良好な海洋環境が保全されていることが人類の存続の基盤であり、……海洋環境の保全を図りつつ……その積極的な開発及び利用が行わなければならない」(2 条) と規定する。

　海洋は、大気中の熱および二酸化炭素の吸収能力が大きく、人間活動に起因する気候変動の緩和に役立ってきた。しかし近年、地球温暖化による海面上昇に加え、海洋生態系は酸性化、貧酸素化の進行により危機的状況に陥っている。

さらに海洋プラスチックごみ汚染の問題も手伝い、人間社会のあり方に大きな影響を及ぼす海洋問題はますますその深刻度を増している。我々が望む未来のために我々が必要とする海洋はいかなるものであるべきかを考え、海洋環境の悪化と海洋生態系の破壊の阻止を目指して、2021年1月1日より目標14を支える「持続可能な開発のための国連海洋科学の10年」が開始された[33]。

地球温暖化の予測を物理法則に基づく気候モデルを使って研究した真鍋淑郎プリンストン大学上席研究員に2021年のノーベル物理学賞が贈られたが、真鍋氏は、気候変動と海洋の相互連関性について、「気候モデルの予測によりますと、温暖化は大気だけでなく、海でも起こります。……温暖化は二酸化炭素等、温暖化効果ガスの増加によって起こります。これは二酸化炭素の海への拡散、融解を加速します。その結果、海水の酸性度が増加し、炭酸イオン濃度が減るため、プランクトンによる炭酸カルシウムの殻の生成速度が減少し、プランクトンが減ることが予測されています。このようなプランクトンの減少は、海の生態系に悪影響を及ぼすことが危惧されています[34]」と述べて、気候変動による海洋生態系の破壊に警鐘を鳴らしている。SDGsが目標13で「気候変動に具体的な対策を」を掲げ、目標14で「海の豊かさを守ろう」との目標を掲げるのは、この両者が連動しているからである。

4　おわりに

SDGsが採択された2015年は、今から振り返ると世界にとって画期となる年であった。2015年12月にパリ協定が採択されたからである。同協定は、京都議定書（1997年）と異なり、全ての国に2020年まで（その後は少なくとも5年ごと）に各国が目指すべき大気中の温室効果ガス（GHG）の法的拘束力のない排出削減目標、いわゆる累次の「国が決定する貢献（NDC）」を作成・通報・維持することを義務づける（4条2項）。同時に、その実施を審査する「誓約と審査」と呼ばれる規制方式を採用し、目標の達成自体を義務とはしていない[35]。ソフト・ローであるSDGsも目標値を国別に設定し、レビューするという履行方式をとっており、ハード・ローであるパリ協定はその履行方式において同様の方式を採用したといえる。

　なお、SDGs は国だけでなく、企業や市民社会の貢献を求めている。SDGs は、企業にとってはエネルギー、都市、食糧、農業の各分野で 2030 年までに 12 兆ドルのビジネス機会をもたらし[36]、さらに事業と一体化した新たな CSR 戦略を構築する機会といわれている。最近では、企業や市民社会にも SDGs が浸透するようになった。しかし、SDGs はこうした認知の段階を終え、これからは「実行の 10 年」に入る。2021 年 6 月に開催された G7 コーンウォール・サミットは、「2030 年自然協約」を採択し、「この重要な 10 年を乗り出すに当たり、われわれは……統合された手法で対処し、それにより SDGs の達成や新型コロナからのグリーンで包摂的かつ強靱な回復に貢献することにコミットする[37]」と声明した。

　SDGs が目指す世界は、貧困や飢餓、教育など未だに解決を見ない社会面のアジェンダとエネルギーや資源の有効活用など経済面のアジェンダ、さらには地球環境や気候変動など地球規模で取り組むべき環境アジェンダの均衡のとれた開発の達成である[38]。

注

1　山形俊男「持続可能な開発のための海洋科学の重要性」『Ocean Newsletter』442 号（2019 年）2-3 頁。

2　Will Steffen *et al.*, "The Anthropocene: conceptual and historical perspectives," *Philosophical Transactions: Mathematical, Physical and Engineering Sciences*, Vol.369, 2011, pp.842-867.

3　Transforming Our World: The 2030 Agenda for Sustainable Development (A/RES/70/1).

4　Will Steffen *et al.*, "Planetary boundaries: Guiding human development on a changing planet," *Science*, Vol.347, 2015, p.736.

5　その詳しい内容については、cf. https://futureearth.org/（最終閲覧日：2021.10.14）

6　Work of the Statistical Commission pertaining to the 2030 Agenda for Sustainable Development (A/RES/71/313). 具体的な指標は、決議の Annex に記載されている。

7　MDGs と SDGs の関係については、髙橋一生「MDGs から SDGs へ：その過程の検証とポスト SDGs の課題」日本国際連合学会編『国連研究』22 号（2021 年）19-49 頁参照。

8　The 2030 Agenda, *supra* note 3, p. 2.

9　*Ibid.*, p. 6.

10　*Ibid.*.

11　SDGs と人権の関係については、Lynda M. Collins, "Sustainable Development Goals and Human Rights: Challenges and Opportunities," Duncan French and Lois J. Kotzé (eds.), *Sustainable Development Goals: Law, Theory and Implementation*, Edward Elgar, 2018, pp.66-90.

12　United Nations Millennium Declaration (A/RES/55/2).

13　*Ibid.*, p.2, para.6 and pp.2-9, paras.8-30.

14　*Ibid.*, pp.5-6, paras.19-20.

15　*Ibid.*, p.5, para.20.

16　MDGs Gap Task Force Report 2014, The State of the Global Partnership for Development, United Nations Publication, pp.1-75.

17　外務省『2010 年版 ODA 白書日本の国際協力』https://www.mofa.go.jp/mofaj/gaiko/oda/shiryo/hakusyo/10_hakusho/index_honpen.html（最終閲覧日：2021.10.15）1 頁及び『2015 年版開発協力白書』（注 15）8 頁。

18　David Griggs *et al.*, "Sustainable development goals for people and planet," *Nature*, Vol.495, 2013, p.305.

19　The 2030 Agenda, *supra* note 3, p. 1.

20　Griggs *et al.*, supra note 18, p.305.

21　こうした目標ベースの実効性については、小川裕子「目標による統治は可能か？：SDGs の実効性と課題」『国連研究』22 号（注 7）51-78 頁参照。

22　国連海洋法条約採択後に採択された生物多様性条約（1992 年）では、「先住民の社会及び地域社会」（第 8 条 (j)）との表現で国内の多数社会と区別する概念が採用されている。公定訳は "indigenous" を「原住民」とするが、「先住民」と訳した。

23　The 2030 Agenda, *supra* note 3, p. 5.

24　Revised draft text of an agreement under the United Nations Convention on the Law of the Sea on the conservation and sustainable use of marine biological diversity of areas beyond national jurisdiction (A/CONF.232/2019/6), Article 52, pp.38-39.

25　脆弱な人々の貧困化、人権侵害、格差拡大に焦点を当てた分析としては、重田康博・真崎克彦・阪本公美子編『SDGs 時代のグローバル開発協力論－開発援助・パートナーシップの再考』（明石書店、2019 年）の各論文がある。

26　UNDP Support to the Implementation of Sustainable Development Goal 10, January 2016, p.4.

27　Diego Alejo Vázquez Pinentel *et al.*, "Reward Work, Not Wealth," Oxfam International,p.10. https://oi-files-d8-prod.s3.eu-west-2.amazonaws.com/s3fs-public/file_attachments/bp-reward-work-not-wealth-220118-summ-en.pdf（最終閲覧日：2021.10.16）.

28　詳しくは、cf. UN Women, Turning Promises Into Action Gender Equality in the 2030 Agenda for Sustainable Development, sdg-report-summary-gender-equality-in-the-2030-

agenda-for-sustainable-development-2018-en.pdf（unwomen.org）（最終閲覧日：2021.10.17）.

29　阿部浩己「『人や国の不平等をなくす』－極度に不平等な世界を脱するために－」『（公財）世界人権問題研究センター創立 25 周年記念人権シンポジウム　誰一人取り残さない〜 SDGs がめざすもの〜』（2019 年）19 頁。

30　Joseph E. Stiglitz,“The Price of Inequality: How Today’s Divided Society Endangers Our Future,”*Sustainable Humanity, Sustainable Nature: Our Responsibility*, Pontifical Academy of Sciences, Extra Series 41, Vatican City, 2015, p.1.

31　*Ibid*., p.13.

32　*Ibid*., p.16.

33　その詳しい内容については、『学術の動向』2021 年 1 月号の「特集 1『持続可能な開発のための国連海洋科学の 10 年』を多様な視点から考える」9-67 頁参照。

34　真鍋淑郎「地球温暖化と海」『Ocean Newsletter』267 号（2011 年）2-3 頁。

35　堀口健夫「パリ協定における義務づけと履行確保の手続の特徴」森肇志・岩月直樹編『サブテキスト国際法－教科書の一歩先へ』（日本評論社、2020 年）174-179 頁。

36　Better Business, Better World: Executive Summary, p.6. https://sdgresources.relx.com/sites/default/files/executive-summary.pdf（最終閲覧日：2021.10.23）.

37　外務省 HP「2021 G7 コーンウォール・サミット」https://www.mofa.go.jp/mofaj/files/100200085.pdf（最終閲覧日：2021.10.23）

38　UNDP, The SDGs in Action, https://www.undp.org/sustainable-development-goals（最終閲覧日：2021.10.23）.

3　新型コロナウイルスと国際法

新型コロナウイルスと人権
──国際人権法の観点から──

1　はじめに

　世界保健機構（WHO）は、2020 年 1 月 30 日に新型コロナウイルス（以下、新型コロナ又は COVID-19）を「国際的に懸念される公衆衛生上の緊急事態（Public Health Emergency of International Concern: PHEIC）」と宣言した。その直後の 2 月 3 日、厚生労働省は、横浜検疫所による臨船検疫を大型クルーズ船ダイヤモンド・プリンセス号で実施した。なぜなら、香港で下船した同号の 80 代の乗客が新型コロナに感染していたことが判明したからである。乗客乗員全員に対する新型コロナに関する PCR 検査を行ったところ、次々と陽性反応者が判明した。合計 712 人（うち死亡 13 人）が確定症例とされ、その規模から過去にない未曽有の事態となった[1]。

　今回のダイヤモンド・プリンセス号での感染拡大で浮き彫りとなったのは、感染症の侵入を防止したいとする沿岸国日本の法益をいかに確保するかという問題であった。国際法上、沿岸国は感染症患者を多数抱えた船舶の寄港を認めなければならない義務を負うわけではない[2]。そもそも沿岸国は港湾に対して主権を有し、外国船舶の入港の自由は認められていない。例外は、船舶が海難に遭う又は荒天などの緊急時など不可抗力の場合である[3]。

　実際、2020 年 2 月 7 日、日本は同じく新型コロナを発症した乗客を乗せた大型クルーズ船ウエステルダム号（旗国：オランダ）の那覇港への寄港を拒否している。出入国管理及び難民認定法 5 条 1 号は、外国人で「感染症の予防及び感染症の患者に対する医療に関する法律（平成 10 年法律第 114 号）に定める 1 類感染症、2 類感染症、新型インフルエンザ等感染症若しくは指定感染症……の

患者……又は新感染症の所見がある者」につき、本邦への上陸を拒否している。

　感染症患者が乗船した船舶の問題を規律する条約が、WHO が採択した国際保健規則（以下、IHR）である。PHEIC は IHR に基づいて認定され、今回が 6 例目である。IHR は、加盟国に対し、原因を問わず国際的な公衆衛生上の脅威となるすべての事象を了知した場合、24 時間以内に WHO に通告することを義務付けている（6 条）。通告を受けた WHO は、加盟国に対し、感染症及び感染が疑われる者の出入国制限や、一定の条件のもとでこれらの入国拒否が可能であることを勧告する。これにより、同規則附録 1 の 1.(b)「指定した空港、港及び陸上越境地点における活動」として検疫を実施できるものの、IHR2 条は、その目的を、国際交通に対する阻害の回避と疾病の国際的拡大の防止としている[4]。

　日本で、IHR の国内実施の役割を担うのが検疫法と「感染症の予防及び感染症の患者に対する医療に関する法律」（以下、感染症法）である[5]。日本は、感染症の侵入防止のために検疫法を定め、「国内に常在しない感染症の病原体が、船舶又は航空機を介して国内に侵入することを防止するとともに、船舶又は航空機に関してその他の感染症の予防に必要な措置を講ずること」（1 条）を目的としている。具体的には、1 類感染症（エボラ・ウイルス感染症やペストなど）、2 類感染症（新型インフルエンザ、鳥インフルエンザ H5N1）および 4 類感染症（デング熱、マラリア）の 11 疾患である。

　検疫法は、その 34 条 1 項で、検疫感染症以外の感染症が外国において発生し、検疫を行わなければその病原体が国内に侵入し、国民の生命及び健康に重大な影響を与えるおそれがあるときは、政令で感染症の種類を指定し、1 年以内の期間に限って検疫法の全部又は一部を準用し病原体の侵入を防ぐことができると規定する[6]。

　日本は、2020 年 1 月 28 日、「新型コロナウイルス感染症を指定感染症として定める等の政令」に基づき、名称を「新型コロナウイルス感染症」と定め、指定感染症に分類した。検疫は、検疫法施行令別表 1 に掲げる全国 89 港の検疫港で実施し、日本の港に入港する外国から来航したすべての船舶は検疫を受け、検疫後でなければ、入国、上陸、貨物の陸揚げはできないことになった（4 条 1号・2 号）。しかし、こうした措置にもかかわらず、新型コロナの感染拡大は続き、

政府による緊急事態宣言を可能にする改正新型インフルエンザ等対策特別措置法が 3 月 13 日に成立し、翌 14 日に施行された[7]。

2020 年 4 月 7 日、安倍晋三総理(当時)は、同法 32 条 1 項の規定に基づき、4 月 7 日から 5 月 6 日までの 1 ヶ月間、埼玉県、千葉県、東京都、神奈川県、大阪府、兵庫県及び福岡県の 7 都道府県を実施区域として緊急事態宣言を発出した[8]。その後、4 月 16 日に実施区域は全国に拡大された。このうち、当初から宣言の対象とした 7 都道府県に、北海道、茨城県、石川県、岐阜県、愛知県、京都府の 6 道府県を加えた 13 都道府県を「特定警戒都道府県」とした。すべての都道府県について、緊急事態宣言が解除されたのは 5 月 25 日であった。

注目したいのは、当初の予定通り 1 ヶ月で解除ができなくなった 5 月 4 日の安倍総理の記者会見での発言であった。安倍総理は、「密閉、密集、密接、3 つの密を生活のあらゆる場面でできる限り避けていく。このウイルスの特徴を踏まえ、正しく恐れながら、日常の生活を取り戻していく」必要性を強調すると同時に、「目に見えないウイルスに強い恐怖を感じる。これは私も皆さんと同じです。しかし、そうした不安な気持ちが、他の人への差別や、誰かを排斥しようとする行動につながることを強く恐れます。それは、ウイルスよりももっと大きな悪影響を私たちの社会に与えかねません。誰にでも感染リスクはあります。ですから、感染者やその家族に偏見を持つのではなく、どうか支え合いの気持ちを持っていただきたいと思います[9]」と述べて、当時、日本各地で生じていたコロナ差別の問題に警鐘を鳴らしたのである。

新型コロナの感染拡大とともに、感染を恐れるあまり、コロナ感染者、医療従事者やエッセンシャルワーカーなどに対する不当な差別や誹謗中傷に加え、緊急事態時に特定の集団に対する人種差別、ゼノフォビア(外国人嫌い)、ヘイトスピーチ、さらには女性に対するドメスティック・バイオレンス(以下、DV)などの差別事象が顕在化した。こうした現象は日本のみでなく世界中で生じた。新型コロナ感染症拡大防止のための措置の実施にあたっては、こうした事象を許さず、人権を基盤としたアプローチ(Human Rights Based Approach)をとる必要がある[10]。このことをいち早く表明したのは国連である[11]。まずは、こうした国連の動きを見てみよう。

2　新型コロナが提起した人権問題と国連の対応

　新型コロナの感染拡大により世界中で非常事態宣言や緊急事態を宣言する国が相次いだのは周知のとおりである。2020年3月16日、国連の人権専門家（25人のテーマ別特別報告者）らが緊急事態の宣言にあたっては国際法に従うべきとし、「新型コロナの流行に基づく緊急事態宣言は、特定の集団や少数者、個人を標的とするために行使されるべきではない。また、それは、健康を守るという口実で弾圧的な措置を隠蔽し、あるいは人権擁護者を沈黙させるたりするために使われてはならない[12]」と警告を発した。

　また、アントニオ・グテーレス（António Guterress）国連事務総長は、2020年4月5日、「女性に対する暴力の防止と救済をCOVID-19に向けた国家規模の応急対応のための計画の重要項目とすること」を各国に要請した[13]。これを受けて、翌6日、ムランボ＝ヌクカ（Phumzile Mlambo-Ngcuka）国連女性機関（UN Women）事務局長が「女性と女児に対する暴力：陰のパンデミック」と題する声明の中で、「90カ国がロックダウン（都市封鎖）の状態にある中で、40億人がCOVID-19から身を守るため自宅待機となっている。これは人々を保護する手段であると共に大きな危険をもたらしている。女性に対する暴力といった隠れたパンデミックが増加している」との懸念を表明した[14]。さらに、4月14日には日本を含む136カ国の国連加盟国大使とオブザーバーが先の国連事務総長の訴えを強く支持することを表明した[15]。この問題については、同月9日に国連事務総長が、「新型コロナのパンデミックによる経済的及び社会的緊張が高まる中で、ジェンダーに基づく暴力が急激に増えている」ことを指摘した上で、次の3つの横断的な重点事項を強調した。「①新型コロナに関する全ての応急対応計画及び意思決定において、女性の平等な代表性を確保すること、②有償及び無償のケアに対処することで、平等に向けた革新的な変化を推進すること、③新型コロナの社会経済的影響に対処する取組全てについて、女性及び女児を対象とすること」を挙げた[16]。同月21日には女性差別撤廃委員会（CEDAW）が、「COVID-19のパンデミックの時代における共同行動に関する声明」を発出し、女性の権利の観点から、この機会を捉え、新型コロナのパンデミックに対する主要な利害関係者、とりわけ条約の締約国に対処を求めた[17]。

　たしかに、4月23日にグテーレス国連事務総長が「COVID-19と人権」と題する報告書で指摘したように、「新型コロナのパンデミックは公衆衛生上の緊急事態であるが、それ以上のものである。それは経済的危機であり、社会全体の危機であり、そして人権の危機である」ことはたしかである。この中で、事務総長は、新型コロナの取組みにおいて人権が中心となることを指摘するとともに、「①人々の生命の保護が重要であり、生活を守ることがそれを可能にする手助けになる。②ウイルスは差別しないが、その影響は差別的な形で現れる。③対応にすべての人を巻き込む。④脅威はウイルスであって人々ではない。⑤どの国も一国ではウイルスに立ち向かえない。⑥復興した時には、以前よりも良くならなければならない[18]」ことを指摘した。

　当然であるが、新型コロナの感染は脆弱な立場に置かれた人たちに最も強い影響を与えている。この点は、2020年3月31日の国連人権高等弁務官事務所（OHCHR）、国際移住機関（IOM）、国連難民高等弁務官事務所（UNHCR）及び世界保健機関（WHO）の共同プレスリリースの中で指摘された。そこでは、「このウイルスには誰もが感染のリスクがあり、難民を含む移動を強いられた人々、無国籍者、そして移民の多くが高いリスクにさらされている」ことが指摘されるとともに、「COVID-19がグローバルな脅威となった今、これまで以上に優先すべきことは、法的地位に関わりなく人々の生命を守ることである。この危機には効果的かつ一貫した『誰一人取り残さない』国際的アプローチが必要とされている。この重要な時期だからこそ、我々はこの恐ろしいウイルスと闘うという共通の目的に集結する必要がある[19]」との呼びかけが行われた。

　さらに、新型コロナが人種差別の問題を提起したことも事実である。テンダイ・アチウメ（E. Tendayi Achiume）人種差別特別報告者は、国際人種差別撤廃デーの2020年3月21日、新型コロナを「中国ウイルス」と呼ぶトランプ米国大統領の発言を挙げ、人種差別や外国人排斥を助長するものだとこれを非難し、発祥地の国・地名と結びつける呼称を使用しないよう訴えた[20]。ちなみに、米国の民間世論調査機関「ピュー・リサーチ・センター」が、2020年6月4日から10日（白人警官による黒人暴行死事件に絡む人種差別抗議デモ（Black Lives Matter）が全米規模で起きていた時期）に米国の成人9654人を対象に実施した世論調査では、新型コロナの感染拡大が始まって以降、他人による不快な行為に直面したとす

るアジア系やアフリカ系の米国人は約40％に達したとの調査結果が明らかになった。米国の成人10人のうち4人が、コロナ禍が始まって以降、アジア系に対する人種的かつ民族的に無神経な言葉などを発することが社会全体でさらに広がったと感じており、黒人への人種差別的な発言などが一層増えたと受け止める白人は30％だったとの結果が示された[21]。ヨーロッパでも、フランスの地方紙「クーリエ・ピカール」が、コロナ関連の1面の見出しに「黄色人種警報」などと付け、謝罪に追い込まれた[22]。

3　緊急事態と国際人権法

　日本が締約国である自由権規約は、「国民の生存を脅かす公の緊急事態の場合においてその緊急事態の存在が公式に宣言されているときは、この規約の締約国は、事態の緊急性が真に必要とする限度において、この規約に基づく義務に違反する措置をとることができる」（4条1項）と規定する。もっとも、2項で、こうした免脱措置が適用できない条文として、生命権に関する6条や拷問等を受けない権利に関する7条など7ヶ条の条文が挙げられている[23]。

　自由権規約の条文のコメンタリーとしての性格をもつ4条に関する一般的意見29（2004年）は、「4条は、規約に基づく人権保護システムにとっても最も重要なものである[24]」（1項）とした上で、「規約の規定からの免脱措置は例外的かつ一時的なものでなければならない」とし、「2つの基本的条件が満たされていなければならない。すなわち、事態が国民の生存を脅かす公の緊急事態に達していなければならず、かつ、締約国が公式に緊急事態を宣言していなければならない。後者の条件は、それらが最も必要とされる時期に、合法性の原則及び法の支配の原則を維持することが不可欠である[25]」（2項）と述べる。さらに「4条1項で規定されている規約からの免脱措置にとって基本的要件は、こうした措置は事態の緊急性によって要求される厳格な限度に留めなければならないということである」（4項）とし、「いかなる効力停止措置も事態の緊急性が真に必要とする限度にとどめなければならないという義務は、効力停止及び制限の権限に共通する比例原則を反映したものである[26]」（同項）と述べる。なお、1984年に採択された自由権規約の制限及び免脱条項に関するシラクサ原則では、「公

衆衛生」について、「公衆衛生は、国家が人々又は個人の健康に対する深刻な脅威に取り組む措置のために一定の権利を制限する根拠として援用しうる」とした上で、「当該措置は病気又は傷害の予防又は病者及び傷者に治療を提供することを目的とするものでなければならない」(25 項) とし、「WHO の IHR に妥当な考慮が払われなければならない」(26 項) としている[27]。

　周知のように、新型コロナのパンデミックに対処するため、欧州では、都市封鎖(ロックダウン)によって移動の自由が制限される事態が発生した。ドイツ連邦憲法裁判所には、そうした措置により友人に会うことや両親を訪問することを禁止することは、憲法が保障する基本的人権に違反するとの主張が提起された。しかし、同裁判所は、個人の移動の自由より身体や生命に対する危険からの個人の保護の方がより重要であるとし、また当該制限措置の期間が限定されていることを理由に、こうした訴えを斥けた。また、教会における礼拝への参加の禁止が信教の自由に対する重大な介入であるとの訴えに対しても、ドイツ連邦憲法裁判所は、復活祭などキリスト教徒にとって非常に重要な時期であることを認識しつつも、個人の身体及び生命に対する保護が信教の自由に優越するとの判断を示した[28]。ドイツが締約国である自由権規約は緊急事態であっても免脱できない条文として信教の自由(18条)を挙げているが、同条3項は、「宗教又は信念を表明する自由については、法律で定める制限であって公共の安全、公の秩序、公衆の健康若しくは道徳又は他の者の基本的な権利及び自由を保護するために必要なもののみを課することができる」と規定し、前述した比例原則等の必要性の要件を満たす場合の例外を許している。ドイツ憲法上も、都市封鎖の期間が限定されており、比例原則を満たしているとの判断がなされたものと思われる。

　また、同じく日本が締約国となっている社会権規約 12 条は「身体及び精神の健康を享受する権利」(健康権) を規定するとともに、その権利の実現のために、締約国に「(c) 伝染病、風土病、職業病その他の疾病の予防、治療及び抑圧、(d) 病気の場合にすべての者に医療及び看護を確保するような条件の創出」(2 項) といった必要な措置をとることを義務づけている。

　なお、日本の国内法に目を転ずると、感染症法前文は、「我が国おいては、過去にハンセン病、後天性免疫不全症候群等の感染症の患者等に対するいわれ

のない差別や偏見が存在したという事実を重く受け止め、これを教訓として今後に生かすことが必要である」と規定する。かつて日本はハンセン病を怖れるあまり、ハンセン病の感染力が比較的弱く、隔離の必要がないにもかかわらず、また治療薬が開発されていたにもかかわらず、1996 年の「らい予防法の廃止に関する法律」が制定されるまでハンセン病患者・元患者の強制隔離を約 90 年間も続けてきた負の歴史をもつ。現在、国内で生じているコロナ差別には、ハンセン病の場合と共通の特徴を見ることができる。それは、家族が差別・偏見の対象になっていることである。感染症の場合、感染を恐れるあまり、その家族も偏見・差別の対象となる。われわれがそうした過ちを繰り返してはいけないことは当然である。どんな病気にかかった人も差別しないという教訓を、今回は生かす必要がある。

4　日本国内におけるコロナ差別の実態

　2020 年 1 月 16 日、中国湖北省武漢市から日本に帰国した神奈川県在住の 30 代の男性が新型コロナの感染者と確認されて以来、本稿執筆時の 12 月 18 日現在の国内の感染者数は 190,138 例、死亡者は 2,783 名、入院治療を要する者は 25,741 名、退院又は療養解除となった者は 160,786 名に達した[29]。未曾有の公衆衛生上の危機といえる。

　こうした新型コロナの蔓延が、病気としての問題だけでなく、この病気が感染症であることから、社会不安を増大させ、前述したように、感染者、医療従事者、エッセンシャルワーカーだけでなく、その家族に対しても不当な差別や誹謗中傷、ハラスメントなどが生じている。たとえば、保育園で子どもの預かりを拒否されたり、院内感染が発生した病院には匿名で脅迫電話があったり、病院の看護師が訪問看護先から訪問を断られたり、陽性者を出した大学では近くの飲食店から学生が利用を拒否されたり、大学に電話やメールで謝罪要求があったり、感染者を出した家族が居住地域から転居を余儀なくされたり、といったいわれなき差別事象が各地で見られるようになった[30]。

　こうした差別事象の背景には、感染を過度に恐れ、ウイルスを遠ざけようとする人々の心がその根底にあるように思われる。人は時に差別をするが、ウイ

ルスは人を選ばない。誰もが患者になる可能性がある。ウイルスへの過度のおそれが、私たちが本来持っている人間性や病気になった人を思いやる気持ちを失わせているわけで、いわば心が新型コロナに感染しているともいえる。森光怜雄諏訪赤十字病院臨床心理課長によれば、眼にみえないウイルスに感染するリスクを恐れるあまり、可視化された感染者、医療従事者、エッセンシャルワーカーを脅威と捉え、これを嫌悪し、排除し、非難し、拒否・拒絶し、いじめ・攻撃するという個人の行動をとる認知プロセスがあるとされる[31]。新型コロナはたしかに厄介な病気であるが、われわれが恐れるべきはウイルスであって、人ではない。新型コロナに感染した人や感染していた人を差別してはいけないのは当然である。正しい知識をもって、正しく恐れる必要がある。

　ところで、日本は、集団の中の多数派が、少数派に対して同じ行動をするよう暗黙のうちに強制する同調圧力が非常に強い国である。この同調圧力の両義性が今回の新型コロナの感染拡大に際して現れたように思える。プラスの面は、日本政府の外出自粛の要請や外出時のマスクの着用、密集・密閉・密接の3密を避けるようにとの要請に対し、日本国民は積極的にこれに応じた点である（日本モデルともいわれた）。これは、100年前のスペイン風邪流行時に際して、時の政府によるマスク着用と手洗い・うがいの励行の呼びかけが学校教育を通じて日本国民に定着し、今に生かされているともいえる。公衆衛生に対する日本国民のリテラシーは極めて高いといえる。

　他方、神戸にあらわれたパチンコ屋の前で並ぶ人たちをスマホで撮影し、顔をさらそうとするいわゆる「自粛警察」、「自粛隊」と名乗る人々の行動をみると、同調圧力の強い国のマイナス面が出ているように思われる。同調圧力の強い日本社会で、法律に基づく権限を持たない一般市民が互いに監視し合い、同じ市民に対して監視的、攻撃的な行動に出ると、最終的に自分たちの基本的な自由を阻害する恐れがある。そうした過度の監視社会は避ける必要がある。ここは発想を転換し、江島晶子教授が指摘するように、「『○○してはいけない』という禁止規範」に代わって、「『○○しよう』という試みが大切ではないか[32]」と思われる。コロナ差別が人と人との関係を断ち切る現状の中で、改めて連帯と協力の大切さを自覚する必要がある。

5　おわりに

　健康権に関する社会権規約 12 条の一般的意見 14 (2000 年) では、締約国の義務として「地域の中で発生した主な感染症に対する予防接種を提供すること[33]」が挙げられている。グテーレス国連事務総長は、「パンデミックとその影響は、世界的に協調して取り組まれねばならない。グローバルな公共財として考えられるワクチンもその一つである。ある人の富、性別、移民の法的地位 (在留資格) によって、個人の命だけでなく、経済や社会の未来を救うワクチンへのアクセスの可能性を決めてはならない[34]」として、新型コロナ収束のために、ワクチン接種が「誰一人取り残さない」形で行われることの期待を表明した[35]。

　新型コロナによる死者数が累計 6 万人に達し、1 日あたり 300 人前後が亡くなっているイギリスで、2020 年 12 月 8 日、新型コロナに対するワクチン接種が始まった。また、感染者数が 265 万人を超え、4 万 6 千人以上の死者数を出しているロシアでは、12 月 10 日にワクチンの大規模接種が始まった。さらに、世界最大の感染者数 1651 万人、死者数が 30 万人を超えるアメリカでも、12 月 14 日に医療従事者に対するワクチン接種が始まった。今後、各国でもこうしたワクチン接種が加速化するものと思われる。

　他方で、2020 年 6 月 29 日、テドロス (Tedros Adhanom Ghebreyesus) WHO 事務局長は、「厳しい現実とは、『収束に近づいてさえいない』ということである[36]」と述べており、今後、コロナの感染拡大が途上国にも及ぶことが懸念されている。そうした途上国におけるワクチン接種を可能にする取組みとして、WHO と途上国でのワクチン接種に取り組む国際団体 (CEPI、Gavi) による、先進国からの出資により世界に新型コロナワクチンを世界に公平に分配する枠組みとしての COVAX ファシリティという枠組みがある。

　茂木敏充外務大臣は、2020 年 9 月 12 日、第 27 回 ASEAN 地域フォーラム (ARF) で、「新型コロナの世界的拡大の局面転換には、ワクチン、治療薬の開発・普及が不可欠。人口が少ない国や途上国に対しても、公平にワクチンへのアクセスが確保されることが極めて重要。このためには、CEPI、Gavi 等を通じた COVAX ファシリティといった、国際的な枠組が必要であり、日本も協力する[37]」と発言したが、トランプ政権のアメリカや中国などが参加表明をしない

中、日本がこの分野で先導的な役割を果たすことが期待される。

　健康への権利に関する特別報告者ら 43 名の国連のテーマ別特別報告者が「新型コロナウイルス対策に例外があってはならない：『誰もが人命救助を受ける権利がある』」との声明で述べたように、「新型コロナのワクチンが発明されたら、差別なく提供されなければならない。それまでの間は、人権に基づくアプローチこそが、公衆衛生に対する主要な脅威を抑制するのに効果的なもう一本の道筋である[38]」ことを忘れてはならず[39]、そして、2020 年 6 月 30 日、ミチェル・バチェレ（Michelle Bachelet）国連人権高等弁務官が第 44 会期の国連人権理事会の報告で述べたように、「パンデミックへの対応の中心に人権を据える」必要があり、「復興のためには人権が不可欠であることを認識しなければならない[40]」ことは言うまでもない。

注

1　山岸拓也ほか「ダイヤモンド・プリンセス号新型コロナウイルス感染症事例における事例発生初期の疫学」『病原微生物検出情報』Vol.41, No.7 (No.485)（2020 年）4-6 頁。

2　14 世紀、地中海、アドリア海を中心に海上輸送を担った商船団と沿岸諸都市国家は、船舶・人・物資の移動とともに感染症の病原体も移動することを経験した。当時、黒死病として恐れられたペストの流入を防ぐために生み出されたのが一定期間の隔離措置であった。ヴェネツィアは、港において汚染されたおそれのある船舶、乗員、貨物を隔離し、その間ペストが発生しなければ入国させるという方法を採用した。その期間は 1448 年に 40 日となり、40 を意味する quarantine が検疫（quarantine）の語源となった。検疫の初期の歴史については、Cf. J. M. Eager, *The Early History of Quarantine: Origin of Sanitary Measure Directed Against Yellow Fever*, Yellow Fever Institute, Bulletin No.12, pp.15-16.

3　もちろん、沿岸国が他の国と予め通商航海条約を締結し、相手国との間で開港の義務を負う場合は、当該条約上の義務として外国船舶の入港を認める義務を負う。たとえば、日米通商航海条約（1953 年）19 条 3 項。薬師寺公夫・坂元茂樹・浅田正彦編集代表『ベーシック条約集 2020』（東信堂、2020 年）739 頁参照。

4　大河内美香「感染症の制御における海港検疫と海運の位置―海上交通の安定を視座として―」山県記念財団『海事交通研究』64 集（2015 年）56 頁。

5　日本における国際保健規則の実施を論じるものとして、鈴木淳一「世界保健機関（WHO）・国際保健規則（IHR2005）の国内実施―日本国を例として―」『獨協法学』

90 号（2013 年）31-129 頁参照。

6 2020 年 11 月 28 日、主務大臣である田村憲久厚生大臣は、感染症法 7 条 2 項に基づき「ウイルスの特性がはっきり分かってくるまで、指定感染症という形で当面続けていくと思う」と述べて、2021 年 1 月末が期限となっている感染症法上の「指定感染症」としての扱いを延長する考えを示した。https://www.jiji.com/jc/article?k=2020112800284&g=soc（最終閲覧日：2020 年 12 月 19 日）

7 棟居徳子「公衆衛生上の緊急事態における人権保障—新型コロナウイルス対策において求められること—」『週刊社会保障』No.3066（2020.4.6）44 頁。

8 「新型コロナウイルス感染症対策本部（第 27 回）」（令和 2 年 4 月 7 日）https://www.kantei.go.jp/jp/98_abe/actions/202004/07corona.html（最終閲覧日：2020 年 12 月 14 日）

9 「新型コロナウイルス感染症に関する安倍内閣総理大臣記者会見」（令和 2 年 5 月 4 日）https://www.kantei.go.jp/jp/98_abe/statement/2020/0504kaiken.html（最終閲覧日：2020 年 12 月 14 日）

10 棟居「新型コロナウイルス感染症対策における『人権を基盤としたアプローチ』の重要性」『早稲田ウィクリー』（2020 年 11 月 27 日）https://www.waseda.jp/inst/weekly/news/2020/11/27/80787/（最終閲覧日：2020 年 12 月 15 日）

11 もっとも、コロナ感染者を人道的にかつ尊厳をもって扱うこと、公衆衛生を根拠に課せられる制限は人権と人民の権利を尊重し、必要性と比例性を満たすべきであるとの表明は、2020 年 2 月 28 日にアフリカ人権委員会によって最初に行われた。Press Statement of the African Commission on Human & People's Rights on the Coronavirus (COVID-19) crisis http://www.achpr.org/pressrelease/detail?id=480（最終閲覧日：2020 年 12 月 19 日）

12 "COVID-19: States should not abuse emergency measures to suppress human rights" http://www.ohchr.org/EN/NewsEvents/Pages/DisplayNews.aspx?NewsID=25722&LangID=E（最終閲覧日：2020 年 12 月 15 日）

13 "Amid Global Surge in Domestic Violence, Secretary-General Urges Governments to Make Prevention, Redress Part of National COVID-19 Response Plans" https://www.un.org/press/en/2020/sgsm20034.doc.htm（最終閲覧日：2020 年 12 月 15 日）

14 "Violence against women and girls: the shadow pandemic" https://www.unwomen.org/en/news/stories/2020/4/statement-ed-phumzile-violence-against-women-during-pandemic（最終閲覧日：2020 年 12 月 15 日）

15 "Answering the UN Secretary-General's Call on Gender-Based Violence and COVID-19" http://eeas.europa.eu/delegations/un-new-york/77435/answering-un-secretary-general's-callgender-based-violence-covid-19（最終閲覧日：2020 年 12 月 15 日）

16 "UN Secretary-General's policy brief: The impact of COVID-19 on women" https://www. unwomen.org/en/digital-library/publications/2020/04/policy-brief-the-impact-of-covid-19-on-women（最終閲覧日：2020 年 12 月 15 日）翻訳に当たっては、男女共同参画局の仮訳を参考にした。

17 "Call for joint action in the time of the COVID-19 pandemic" https// www.ohchr.org/ Documents/HRBodies/CEDAW/statements/CEDAW_statement_COVID-19_final.doc（最終閲覧日：2020 年 12 月 15 日）

18 Antonio Guterres, "We are all in this Together: Human Rights and COVID-19 Response and Recovery," , 23 April 2020, https://www.on.org/en/un-coronavirus-communications-teams/we-are-all-together-human-rights-and-covid-19-response-and-recovery（最終閲覧日：2020 年 12 月 14 日）

19 "The Rights and Health of Refugees, Migrants and Stateless Must be Protected in COVID-19 Response" http://www.iom.int/news/rights-and-health-of-refugees-migrants-and-stateless-must-be-protected-covid-19-response（最終閲覧日：2020 年 12 月 19 日）

20 E. Tendayi Achiume, "States should take action against COVID-19-related expressions of xenophobia, says UN expert" http://www.ohchr.org/EN/NewsEvents/Pages/DisplayNews. aspx?NewsID=25739（最終閲覧日：2020 年 12 月 19 日）

21 Many Black and Asian American Say They Have Experienced Discrimination Amid the COVID-19 Outbreak, July 1 2020, https//www.pewsocialtrends.org/2020/07/01/many-black-and-asian-american-say-they-have-experienced-descrimination-amid-the-covid-19-outbreak（最終閲覧日：2020 年 12 月 15 日）

22 「『＃私はウイルスじゃない』新型コロナウイルス感染確認で、フランスに広がるアジア系差別」COURRIER JAPON（2020 年 1 月 30 日）https://courrier.jp/news/archives/189645（最終閲覧日：2020 年 12 月 15 日）

23 このほかの条文は、奴隷及び強制労働に関する 8 条 1 項・2 項、契約義務不履行による拘禁に関する 11 条、遡及処罰の禁止に関する 15 条、人として認められる権利に関する 16 条及び思想、良心及び宗教の自由に関する 18 条である。

24 General Comment No.29, States of Emergency (Article 4), CPR/C/21/Rev.1/Add.11,31 August 2001, para.1.

25 *Ibid.*, para.2.

26 *Ibid.*, para.4.

27 Siracusa Principles on the Limitation and Derogation Provisions in the International Covenant on Civil and Political Rights, p.8, paras.25-26.

28 中西優美子「ドイツのコロナウイルス対応と EU（ドイツからの報告）」『週刊経団

連タイムス』https://www.keidanren.or.jp/journal/times/2020/covid19_EU02.html（最終閲覧日：2020 年 12 月 14 日）

29　厚生労働省ホームページ「国内の発生状況など」https://www.whlw.go.jp/stf/covid-19/kokunainohasseijoukyou.html（最終閲覧日：2020 年 12 月 19 日）

30　具体的な新型コロナ差別の相談事例については、「新型コロナウイルス感染症対策分科会　偏見・差別とプライバシーに関するワーキンググループ（第 1 回）」の資料 8「[報告] 日本労働組合総連合会（連合）に寄せられた相談（偏見・差別、ハラスメント編）」（石田昭浩）や資料 9 の鈴木英敬三重県知事の報告に詳しい。

31　「新型コロナウイルス感染症と人権に関する座談会」『アイユ』Vol.351（2020 年）8-9 頁。

32　江島晶子「COVID-19 と人権―人権志向的統治機構の可能性―」『国際人権』31 号（2020 年）6 頁。

33　General Comment No.14(2000), E/C.12/2000/4, para.44（b）.

34　"UN chief: COVID-19 vaccine must be affordable and available to all" https://news.un.org/en/story/2020/09/1072522（最終閲覧日：2020 年 12 月 19 日）

35　2020 年 11 月 8 日、米国のトランプ大統領は、政府が調達する新型コロナのワクチンについて、米国民の接種を優先する大統領令に署名するなど自国優先主義の動きを強めている。

36　"WHO Director-General's opening remarks at the media briefing on COVID-19-29 June 2020" https://www.who.int/director-general/speeches/detail/who-director-general-s-opening-remarks-at-the-media-briefing-on-covid-19-29-june-2020（最終閲覧日：2020 年 12 月 19 日）

37　外務省ホームページ「第 27 回 ASEAN 地域フォーラム（ARF）閣僚会合」https://www.mofa.go.jp/mofaj/press/release/press4_008751.html（最終閲覧日：2020 年 12 月 15 日）

38　"No exceptions with COVID-19: 'Everyone has the right to life-saving interventions' -UN experts say" http://www.ohchr.org/EN/NewsEvents/Pages/DisplayNews.aspx?NewsID=25746&LangID=E（最終閲覧日：2020 年 12 月 19 日）

39　感染症医療が個人の生命を社会の安全との関係で捉えることから、個人の生命の価値を相対化する危険性がある点については、建石真公子「感染症医療と人権保障―『個人の尊厳』をどう保護するか」『時の法令』2097 号（2020 年）48-54 頁参照。医療崩壊の中で医師による「命の選別」が行われたイタリアの実態については、川口浩一・吉中信人「イタリアにおける集中治療トリアージについて―『資源が限られた例外的な状況下での集中治療の配分に関する臨床倫理上の勧告』をめぐる議論」『法律時報』92 巻 7 号（2020 年）56-61 頁参照。

40　"Global update on human rights and the impact of the COVID-19 pandemic Statement by Michelle Bachelet, UN High Commissioner for Huma Rights 30 June 2020" https//www.

ohchr.org/EN/NewsEvents/Pages/DisplayNews.aspx?NewsID=26015&LangID=E (最終閲
覧日：2020 年 12 月 19 日)

ダイヤモンド・プリンセス号が問うもの

---

1 事案の顛末

　2020年1月20日、大型クルーズ船ダイヤモンド・プリンセス号は横浜港を出発し、鹿児島、香港、ベトナム（チャンメイとカイラン）、台湾（基隆）および沖縄（那覇）に立ち寄り、2月3日に横浜港検疫錨地に停泊した。なぜなら、2月1日に香港で下船した乗客が新型コロナウイルス（以下、新型コロナ）に感染していたことが判明したからである。ダイヤモンド・プリンセス号の旗国は英国であるが、同号の運航会社は米国法人のカーニバル・コーポレーションであり運航国は米国となる。同船が横浜港に寄港したので日本が寄港国となる。

　厚生労働省は、2月3日、横浜検疫所による臨船検疫をダイヤモンドプリンセス号で実施した。乗客全員に対する新型コロナに関するPCR検査を行ったところ、次々と陽性反応者が判明し、合計712人（うち死亡13人）となった。この間、同船は真水精製等のため検疫錨地を抜錨し、いったん領海外を航行し、横浜港大黒ふ頭に着岸するのを2月5・6日、2月8・9日、2月10日・11日の3回に亘って繰り返した。3,711人の乗員乗客全員の下船が完了したのは、3月1日であった。

　本事案で日本は寄港国として対応したが、今回の事案により大型クルーズ船内の新型コロナ感染の対応については、旗国、運航国および寄港国の責任・役割が不明確であることが判明した。今回のようなクルーズ船内で発生した感染症について、旗国、運航国および寄港国のいずれの国が感染拡大防止の第一次的責任を負うのか国際法上明確な規則がないことが判明した。同時に、寄港国として取り得る強制的措置はどの程度まで許容されるのかという問題も浮上した。具体的にいえば、患者のための医薬品等の搬送などについて当該船舶

の船長（イタリア国籍）の同意がなくても寄港国は強制的に搬送ができるのかといった点などである。船長は船内規律権限を有しており、船長の同意は不可欠と考えられるからである。

　こうしたダイヤモンド・プリンセス号での感染拡大で浮き彫りとなったのは、まずは感染症の侵入を防止したいとする沿岸国の法益と海上交通の安定の維持という国際法益の対立である。同時に、世界保健機関（WHO）が感染症に関して定める 2005 年の国際保健規則（IHR）やそれを受けた日本における検疫法や「感染症の予防及び感染症の患者に対する医療に関する法律」（以下、感染症法）といった国内法による規律、また国際労働機関（ILO）が定める 2006 年の海上労働条約（MLC）、さらには国際海事機関（IMO）が定めるさまざまな規則の規律が錯綜する問題であるということも判明した。

　さらに沿岸国は、感染症の侵入防止のために外国人の出入国に対しては規制権限を有しており、日本についていえば、「出入国管理及び難民認定法」がそれにあたる。法務省は、2020 年 1 月 31 日以降の累次にわたる閣議了解、新型コロナウイルス感染症対策本部による公表等を踏まえて、①上陸の申請日前 14 日以内に添付の表の国・地域（4 月 3 日の段階では指定された国・地域は 73 カ国・地域であったが、その後順次追加され、8 月 26 日の段階では計 159 カ国・地域となった）における滞在歴がある外国人、②中国湖北省または浙江省において発行された同国旅券を所持する外国人、③香港発船舶ウエステルダムに乗船していた外国人を、入管法 5 条 1 項 14 号の「前各号に掲げる者を除くほか、法務大臣において日本国の利益又は公安を害する行為を行うおそれがあると認めるに足りる相当の理由がある者」に該当する外国人として、特段の事情がない限り、上陸を拒否するとした。

　新型コロナのパンデミック（世界的大流行）により、国連事務総長が、2020 年 6 月 17 日の記者会見において、世界で 200 万人いる船員のうち数十万人がどこにも上陸できず、数か月にわたり海上に取り残されていると述べたように、事態は海上交通の安定の維持や船員の人権の面でも深刻なものとなった。

2　沿岸国法益と国際法益の対立

　そもそも感染症患者を多数抱えた船舶の寄港を沿岸国は認める必要があるのであろうか。なぜなら、沿岸国としては感染症の侵入を防止したいという沿岸国独自の法益があるからである。実際、2020 年 2 月 7 日、日本は同じく新型コロナを発症した乗客を乗せた大型クルーズ船ウエステルダム号（旗国：オランダ）が予定していた那覇港への寄港を拒否している。同船には日本人 5 人が乗船していたが、下船が許されたのは同月 13 日入港を許可したカンボジアのシアヌークビルであった。

　沿岸国は港湾に対して包括的な主権を有し、外国船舶の入港の自由は認められていない。言い換えると、沿岸国は港への接岸やアクセスを規律できる。このことは、確立した国際法上の規則といわれる。国際司法裁判所は、ニカラグア事件本案判決（1986 年）において、「他国の港内での機雷敷設は内水に関する法によって規律され、それは沿岸国の主権に服する」（213 項）と述べて、このことを確認した。

　つまり、沿岸国は、外国船舶の入港を認めるか否かを主権に基づいて判断し、外国船舶の入港を認めなければならない法的義務を負うわけではない。例外は、船舶が海難に遭うまたは荒天などの緊急時など不可抗力の場合である。もちろん、沿岸国が他の国と予め通商航海条約を締結し、相手国との間で開港の義務を負う場合は、当該条約上の義務として外国船舶の入港を認める義務を負う。

　他方で、海上交通の安定の維持という国際法益の観点から、1923 年に締結された「海港ノ国際制度ニ関スル条約及規程」は、その 2 条で船舶の均等待遇を規定し、相互主義の原則に基づき、海港における出入港の自由と使用の便益に関し、自国船舶または他国船舶に与えるのと同等の待遇を他の締約国の船舶に対して与える義務を定めている。

　ただ、問題は感染症患者が乗船した船舶の場合はどうかということになる。21 世紀の今日、この問題を規律する条約が、WHO が採択した国際保健規則である。

3 国際保健規則と日本の検疫法および感染症法

　ジョン・ホプキンス大学の集計によれば、2020 年 9 月 10 日時点の新型コロナ感染者数は、2,770 万人、死者は 90 万人を超えている。WHO は、2020 年 1 月 30 日、新型コロナを「国際的に懸念される公衆衛生上の緊急事態」(Public Health Emergency of International Concern: PHEIC) に該当すると宣言した。PHEIC は国際保健規則に基づいて認定され、今回が 6 例目である。国際保健規則は、加盟国に対し、原因を問わず国際的な公衆衛生上の脅威となるすべての事象を了知した場合、24 時間以内に WHO に通告することを義務付けている (6 条)。通告を受けた WHO は、加盟国に対し、感染症および感染が疑われる者の出入国制限や、一定の条件のもとでこれらの入国拒否が可能であることを勧告する。これにより、同規則附録第 1 の 1.(b)「指定した空港、港及び陸上越境地点における活動」として検疫を実施できるものの、国際保健規則 2 条は、その目的を、国際交通に対する阻害の回避と疾病の国際的拡大の防止としている。

　日本で、国際保健規則の国内実施の役割を担うのが検疫法と感染症法である。日本は、感染症の侵入防止のために検疫法を定め、「国内に常在しない感染症の病原体が船舶又は航空機を介して国内に侵入することを防止するとともに、船舶又は航空機に関してその他の感染症の予防に必要な措置を講ずること」(1 条) を目的としている。具体的には、1 類感染症 (エボラ・ウイルス感染症やペストなど)、2 類感染症 (新型インフルエンザ、鳥インフルエンザ H5N1) および 4 類感染症 (デング熱、マラリア) の 11 疾患である。検疫法は、その 34 条 1 項で、検疫感染症以外の感染症が外国において発生し、検疫を行わなければその病原体が国内に侵入し、国民の生命および健康に重大な影響を与えるおそれがあるときは、政令で感染症の種類を指定し、1 年以内の期間に限って検疫法の全部または一部を準用し病原体の侵入を防ぐことができると規定する。

　日本は、2020 年 1 月 28 日、「新型コロナウイルス感染症を指定感染症として定める等の政令」に基づき、名称を「新型コロナウイルス感染症」と定め、「2 類感染症」に分類した。検疫は、検疫法施行令別表 1 に掲げる全国 89 港の検疫港で実施し、日本の港に入港する外国から来航したすべての船舶は検疫を受け、検疫後でなければ、入国、上陸、貨物の陸揚げはできない (4 条 1 号・2 号)[1]。

　なお、国際保健規則 25 条は、締約国は、寄港することなく管轄水域を通過する船舶に対して公衆衛生上の措置をとってはならないことを規定している。

4　外航海運業が抱える問題

　今回の新型コロナの問題は、外航海運業に、船員の感染予防対策の実施とコロナ禍における船員交代システムの構築という 2 つの課題を突き付けた。国土交通省海事局安全政策課は、2020 年 5 月 11 日、「感染防止対策及び船上で乗組員や乗客に新型コロナウイルス感染症に罹患した疑いがある場合の対応等について」というガイドラインをまとめ、海運業界に通知した。

　そこには、緊急事態においても事業の継続が求められる海運業従事者の感染予防、健康管理に向けた入港時・停泊中および航海時における取り組みや、洋上や日本および海外での接岸時において乗組員や乗客が新型コロナに罹患した疑いがある場合の対応、さらには乗組員が新型コロナに感染した場合でも可能な限り操業等の業務を継続するために、乗組員の交代要員の確保などの体制を予め検討し、必要な準備を行うよう海運業界に求めている。

　船員の交代をめぐっては、IMO が 2020 年 3 月 27 日付の回章(Circular Letter)で港湾での船員の交代を容易にするための措置を加盟国に勧告している[2]。

　このほか、海員の労働条件を定めた海上労働条約(2006 年)は、原則として労働者は上陸する権利を持つ(規則 2.4 の 2 項)と定め、船舶の旗国には船内における乗組員の安全、健康に責任を負わせ(規則 4.1 の 1 項)、船舶の入港国には、保健上、上陸させ治療を与える義務を規定している。なお、この条約は旗国が批准していなくても、受入国が批准しておれば適用可能である。

5　日本の役割

　今回のダイヤモンドプリンセス号の事案は、感染症の拡大を防ぐために、船舶の旗国、運航国および寄港国の権利義務関係を規定する法の欠缺を明らかにした。今回日本が直面した問題には、寄港国単独では解決できない問題が多く、船舶の旗国や運航国といった関係国との国際協力が不可欠である。そのための

新たな国際ルール作りが必要である。その新たなルールの形成にあたって、今回、寄港国として本事案を経験した日本は、その経験に基づいてどのような新たなルールが、とりわけ海洋法の分野で必要なのかを提言できる立場にあるように思われる。

　なぜなら、日本は、感染症の侵入防止という沿岸国法益を守るために行動しただけでなく、海運国家として海上交通の安定の維持、言い換えると船舶航行の自由の確立という法益も同時に有しているからである。日本は、海洋秩序における均衡のとれた新たなルールの作成にあたって最適な立場にあるわけで、その強みを生かし先導的な役割を果たすことを期待したい。

注

1　大河内美香「感染症の制御における海港検疫と海運の位置—海上交通の安定を視座として—」山県記念財団『海事交通研究』64 集（2015 年）56-57 頁および 59 頁参照。

2　宮下國生「外航海運業は新型コロナウイルスのパンデミックにいかに立ち向かっているか」『Ocean Newsletter』482 号 2-3 頁。

COVID-19 と海洋
──パンデミックをいかに克服するか──

1　はじめに

　世界保健機構（WHO）は、2020 年 1 月 30 日に新型コロナウイルス（以下、COVID-19）を「国際的に懸念される公衆衛生上の緊急事態（Public Health Emergency of International Concern: PHEIC）」と宣言した。同年 2 月 3 日、厚生労働省は、横浜検疫所による臨船検疫をクルーズ船ダイヤモンド・プリンセス号で実施した。同船において、香港で下船した 80 代の乗客が COVID-19 に感染していたことが判明したからである。乗客乗員全員に対する COVID-19 に関する PCR 検査を行ったところ、次々と陽性反応者が判明した。合計 712 人が確定症例とされ、その規模から過去にない未曽有の事態となった[1]。日本国民は、COVID-19 という感染症が海からやってきたとの印象を持った。

　なお、検疫（quarantine）の語源は、イタリア語の 40 日（quarantina）に由来する。14 世紀、地中海、アドリア海を中心に海上輸送を担った商船団と沿岸諸都市国家を悩ませていたのが、黒死病として恐れられていたペストの流入をいかに防ぐかという問題であった。そこで採用されたのが一定期間の船舶、乗組員、貨物の隔離であった。 ヴェネツィアは、1347 年のペストの大流行以来、この隔離政策を導入し、1377 年に 30 日間ペストの発症がなければ乗組員を入国させる方法を採用した。その後、1448 年に期間が 10 日間延長され 40 日となった。そこで、イタリア語の quarantina が、現在の検疫の語源となった[2]。

2　ダイヤモンド・プリンセス号事件で明らかになったこと

　ダイヤモンド・プリンセス号の旗国は英国であるが、同号の運航会社は米国

法人であり運航国は米国となる。同船が横浜港に寄港したので日本が寄港国となる。今回のようなクルーズ船内で発生した感染症について、旗国、運航国および寄港国のいずれの国が感染拡大防止の第一次的責任を負うのか、国連海洋法条約（1982年）には直接的な規定はなく、国際法上明確な規則はない。

　さらに本事例が明らかにしたのは、今回の問題がWHOの国際保健規則（IHR）やその国内実施法である検疫法や感染症法、さらには入管法といった国内法による規律、また国際労働機関（ILO）が定める2006年の海上労働条約（MLC）、国際海事機関（IMO）が定めるさまざまな規則の規律が錯綜する問題であるということである。今回日本が直面した問題は、寄港国単独では解決できない問題が多く、船舶の旗国や運航国といった関係国との国際協力が不可欠である。そのための新たな国際ルール作りが必要であることが判明した。

3　パンデミックによって生じた船員問題

　COVID-19のパンデミックにより、交代のための船員の乗船または下船を阻止し、入港拒否を行う国が後を絶たない状況となった。グテーレス国連事務総長は、2020年6月12日の記者会見において、世界で200万人いる船員のうち数万人がどこにも上陸できず、数ヶ月にわたり海上に取り残されていると述べた[3]。事態は海上交通の安定の維持や船員の人権の面でも深刻なものとなった。

　船員の交代をめぐっては、IMOが2020年3月27日付の回章で港湾での船員の交代を容易にするための措置を加盟国に勧告している[4]。このほか、ILOの海員の労働条件を定めた海上労働条約（2006年）は、原則として労働者は上陸する権利を持つ（規則2.4の2項）と定め、船舶の旗国には船内における乗組員の安全、健康に責任を負わせ（規則4.1の1項）、船舶の入港国には、保健上、上陸させ治療を与える義務を規定している。2021年10月6日、IMOとILOは、船員に対する医療援助の維持と船員に対するワクチンプログラムの加速を求める共同声明を発表した[5]。

　世界経済フォーラムが採択したネプチューン宣言では、2021年5月から「ネプチューン宣言船員交代指標」を毎月発表している。同年7月と8月の状況を言えば、① 船上で労働契約が切れた後も引き続き勤務している船員の割合は、

7月は9%で、8月は8.9％の微減にとどまった。② 船上で11ヶ月以上勤務している船員の比率は、7月は1.3％で、8月は1.2％の微減にとどまった[6]。原因は、重要な船員供給国であるインドで新たな変異株デルタ株が拡大したため、船員の交代拠点港をもつ国の政府が船員の移動制限を強化したからである。全インド船員組合によれば、中国政府は外国の船主・海運会社に対して、もし中国の港湾に入港したければ、インド人の船員を乗船させないように、2021年3月21日以降水面下で要請を行っていたとされる。

WHOは、2021年7月16日、ワクチン接種のロードマップを改定し、貨物船に乗務する船員を、ワクチン優先接種リストに追加した。IMOは以前から、船員のワクチン接種のために世界中に公正にワクチンを配布することを要請していたので、この措置を歓迎した。欧州船主協会（ECSA）と欧州運輸労連（ETF）も、この措置を歓迎し、まだ船員へのワクチン接種を開始していない欧州諸国に対して、船員へのワクチン優先接種を開始するよう求めた[7]。2021年8月時点で船員は21.9％しかワクチンを接種していない。当時の主要先進国の国民の接種率50％と比較しても低い水準にあった。

4 パンデミックをいかに克服するか

米国疾病対策予防センター（CDC）には111隻のクルーズ船が登録されているが、2021年12月、75隻でコロナ感染が確認された。寄港国のカリブ海諸国からは寄港拒否の動きが出ている[8]。

2020年9月、グテーレス国連事務総長は、「パンデミックとその影響は、世界的に協調して取り組まれねばならない。グローバルな公共財として考えられるワクチンもその一つである[9]」として、COVID-19収束のために、ワクチン接種が、SDGsがいう「誰一人取り残さない」形で行われることへの期待を表明した。

途上国におけるワクチン接種を可能にする取組みとして、先進国からの出資により途上国に新型コロナワクチンを公平に分配する枠組みとしてCOVAXファシリティがWHOにある。しかし、こうした枠組みが必ずしも十分に機能していない現状を踏まえ、EUのシャルル・ミシェル（Charles Michel）大統領

は、2020年11月、WHO憲章に基礎を置くパンデミックに関する国際条約の締結の提案を行った[10]。これを受けて、WHOの特別総会は、2021年12月1日、パンデミックの防止、準備、及び対応に関する歴史的合意に向けたプロセスを進めることにコンセンサスで合意した[11]。

2021年11月11日に南アフリカの隣国ボツワナで最初に確認されたオミクロン株は今や世界100カ国に感染拡大し、デルタ株に取って代わろうとしている。その背景には、ワクチン接種率の不平等がある。先進国や中東の産油国など高所得国の接種率は66.3％に対し、低所得国は9.02％である。コンゴ民主共和国に至っては0.2％に過ぎない。WHOが目標に掲げるすべての国で70％の接種率を達成するためには、先進国と途上国の「ワクチン格差」を解消する必要がある。「誰もが安全になるまで、誰も安全ではない」からである[12]。そのためには、連帯の精神に基づいた国際協調と国際協力が必要である。

注

1　山岸拓也ほか「ダイヤモンド・プリンセス号新型コロナウイルス感染症事例における事例発生初期の疫学」『病原微生物検出情報』Vol.41, No.7（No.485）（2020年7月号）4-6頁。

2　検疫の初期の歴史については、Cf. J.M. Eager, The Early History of Quarantine: Origin of Sanitary Measure Directed Against Yellow Fever, Yellow Fever Institute, Bulletin No.12, pp.15-16.

3　Secretary-General Says Governments Shuold Allow Seafarer to Repatriate, Join Ships, as Hundreds of Thousands Remain Stranded at Sea by COVID-19Related Travel Restrictions, 12 June, 2020. https://www.un.org/press/en/2020/sgsm20121.doc.htm（最終閲覧日：2021.12.30）

4　IMO, Circular Letter, No,4204/Add.6, 27 March 2020.

5　Joint IMO/ILO statement on upholding medical assistance obligations to seafarers and accelerating seafarer vaccination programmes. https://www.ilo.org/global/docs/WCMS_822066/lang--en/index.htm（最終閲覧日：2021.12.30）

6　The Neptune Declaration, Crew Change Indicator, September 2021. https://www.globalmaritimeforum.org/content/2021/08/The-Neptune-Declaration-Crew-Change-Indicator-September-2021.pdf（最終閲覧日：2021.12.30）

7　https://www.ecsa.eu/news/ecsa-and-etf-welcome-who-decision-prioritise-seafarersvaccination（最終閲覧日：2021.12.30）

8　https://www.maritime-executive.com/article/cdc-data-shows-nearly-two-thirds-of-cruise-ships-reporting-covid-cases（最終閲覧日：2021.12.30）

9　"UN chief: COVID-19 vaccine must be affordable and available to all". https://news.un.org/en/story/2020/09/1072522（最終閲覧日：2021.12.30）

10　Towards an international treaty on pandemics. https://www.consilium.europa.eu/en/infographics/towards-an-international-treaty-on-pandemics/（最終閲覧日：2021.12.30）

11　https://www.who.int/news/item/01-12-2021-world-health-assembly-agrees-to-launch-process-to-develop-historic-global-accord-on-pandemic-prevention-preparedness-and-response（最終閲覧日：2021.12.30）

12　『毎日新聞』2021 年 12 月 17 日朝刊 2 面。

コロナ禍の船員交代・送還問題と ILO の対応

1　はじめに

　2022年2月28日、国際労働機関（ILO）、国際海事機関（IMO）、国連貿易開発会議（UNCTAD）及び世界保健機関（WHO）は、「進行中の新型コロナウイルス（COVID-19）のパンデミック期間中の船員交代の危機、船員の健康と安全の保護及びサプライチェーンの崩壊に対処するための協力の継続を求める共同声明[1]」を発出した。そこで取り上げられた船員の窮状とは、COVID-19のパンデミックに伴い、各国が課した渡航制限により、多くの船員が下船できない、又は本国へ送還されない状況が続いていたからである[2]。

　ILOの2006年改正の海上労働安全条約（以下、MLC）では、船員の海上における勤務期間は最長で12カ月未満とし、契約期間の終了時には送還される権利を有すると規定する。それにもかかわらず、寄港地における交代のための下船に対して入港拒否を行う国が後を絶たない状況になった。その結果、雇用契約終了後も、船員が本人の自発的な同意なく勤務の継続を強いられる状況が発生した[3]。

　MLC第2.5規則のA2.5基準（送還）は、「加盟国は、自国を旗国とする船舶の船員が次の場合に送還される権利を有することを確保する。（a）当該船員が国外にいる間にその雇用契約が終了した場合」（1項（a））と規定し、「船員が送還される権利を有することとなるまでの船舶における最長の勤務期間。この期間は、12箇月未満とする」（2項（b））と規定する。MLC第2条1項（e）は、「『この条約上の義務』とは、この条約の本文並びに規則及び規範A部に定める義務をいう」と規定するとともに、同第6条1項は、「規則及び規範A部の規定は、義務的なものとする。規範B部の規定は、義務的なものではない」と規定している。

つまり、MLC の規則と規範 A 部が定める条約上の義務違反が生じている。

　このような状況を受けて、2020 年 12 月 1 日に採択された国連総会決議 75/17 は、船員及び他の海事労働者を「基幹労働者 (key worker)」に指定し、安全な交代と移動を可能とするように各国に呼びかけた[4]。IMO も、同年 3 月 27 日付の回章 (Circular Letter No.4204/Add.6) において、加盟国政府に対して、国籍に関係なく管轄内にある船員を「基幹労働者」として指定した上で、船員の交代と本国送還のために、船員を下船させて領土 (空港) を通過することなどを承認するよう求めた[5]。これを受けて、2021 年 2 月の時点で、日本を含む 55 カ国が船員を「基幹労働者」に指定した[6]。しかし、事態は依然として好転しなかった。

2　国の公衆衛生対策と船員の権利の相克

　すでにグテーレス国連事務総長は、2020 年 6 月 12 日の記者会見において、世界で 200 万人いる船員のうち数万人がどこにも上陸できず、数ヶ月にわたり海上に取り残されていると警鐘を鳴らしていた[7]。こうした事態が生じた背景には、各国が、WHO の国際保健規則 (IHR) や MLC などに違反して、COVID-19 の発生後に、国レベル又は地域レベルで様々な制限を導入したからである。たとえば、就航許可の遅延、船員の乗船又は下船 (陸上休暇及び船員交代を含む) の阻止、貨物の船下ろしと船積み、燃料、水、食料、物資の持ち込みの阻止、船舶への検疫の強制又は極端な場合は入港拒否、といった措置をとったからである[8]。事態は海上交通の安定の維持や船員の人権の面でも深刻なものとなった。MLC 第 4.1 規則は、「船員の健康を保護し、並びに船員が船舶及び陸上において迅速に医療を受けることができることを確保する」目的で、「加盟国は、自国を旗国とする船舶の全ての船員が健康の保護のための適切な措置の対象となり、かつ、当該船員が船舶において労働する間に迅速かつ適切な医療を受けることができることを確保する」(1 項) ことを定めている。

　こうした事態の継続を受けて、IMO と ILO は、2021 年 10 月 6 日、船員に対する医療援助の維持と船員に対するワクチンプログラムの加速を求める共同声明を発表した[9]。この問題を考える際に、ある意味、障害となるのは、国際法上、外国人を入国させるか否かは国家の裁量であるという点である。たしかに

MLC A2.5 基準は、「加盟国は、自国の港に寄港し、又は自国の領海若しくは内水を通過する船舶において勤務する船員の送還及び船舶内の船員の交代を容易にする」(7 項) と規定している。しかし、船員の入国は権利として保障されておらず、条約上は寄港国に船員の送還・交代を容易にする義務が課せられているに過ぎない。また、IHR 第 2 条も「本規則の目的及び範囲は、国際交通及び取引に対する不要な阻害を回避し、公衆衛生リスクに応じて、それに限定した方法で、疾病の国際的拡大を防止し、防護し、管理し、及びそのための公衆衛生対策を提供することである」と規定するに止まり、コロナ禍において、各国が自国の公衆衛生対策として採用した、入港した船舶から船員の下船を認めないとか交代要員の入国を認めないという事態を回避できる規定にはなっていない[10]。

3　ILO 条約勧告適用専門家委員会 (CEACR) の一般見解

こうした中、国際運輸労連 (ITF) と国際海運会議所 (ICS) から、それぞれ 2020 年 10 月 1 日と同月 26 日に ILO 事務局に見解が送付された。それによれば、すべての批准国は、COVID-19 のパンデミック期間中に、MLC の主要規則、特に第 1 条 2 項の「加盟国は、この条約の効果的な実施及び執行を確保するために相互に協力する」という規則や、第 4 条 4 項の「全ての船員は、健康の保護、医療、厚生に係る措置その他の形態の社会的な保護についての権利を有する」との規則が遵守されていないとの訴えがなされた。

周知のように、20 名の国際法と労働法の専門家からなる ILO 条約勧告適用専門家委員会 (CEACR) は、総会基準適用委員会とともに、ILO 条約の監視機構の中でも最も中心的なものであると認識されている。加盟国が批准した条約の内容とその国内法制や実行が合致していない場合、これらの委員会は、それについて意見を述べることを任務としている。確かに CEACR は、司法機関ではないから、ILO 憲章や ILO 条約の有権的解釈機関ではなく、その判断も司法判断ではない。しかし、その条約解釈権能自体が問題視されることはない。委員を務める吾郷眞一が述べるように、「長年にわたって判断してきたものには、相応の重みがあり、実際的にそれに反する条約解釈ができなくなってきてい

る[11]」という。その意味で、コロナ禍の船員の交代・送還問題に委員会がどのような判断を下すかは、注目された。

CEACR は、2020 年 12 月 17 日、批准国による COVID-19 対策と MSC の適用に関する一般見解を公表した。

(1) 船員が直面した MLC 違反の現状

委員会は、「ITF と ICS から寄せられた情報によれば、数十万人（ITF によれば約 40 万人）の船員が、現在、船上に留められており、それに匹敵する数の人員が、彼らと交代することができないままに母国で待機し、その結果、生活の糧を失っている」とし、「ITF と ICS は、MLC 違反の絶望的な状況を訴えた何千件もの申立が世界中の船員から寄せられていることを明らかにしている。船員は、頻繁に、船員雇用契約（SEAs）に明記された条件を逸脱した労働の継続を強要され、陸上で医療を受けること（第 4.1 規則）を認められず、送還の権利（第 2.5 規則）、年次休暇及び短期休暇（第 2.4 規則）を取る権利を剥奪されている[12]」というのである。

(2) 不可抗力（*force majeure*）の抗弁に対する見解

提起されたのは、COVID-19 のパンデミックという非常事態が継続する中で、MLC の規定の違反につき違法性阻却事由としての不可抗力（*force majeure*）が援用されうるかという問題であった。

国家責任に関する慣習国際法を法典化したとされる国家責任条文（2001 年）第 23 条 1 項は、「国際義務と一致しない国の行為の違法性は、その行為が不可抗力、すなわち、当該国の支配を超える抵抗しがたい力又は予測できない事態の発生であって、その事情の下で義務の履行を実質的に不可能とするものによる場合には阻却される[13]」と規定する。レインボー・ウォーリア号事件（1990 年）という国際判例では、不可抗力の「適用基準は絶対的かつ物理的不可能性である[14]」とされ、不可抗力を理由に違法性阻却が認められた事例は実際にはほとんどない[15]。今回の CEACR の一般見解も同様である。

「委員会は、MLC の批准国が、条約を遵守できない抗弁として、不可抗力の概念を持ちだしているとの ITF の指摘に注目する。MLC は、すべての批准国

に適用される海事産業を対象とした包括的な労働法文書であって、状況が許す場合にかつその限度で、選択的に適用される労働規則の集合体ではない。パンデミックの発生初期であれば、旗国、寄港国、船員供給国などの様々な立場に立つ批准国は、まさしく不可抗力という状況に直面したために、MLC に基づく義務の一部の履行が事実上不可能になったかもしれない。しかし、パンデミックが始まった当初からすでに 10 カ月以上が経過したのだから、国際労働基準に適合するような新たな方法を模索し適用するだけの十分な時間はあった。不可抗力は、当該義務の遵守を絶対的に、かつ事実上不可能にするような予想外で予測不能な事象が生じた場合にのみ、条約上の不履行の違法性を阻却する事由として援用される。これに対し、国際義務の履行をより難しく、あるいは厄介なものにするような状況は、不可抗力が適用される場合に該当しない[16]」と述べて、これを否定した。同時に、「MLC の義務を未だ履行していない批准国に対し、船員の権利保護を回復し、MLC に基づく批准国の義務を最大限遵守するために必要なすべての措置を速やかに実施するよう強く求める[17]」勧告を行った。

　なお、この一般見解は、パンデミックが継続する中で、国際法上、違法性阻却事由としての不可抗力を援用するには時間的限定があるという立場を採用している。

(3) 加盟国相互の協力義務違反の主張に対する見解

　委員会は、「ITF と ICS は、批准国は MLC の効果的な実施と執行の確保のために加盟国相互の協力を義務づけた MLC 第 1 条の規定を遵守していないと主張する。……委員会は、ITF と ICS から提供された情報、及び事務局が入手した証拠から、本条約の規定が、依然として世界各国から無視されていると考えている。実際、世界中で何十万人もの船員が、彼らの船員雇用契約で定められた当初の契約満了日、しかも多くの場合、MLC で定められた 11 カ月の船上での最長勤務時間を遙かに超えて船上にとどめられており、それが原因で、船員が身体的及び精神的疲労、不安神経症、疾病に陥る事例のみならず、自殺する事例も報告されている。また、何千人もの船員が、船を下りることができたにもかかわらず、母国に帰ることが許されず、外国にとどまらざるを得ない状態

に陥っている。さらに、数百人の船員が陸上での医療を受けることが許されず、なかには死亡した者もいる。……委員会は、これらの要素を根拠として、加盟国全体が MLC 第 1 条 2 項を遵守していないと結論づけることは十分可能だと考える」と述べて、「各国政府に対し、MLC の効果的な実施及び執行を確保するために、最もそれが必要とされるパンデミック期間中に、関連する船員組織及び船舶所有者組織相互の協力をさらに強化する目的で、それらの組織との協議の上で必要な措置を講じるよう求める[18]」との勧告を行った。

(4) 船員の強制労働の主張に対する見解

委員会は、「船員の契約満了時に、彼らを送還できなかった結果、自由な同意が明らかに示されていない状況で、契約が強制的に延長されて（又は契約を締結せずに労働が継続されて）いる」結果、「国際社会で船上における強制労働の一形態が蔓延する深刻な状況が生じている[19]」との ITF の指摘に注目する。なお、MLC 第 3 条は、「加盟国は、自国の法令の規定が、この条約との関係において、次に掲げるものについての基本的な権利を尊重することを確認する。……(b) あらゆる形態の強制労働の撤廃」を規定する。この点に関し、委員会は、「船員の交代の確保や船員の帰国を実現するために一部の加盟国が何もしていないがために、船員は船にとどまらざるを得なくなり、強制労働にもなりかねない状態が終わることを何ヶ月も待ち望む状況が暗黙のうちに生じていると考える」と述べ、「旗国、寄港国又は船員供給国など様々な立場にあるすべての批准国に対し、船員が、十分な情報を得た上で正式かつ自由に同意を表明しないままに、契約が延長される形で、労働の継続が強制されることがないように、速やかに必要な措置を講じるか又は既存の措置の実効性を強化すること[20]」を勧告した。

(5) 委員会による旗国への勧告

委員会は、必要な措置等を講じていない旗国に対し、「(a) 船員雇用契約のいかなる延長も、船員が自由に表明した同意に基づいて行われること（第 2.1 規則 2 項）、……(d) 船員には、地元住民に適用される公衆衛生上の措置の厳格な遵守を条件として、当該船員の健康及び福祉のために、その職務上の要請に合

致する上陸許可が与えられること（第2.4規則2項）……(e)船員は、本条約で定められた11カ月の船上での最長勤務時間を厳守したうえで、本条約に定められる場合において、自ら費用を負担することなく送還されること（第2.5規則及び第2.4規則）、……(g)自国を旗国とする船舶の船員が、健康の保護のために適切な措置の対象となり、かつ当該船員が船舶において労働する間に、ワクチンの接種を含め、迅速かつ適切な医療を受けることができること（第4.1規則）[21]」を確保するように勧告した。

(6) 委員会による寄港国への勧告

委員会は、寄港国政府に対し、「(a)地元住民に適用される公衆衛生上の措置の厳格な遵守を条件として、船員に対し、第2.4規則2項に基づく上陸許可が与えられる権利の享受を認めること、(b)自国の港に寄港し、又は自国の領海若しくは内水を通過する船舶において勤務する船員の送還を容易にすること（A2.5基準7項）、(c)船舶への乗船目的のみのために自国の領土に入った新しい船員を、迅速かつ差別なく処遇することによって、下船した船員の交代を許しかつこれを容易にし、結果として船舶の安全な配乗を確保すること（A2.5基準7項）、(d)自国領域内の船舶において直ちに医療を必要とする船員が、陸上の医療機関を利用できることを確保すること（第4.1規則）、(e)(略)[22]」などを勧告した。

おわりに

海上貿易活動は、その性質上、各国による感染症拡大防止のための措置によって大きな影響を受け得る。ウイズコロナ・ポストコロナ時代に、船員交代・送還に関するMLCの規定を遵守させるためには、COVID-19への対応の中で得られた経験を活かす必要がある。

冒頭に紹介した4つの国際機関による共同声明では、いくつかの提言がなされている。たとえば、船員が必要とされる医療を船上で受けられない場合に、医療搬送を円滑に行うこと、国内のCOVID-19ワクチン接種プログラムにおいて、船員へのワクチン接種を優先的に行うこと、上陸許可及び船員の交代など、

船員の移動を円滑に行うために、船員に対し、PCR 検査を含む COVID-19 の検査を行うことなどの行動を各国に求めている[23]。本稿で紹介した、コロナ禍の船員交代・送還に関する CEACR の一般見解が指摘するように、船員の基本的権利の完全な尊重を回復し、将来に向けて正しい教訓を得る必要がある。仮に国際社会がこれを怠れば、グローバル・サプライチェーンを担う海上貿易の船舶の船員という職業に対し若者が憧れを抱く可能性はさらに低くなることは明らかだからである[24]。

注

1　Joint Statement Urging Continued Collaboration to Address the Crew Change Crisis, Safeguarding Seafarer Health and Safety, and Avoid Supply Chain disruptions during the Ongoing COVID-19 Pandemic," 28 February 2022.

2　樋口恵佳「新型コロナウイルス感染症の流行により生じた船員交代の問題と日本の対応―2006 年の海上労働条約の観点から」*OPRI Perspective*, No.19[2021]1 頁。

3　西本健太郎「国際保健行政と海運：入航中の船舶に対する寄港国の権限と船員の交代問題」日本国際交流センター『GHG 研究会ポリシーブリーフ』Vol.8, 3 頁。https://www.jcie.or.jp/japan/report/activity-report-14821/[最終閲覧日：2023.4.28]

4　A/RES/75/17, p.3, para.3.

5　詳しくは、宮下國生「船員の交代を巡る国際的混迷と展望」『海洋白書 2021』33 頁。

6　樋口「前掲論文」(注 2) 1-2 頁。

7　Secretary-General Says Governments Should Allow Seafarer to Repatriate, Join Ships, as Hundreds of Thousands Remain Stranded at Sea by COVID-19Related Travel Restrictions, 12 June, 2020 https://www.un.org/press/en/2020/sgsm20121.doc.htm [最終閲覧日：2023.4.28]

8　宮下「前掲論文」(注 5) 33 頁。

9　Joint IMO/ILO statement on upholding medical assistance obligations to seafarers and accelerating seafarer vaccination programmes https://www.ilo.org/global/docs/WCMS_822066/lang--en/index.htm [最終閲覧日：2023.4.28]

10　西本「前掲論文」(注 3) 4 頁。

11　吾郷眞一「ILO 基準適用監視制度再考」吾郷眞一『国際経済社会法で平和を創る』(信山社、2022 年) 120 頁。

12　General observation on matters arising from the application of the Maritime Labour Convention, 2006, as amended (MLC, 2006) during the COVID-19 pandemic, Adopted by the

Committee of Experts on the application of Conventions and Recommendations (CEACR) at its 91st session (Nov-Dec. 2020), p.2.

13　浅田正彦編集代表『ベーシック条約集 2023』(東信堂、2023 年) 165 頁。

14　*Reports of International Arbitral Awards*, Vol.20, pp.252-253, para.77.

15　岩沢雄司『国際法』(東大出版会、2020 年) 578 頁。

16　General observation *supra* note 12, p.3.

17　*Ibid.*.

18　*Ibid.*, p.4.

19　*Ibid.*, pp.4-5.

20　*Ibid.*, p.5.

21　*Ibid.*, pp.5-6.

22　*Ibid.*, pp.6-7.

23　Joint Statement, *supra* note 1, p.3.

24　General observation, *supra* note 12, p.7.

4　ビジネスと人権

ビジネスと人権
──国際的な潮流──

1　はじめに

　企業にとって、ビジネスの拡大と収益の極大化が主要な関心事であることは言うまでもない。そのために企業は、提供する製品やサービスの生産性向上、新製品や新規事業の開発、優れた人材の雇用や育成、市場の開拓などに努めている。しかし、企業は、その活動がグローバル化するにつれ、様々な人権侵害に関わるリスクが生じる。

　たとえば、ある企業が外国の工場に製品の製造を委託し、そのサプライチェーンにおいて児童労働や強制労働が行われていた場合、それを知った消費者による当該企業の製品の不買運動に発展する可能性がある。あるいは、企業が、豊かな天然資源を有するが良好なガバナンスが行われていない国で、鉄鉱や石油、天然ガスなどを開発するにあたって、腐敗した政府による賄賂の要求や操業による周辺環境の破壊が生じた場合、地域住民との対立や政府との共犯関係が問われる可能性がある。また、企業が進出する受入国の国内法の人権基準が、企業の国籍国の人権基準や国際的な人権基準と矛盾する場合には、企業はダブルスタンダードに直面することになる。受入国の法令遵守のみを強調すると、当該受入国政府の人権侵害に加担する局面も生じうるからである[1]。このように、企業活動のグローバル化によって生じたビジネスと人権のガバナンス・ギャップにいかに対応するかが国際的な課題として浮上した。なぜなら、こうした企業の活動範囲と影響力が拡大しているにもかかわらず、それを実効的に規制する制度が国際社会には存在していないからである[2]。

　こうした背景もあり、これまで2次的な存在にすぎなかった人権の問題が企

業経営にとって重要性を増すことになった。このことは、我が国にとっても例外ではなく、2017年、日本経団連は、企業行動憲章を改定し、その4条で「すべての人々の人権を尊重する経営を行う」ことを会員企業に求める新たな条文を挿入した。会員企業に対し、企業の社会的責任（Corporate Social Responsibility: CSR）として、人権の尊重を企業の中核的戦略に取り入れることを求めたのである。

　国連など国際社会では、「人権の主流化（mainstreaming of human rights）」という言葉がよく用いられる。「主流化」といわれてもわかりづらいが、その意味は、国連のすべての活動において、人権を優先的な配慮事項にするということである。こうしたことが、企業活動においても求められていると言えよう。企業が、その活動において人権を優先的な配慮事項とし、人権の保護に積極的に取り組む必要があるということである。あるいは、企業活動における「人権デュー・ディリジェンス」と言い換えることができる。すなわち、人権を侵害しないために相当な注意（due diligence）を払うプロセスを実現する必要性が求められているともいえる。こうした考え方が、企業活動においても重要であることを先の企業行動憲章は認めたともいえる。

2　ビジネスと人権をめぐる国際的規範形成の動き

　こうした「ビジネスと人権」をめぐる国際的規範形成の動きは、1975年に開始された「国連多国籍企業行動綱領」案の検討を嚆矢とする。1974年4月の国連資源特別総会における新国際経済秩序樹立に関する宣言の採択を背景に、国連の経済社会理事会の決議により、1976年に多国籍企業委員会が設置され、1977年には政府間ワーキンググループにおいて行動綱領の交渉が開始され、1982年にはワーキンググループから委員会に草案が提出された。その中で多国籍企業が人権及び基本的自由を尊重すべきことが規定された[3]。しかし、先進国、途上国及び社会主義諸国の主張の対立の中で、残念ながら同案は、1993年の国連の経済社会理事会の決議をもって事実上の廃案となった[4]。

　他方で、国連と企業とのパートナーシップの枠組みは進み、1999年1月、コフィ・アナン（Kofi Annan）国連事務総長（当時）が「世界経済フォーラム（ダボス会

議）」で、企業が守るべき 10 原則を提唱した。同事務総長の呼びかけで、2000年 7 月 26 日、ＮＹの国連本部に世界の企業 50 社と NGO が集まり、国連グローバル・コンパクト (UNGC) が発足した[5]。グローバル・コンパクトとは、企業が社会の良き一員として、地球環境、貧困、人権など国際社会が直面する問題の解決を目指して国連と手を携えて行動することを促す運動である。求められているのは、企業の自発的イニシアティブである。

　国連は、参加する世界各国の企業に対して、人権、労働基準、環境の 3 分野にわたり、併せて 10 の普遍的原則を支持し、これを実践するように要請する。これに対して企業は、国連事務総長にこれを支持する旨の公式の書簡を提出する。具体的には、人権の分野では、①国際的に宣言されている人権の保護の支持と尊重を、②人権侵害に加担しないことを、労働基準の分野では、③組合結成の自由と団体交渉権を実効あるものとすることを、④あらゆる種類の強制労働を排除することを、⑤児童労働を実効的に廃止することを、⑥雇用と職業に関する差別を排除することを、そして環境の分野では、⑦環境問題の予防的なアプローチの支持を、⑧環境に対して一層の責任を担うためのイニシアティブをとることを、⑨環境を守るための技術の開発と普及を促進することを（2004年 6 月に反腐敗が付け加えられた）、⑩ビジネスは、強要罪や贈賄を含むすべての形態の腐敗と戦うべきであることを、約束するのである[6]。

　こうしたグローバル・コンパクトは、1990 年代から生じた企業の社会的責任 (CSR) への関心ともあいまって、企業の持続可能な成長に関する世界最大のイニシアティブとして受け入れられている一方、強制力がない自発的な性質に批判もあった。批判の矛先は、強制力がなければ、企業は利潤を追求し、それにより人権侵害は続くとの懸念であり、市民社会 (civil society) や労働組合にそうした声があった[7]。

　こうした自発的なイニシアティブに代わるものとして、強制的なアプローチ、つまり条約によって企業に人権保障のための義務を課す試みが国連で行われた。それが、国連人権小委員会における、2003 年 8 月の「人権に関する多国籍企業及びその他の企業の責任に関する国連規範[8]」の採択である。同規範には、企業が国際法及び国内法で認められた人権、具体的には機会均等及び無差別待遇の権利、身体の安全の権利、労働者の権利、人権の尊重、消費者保護に関する

義務、環境保護に関する義務などを負い、こうした企業の履行義務を確保するために国連が企業活動を監視する規定が含まれていた。この国連規範に対しては、多国籍企業が多く本拠地を置く先進国が反対し、2004 年の国連人権委員会で否決された[9]。

　このように、ビジネスと人権の問題は、その実現を、企業の自発的アプローチに委ねるべきか、強制的アプローチで規制するべきかとの対立状況にあった。換言すれば、ソフトロー（法的拘束力をもたない文書）による規制か、ハードロー（法的拘束力をもつ文書）による規制かの対立とも捉えることができる。この状況を打開するために、アナン国連事務総長は、ハーバード大学ケネディスクール教授であり、グローバル・コンパクトの設立にも尽力したジョン・ラギー（John Ruggie）氏を人権と多国籍企業及びその他の企業の問題に関する事務総長特別代表に任命した。同氏は、ビジネスと人権に関する国際的枠組みの形成を図り、幅広いステークホルダーとの対話を重ねた。3 年後の 2008 年に公表されたのが、「保護、尊重及び救済：ビジネスと人権のための枠組み[10]」であり、国連人権委員会の後継として 2006 年に発足した国連人権理事会はこの報告書を歓迎した。これを受けて、国連人権理事会は、ラギー氏の任期をさらに 3 年延長して、枠組みを運用可能なものにすること、すなわち、その実施のために具体的かつ実際的なガイダンスを提供することを求めたのである。

3　国連における「ビジネスと人権に関する指導原則」の成立

　この要請を受けて、2011 年 3 月、ジョン・ラギー特別代表は、国及び企業が自発的に取り組むものとして、国連人権理事会に、「ビジネスと人権に関する指導原則：国際連合『保護・尊重、及び救済』の枠組実施のために[11]」（以下、「指導原則」）と題する報告書を提出し、全会一致で採択された[12]。この報告書で、初めて「企業の人権尊重責任」が明記され、各国政府、企業、市民社会や労働組合、国内人権機関、投資家など多様なステークホルダーからの支持を得た。

　同指導原則は、3 つの柱から構成されている。すなわち、「人権を保護する国家の義務」（原則 1 〜 10）、「人権を尊重する企業の責任」（原則 11 〜 24）、「救済へのアクセス」（原則 25 〜 31）である。第 1 の柱である国の義務とは、「その領

域及び／又は管轄内において、企業を含む第三者による侵害から個人の権利を保護しなければならない」ということである。この義務は、企業が人権を尊重するよう確保する義務であり、国の保護義務には、侵害の防止義務と被害者を救済する救済義務が含まれている。そのために、国は、「実効的な政策、立法、規制及び裁定を通じてそのような侵害を防止し、捜査し、処罰し、そして補償するために適切な措置をとる必要がある[13]」（原則1）とされる。こうした義務の対象となる企業は、自国に住所地を有する企業であるが、事業活動それ自体は国内のみならず海外も含まれる。国は、「その領域及び／又は管轄内に住所を定めるすべての企業がその活動を通じて人権を尊重するという期待を明確に表明すべきである」（原則2）ことが求められる。

　第2の柱である企業の責任とは、その事業活動やサプライチェーンにおいて、世界人権宣言、自由権規約及び社会権規約、労働における基本的原則及び権利に関するILO宣言に規定される権利を尊重することである（原則11〜13）。つまり、企業はサプライチェーン上の人権侵害にも責任を有することになり、また国際的に認められた人権を基準とすることで受入国の国内法によるダブルスタンダードは認められないことになる。その際、企業には受入国が当該人権条約を批准しているかどうかにかかわりなく、こうした国際的に認められた人権を尊重することが求められる。受入国の国内法に従う必要がある場合であっても、当該受入国政府との共犯は許されないことになる。さらに、「指導原則」は、企業に対し、人権を尊重するということを自覚し、公に示す必要があるとした上で、それは企業に何らかの方針やプロセスがなければできないとし、「①人権を尊重する責任を果たすという方針によるコミットメント、②人権への影響を特定し、防止し、軽減し、そしてどのように対処するかについて責任を持つという人権デュー・ディリジェンス・プロセス、③企業が引き起こし、又は助長する人権への負の影響からの是正を可能とするプロセス」（原則15）、の3つを具えるように求めている。これらを実行することで、企業は単に人権を尊重していると主張するだけで終わらず、その主張を裏付けることができる。こうして、企業は、人権デュー・ディリジェンスをバリューチェーンに及ぼすことができる。バリューチェーンとは、「製品又はサービスの形式で価値を提供するか又は受け取る、一連の活動又は関係者の全体[14]」をいう。つまり、ここに

は製品・サービスを提供する企業、その資源を調達する取引先、その製品・サービスを受け取る消費者が含まれることになる。

　第 3 の柱の救済へのアクセスは、ビジネスに関連した人権侵害が生じた場合、国はその保護義務として、「その領域及び／又は管轄内において侵害が生じた場合に、司法、行政、立法又はその他のしかるべき手段を通じて、影響を受ける人々が実効的な救済にアクセスできるように、適切な措置を取らなければならない」(原則 25) と述べて、被害者が実効的な救済手段を利用できることを求めている。救済の対象は、領域内及び／又は管轄内で生じた侵害であり、自国に拠点のある国外での侵害も含まれる。

　このように、「指導原則」は相互に補完的な複数の柱を基礎とし、包括的な行動のためのプラットフォームを形成している。企業について法的義務ではなく社会的責任を規定したのは、人権侵害への関与などを理由に市民社会が当該企業の活動を認めない場合には、当該企業は売上の減少、投資の衰退、企業イメージの低下など大きなリスクを背負うことになる。ビジネスは、「社会的認可」に大きく影響されるのである。ラギー氏によれば、企業は、公共の法というシステムのみならず、ステークホルダーとの関係に基づく、非国家的基礎をもつ社会的、市民的システムという 2 つの異なるガバナンス・システムに服しているとされる[15]。そこで、条約というハードローによって一律に法的義務を課すよりも、「指導原則」というソフトローによって柔軟に人権課題に対応し、これをまったく無視すると社会から見放されるという制度を構築する方が望ましいと考えたと思われる。

　こうした「指導原則」は、既存の国際基準にも大きな影響を与え、2011 年に「OECD 多国籍企業行動指針」が改訂された。その前年の 2010 年には企業の社会的責任 (CSR) に関する国際基準である「ISO26000」が「指導原則」の作成過程において影響を受けて発行された[16]。この他、世界銀行グループの民間セクターへの融資を担当する国際金融公社 (IFC) の「改訂版 IFC 持続可能性に関する枠組み」及び「パフォーマンス・スタンダード」にも「指導原則」の考え方が組み入れられた。

4　国連による条約制定の動き

　2014年6月、国連人権理事会において、ビジネスと人権に関する2つの決議が採択された。1つは、エクアドルや南アフリカが中心となって提案され、賛成20、反対14、棄権13で採択された多国籍企業を規制するために法的拘束力を持つ文書の作成を目的とする政府間ワーキンググループの新設を求める決議[17]と、もう1つはノルウェーによって提案され主として欧米諸国が支持し、全会一致で採択された法的拘束力を持つ文書の効果と限界について現在の国連ワーキンググループに調査報告を求める決議である[18]。多国籍企業による人権侵害の防止のために、「国際的な条約締結による法制化に向けた国連のワーキンググループの設置」（決議26/9）を採択し、そのワーキンググループによって、2015年より事業内容が越境性を有する企業を対象に、法的拘束力のある文書の起草のための検討が開始された。

　2014年から現在まで、条約案の範囲、形式、内容等について議論が行われている。2015年及び2016年に行われた第1回会合[19]及び第2回会合[20]では、主にパネルディスカッションが行われた。2017年の第3回会合[21]からは、ワーキンググループ議長が作成した法的拘束力のある条約草案の要素に関する文書（「要素文書[22]」）に基づき議論が行われた。2018年7月には、議長国であるエクアドルが中心となり、これまでの議論と同年に開催された非公式会合の内容を踏まえた「ゼロ・ドラフト[23]」と呼ばれる条約草案を公表した。

　この「ゼロ・ドラフト」の内容について詳述する紙幅の余裕はないが、その適用範囲を「国境を越える性質をもつ企業活動」、換言すれば「多国籍的性格を有する企業」という文脈における人権侵害に限定しており、市民社会からは、「要素文書」の重要な項目の多くが、「ゼロ・ドラフト」には含まれていないとの懸念が表明されている[24]。いずれにしろ、先進国や多国籍企業は「指導原則」を推し進めるべきだと主張しており、これを推し進める途上国との間で、先の国連規範の対立が再燃されており、「ゼロ・ドラフト」の行方は明確ではない。

5　英国「現代奴隷法」にみる法規制の動き

　国連人権理事会における条約案「ゼロ・ドラフト」の動きとは別に、各国で
サプライチェーンにおける強制労働や児童労働、人身取引を禁止する個別の
法規制の動きがある。英国は、先の「指導原則」を実現するための国別行動計
画（NAP）を 2013 年 9 月に定めた [25]。その後、2015 年 9 月、国連総会は、「われ
われの世界を変革する：持続可能な開発のための 2030 アジェンダ」を採択し、
2016 年から 2030 年までの間に各国が達成すべき 17 の国際目標と 169 の具体的
なターゲットと 232 の指標から成る「Sustainable Development Goals（持続可能な開
発目標）（SDGs）」を設定した。その目標 8 では、「すべての人々のための持続的、
包摂的かつ持続可能な経済成長、生産的な完全雇用及びディーセントワークを
推進する」ことを国際目標とし、強制労働の根絶、現代奴隷及び人身取引の終
了、労働者の権利及び安全・安心な労働環境の促進がターゲットに盛り込まれ
た。これを受けて、英国の国別行動計画は 2016 年 5 月に改訂された [26]。つまり、
国別行動計画は、単なる「指導原則」の実施から、SDGs の実現に向けた取組の
一つと位置付けられたことになる [27]。
　なお、英国は、「指導原則」の実施措置として、2015 年 3 月に「現代奴隷法（Modern
Slavery Act）」を制定した。同法は、年間売上が 3600 万ポンド（約 50 億円）以上の
企業に対して、自社の事業及びサプライチェーンにおける同法にいう「現代奴
隷」、すなわち「人身取引」と「奴隷、隷属状態及び強制労働」の根絶のための取
組みの概要を明らかにすることを求めている [28]。英国内務省の報告書によれば、
英国国内には 1 万人から 1 万 3 千人に及ぶ「現代奴隷」の潜在的被害者がいる
とされる [29]。同報告書を作成したバーナード・シルバーマン（Bernard Silverman）
教授によれば、2013 年に 112 カ国に「現代奴隷」が存在し、アルバニア、ナイジェ
リア、ベトナム、ルーマニア及び英国がそのトップ 5 とされている [30]。
　こうした英国の「現代奴隷法」は日本企業にとっても無縁ではなく、同法は「奴
隷と人身取引に関する声明」を会計年度に 1 度発行することを求めている。英
国と英国外の 1 万 2 千社がその対象となっており、この中に英国法人をもつ多
くの日本企業が含まれている [31]。こうしたこともあり、日本を含む 24 カ国の
約 680 の企業が、「現代奴隷」を防止する取組みに関する声明を発表している

とのことである[32]。

6　ビジネスと人権に関する我が国の行動計画（NAP）策定に向けて[33]

　国連の「ビジネスと人権に関する指導原則」は、2011 年の国連人権理事会において承認され、専門家で構成される国連ビジネスと人権ワーキンググループが設立された。同ワーキンググループは、この指導原則の普及と実施に関する国別行動計画の作成を推奨しており、これを受けて 2013 年から、前述の英国に加えて、オランダ、デンマーク、フィンランド、スウェーデン、ノルウェー、イタリア、米国、ドイツ、フランス、ポーランド、スペインなどを含む 20 カ国以上がすでに行動計画を公表している[34]。

　日本は、2016 年末に「ビジネスと人権」に関する国別行動計画を策定することを決定した。この行動企画の策定にあたっては、関係府省庁連絡会議（局長級と課長級）、ステークホルダー代表による「諮問委員会」と「ワーキンググループ」を立ち上げ、第 1 段階として、ビジネスと人権に関する行動計画に係る企業活動における人権保護に関する我が国の法制度や取組についてのベースラインスタディ（現状把握調査）を実施するとともに、ステークホルダー（経済界、労働界、市民社会等）と意見交換を計 10 回実施した。

　その中で、我が国の行動計画に盛り込むべき主な行動を検討するに当たっての論点として、「公共調達」、「法の下の平等（障害者、LGBT、女性）」、ディーセントワークの観点から「労働（児童、外国人技能実習生を含む外国人労働者）」、「救済へのアクセス」、「我が国における国際約束（投資協定等）」、「サプライチェーン」、「中小企業」をテーマに取り上げた。そしてこれらの成果を、155 頁に及ぶ「ビジネスと人権に関するベースラインスタディ報告書——ビジネスと人権に関する国別行動計画策定に向けて——」を 2018（平成 30）年 12 月に公表した[35]。

　ベースラインスタディの結果を踏まえ、「ビジネスと人権に関する我が国の行動計画（NAP）策定に向けて」を取りまとめ、2019 年 4 月から 7 月にかけて、目的、策定プロセス、行動計画の期間等を整理するとともに、行動計画における課題と優先分野を特定した。主な課題としては、①政府、関連機関等の「ビジネスと人権」に関する意識・理解、②企業の「ビジネスと人権」に関する意識・

理解、③社会全体の「ビジネスと人権」に関する意識・理解、④国内外のサプライチェーンにおける人権課題への対応、④救済メカニズムの活用があげられ、さらに行動計画に盛り込むべき論点としては、①政府組織による人権保護の義務（公共調達、開発協力・開発金融、経済連携協定、人権教育・啓発）、②人権を尊重する企業の責任（サプライチェーン、人権デュー・ディリジェンス、中小企業への支援）、③救済へのアクセス（司法的救済、非司法的救済）、④横断的な事項（労働（ディーセントワーク）、児童の権利、新しい技術の発展、消費者、法の下の平等（障害者、女性、LGBT、外国人等））である。

　2019 年 8 月から 2020 年 1 月にかけては、行動計画に盛り込む具体的施策について意見を聴取し、そうしたステークホルダーの意見を踏まえ、①「人権を保護する国家の義務」、②「人権を尊重する企業の責任を促すための政府による取組」、③「救済へのアクセスに関する取組」、④「横断的事項」の各項目について検討するとともに、計 3 回のワーキンググループと諮問委員会を開催し、行動計画の「原案」について議論したとのことである。なお、「原案」においては、この行動計画の策定にあたって、「ビジネスと人権に関する指導原則」、「OECD 多国籍企業行動指針」、「ILO 多国籍企業宣言」等を踏まえるのはもちろん、SDGs の実現に向けた取組の一つと位置付けることが示されている。

　行動計画は 2020 年半ばに公表することが目指されているが、こうした行動計画は、政府、地方公共団体等及び企業の「ビジネスと人権」に関する理解促進と意識向上、社会全体の人権に関する理解促進と意識向上、サプライチェーンにおける人権尊重を促進する仕組みの整備、さらには救済メカニズムの整備及び改善を目的としている。特に、政府としては、その規模や業種等にかかわらず、日本企業が国際的に認められた人権等を尊重し、「指導原則」等を踏まえ、人権デュー・ディリジェンスのプロセスを導入することを期待している。なお、行動計画は期間を 5 年とし、関係府省庁連絡会議においてその実施状況を確認し、ステークホルダーとの対話を踏まえ、公表 3 年後に中間レビューを行い、5 年後に見直しを行うことが予定されている。

　なお、分野別行動計画は、先の意見聴取を踏まえて、①横断的事項、②人権を保護する国家の義務に関する取組、③人権を尊重する企業の責任を促すための取組、④救済へのアクセスに関する取組、⑤その他の取組、の 5 つに分かれ

ている。策定にあたっては、パブリックコメントの実施が予定されているので、ステークホルダーからの積極的なコメントが期待される。

7　おわりに

多くのヒト・モノ・サービス・資金・情報が国境を越えて移動するグローバル社会において、日本の企業は、その業種や規模にかかわらず、国際的な人権基準に基づいて行動しなければ、グローバルに事業展開ができない時代になったといえる。社会的存在としての企業は、2020 年に策定される予定の国別行動計画に基づいて、国の内外において、人権に配慮し、人権を尊重し、さらに人権を促進する方向で事業展開を行うことが求められている。企業は、「ビジネスと人権」の問題や SDGs を通して、そうした事業展開が、「負担」ではなく、新たな企業価値の創造やビジネス機会の創出につながる「機会」と捉えることが必要である。世界人権宣言の精神を引き継ぎ、開発目標としては異例の「誰一人取り残さない」との人権の理念を掲げた SDGs が、日本企業においても徐々に浸透している。入管法改正による「特定技能 1 号」、「特定技能 2 号」といった新たな在留資格による外国人労働者の受け入れに伴う人権保障の問題や東京オリンピック・パラリンピック開催における公共調達等、取り組むべき課題は多い。企業やステークホルダーの「ビジネスと人権」に関する国際的な潮流に関する意識の向上が求められている。

注

1　事例の詳細は、ジョン・ジェラルド・ラギー著・東澤靖訳『正しいビジネス—世界が取り組む「多国籍企業と人権」の課題』（岩波書店、2014 年）43-61 頁参照。

2　東澤靖「ビジネスと人権：国連指導原則は何を目指しているのか。」『明治学院大学法科大学院ローレビュー』第 22 号（2015 年）25 頁。

3　小原喜雄「国連における多国籍企業の行動基準の作成過程について」『商学討究』第 31 巻 3・4 号（1981 年）参照。

4　国連行動綱領の交渉過程の詳細については、Cf. Karl P. Sauvant, "The Negotiations of the United Nations Code of Conduct on Transnational Corporations," *The Journal of World Investment and Trade*, Vol.16, 2015, pp.11-87.

5 現在、172 カ国、10,409 の企業が参加し、77,516 の報告書が提出されている。Available at[https://www.unglobalcompact.org/] last visited on 18 February 2020.

6 その後、グローバル・コンパクトは、「指導原則」とグローバル・コンパクトの約束との関係を説明する文書を発表した。United Nations Global Compact, The UN Guiding Principles on Business and Human Rights: Relationship to UN Global Compact Commitment (July 2011 [Updated June 2014]).

7 Daniel Blackburn (International Centre for Trade Union Rights), *Removing Barriers to Justice: How a treaty on business and human rights could improve access to remedy for victims*, Center for Research on Multinational Corporations, 2017, p.10.

8 Norms on the Responsibilities of Transnational Corporations and Other Business Enterprise with regard to Human Rights, E/CN.4/Sub.2/2003/12/Rev.2(2003).

9 詳しくは、菅原絵美「『企業の人権保障義務』とその実現―国際的人権保障におけるモニタリングとパートナーシップによるアプローチ(1)」『国際公共政策研究』第 12 巻 2 号(2008 年)183-184 頁参照。

10 Report of the Special Representative of the Secretary-General on the issue of human rights and transnational corporations and other business enterprises, John Ruggie, Protect, Respect and Remedy: a Framework for Business and Human Rights (Framework), A/HRC/8/5.

11 Report of the Special Representative of the Secretary-General on the issue of human rights and transnational corporations and other business enterprises, Guiding Principles on Business and Human Rights: Implementing the United Nations "Protect, Respect and Remedy" Framework, A/HRC/17/31, pp.1-27.

12 指導原則の沿革については、菅原絵美「ビジネスと人権に関する国連指導原則の形成と展開」『アジ研ワールド・トレンド』223 号(2014 年)5-8 頁参照。

13 翻訳にあたっては、国際連合広報センターの訳に依った。Available at [https://www.unic.or.jp/texts_audiovisual/resolutions_reports/hr_council/ga_regular_session/3404/]

14 ISO/SR 国内委員会監修『日本語訳 ISO26000: 2010 社会的責任に関する手引』(日本規格協会、2011 年)42 頁。

15 ラギー『前掲書』(注 1)138 頁。

16 下田屋毅「サプライチェーンにおける人権侵害の根絶に向けた国際的な動向」『国際人権ひろば』No.143(2019 年)8 頁。

17 Elaboration for an international legally binding instrument on transnational corporations and other business enterprises with respect to human rights, A/HRC/RES/26/9.

18 Human rights and transnational corporations and other business enterprises, A/HRC/RES/26/22.

19 A/HRC/31/50.

20 A/HRC/34/47.

21 A/HRC/37/67.

22 Elements for the Draft Legally Binding Instrument on Transnational Corporations and Other Business Enterprises with respect to Human Rights (Elements), Chairmanship of the OEIGWG established by HRC Res. A/HRC/26/9.

23 Legally Binding Instrument to Regulate, in International Human Rights Law, the Activities of Transnational Corporations and Other Business Enterprises, Zero Draft 16.7.2018.

24 下田屋「前掲論文」(注 16) 8-9 頁。

25 HM Government, Good Business: Implementing the UK Guiding Principles on Business and Human Rights (Cm 8695, 4 September 2013).

26 HM Government, Good Business: Implementing the UK Guiding Principles on Business and Human Rights Updated May 2016(Cm 9255, May 2016).

27 詳しくは、菅原絵美「企業の社会的責任と国際制度─『ビジネスと人権』を事例に」『論究ジュリスト』第 19 号 (2016 年) 52-53 頁参照。

28 Modern Slavery Act 2015, Explanatory Notes, paras.4-6. ここでは、「現代奴隷」について、国際組織犯罪条約、ILO 第 29 号条約、同第 182 号条約、及び欧州人権条約が根拠として援用されている。菅原「同上」52 頁。サプライチェーン等に関する透明性実務向け案内」3.1 章。詳しくは、国際人権 NGO ヒューマンライツ・ナウ「ビジネスと人権に関する国別行動計画およびその他法的メカニズムの比較考察」12 頁。

29 Bernard Silverman, Home Office, Modern Slavery Strategy, available at [https://www.gov.uk/government/publications/modern-slavery-strategy]

30 *Ibid.*, para.2.28.

31 下田屋毅「英国現代奴隷法、日本企業はどう対応すべきか」Available at [https://www.braincenter.co.jp/opinion/modern-slavery-act/modern-slavery-act_02.html]

32 菅原「前掲論文」(注 27) 52 頁。

33 「ビジネスと人権」に関する行動計画原案については、2020 年 2 月 17 日に原案が公示され、同年 3 月 17 日までにパブリックコメントが求められた。Available at [https://search.e-gov.go.jp/servlet/Public?CLASSNAME=PCMMSTDETAIL&id=350000172&Mode=0] なお、この行動計画策定については、外務省総合外交政策局南慎二人権人道課長から講演の資料を頂戴し、多くのご教示を得たことを記すとともに、改めて感謝申し上げたい。

34 これら国別行動計画の詳細とその比較考察については、国際人権 NGO ヒューマンライツ・ナウ「前掲論文」(注 28) 参照。

35 詳しくは、外務省「ビジネスと人権」ホームページ Available at [https://www.mofa.go.jp/mofaj/fp/hr_ha/page22_001608.html]

5 国家管轄権外区域の海洋生物多様性の保全及び持続可能な利用（BBNJ）

海洋秩序の再編

1 新たな問題に直面する海洋法

　地球表面の 70％を占める海洋に関する秩序は、長らく、沿岸国の安全等を確保するための狭い領海と、それ以遠の海をすべての国の自由な使用に開放する広い公海という二元的構造で形成されていた。これを規律する海洋法は、国際法の最も古い分野の 1 つである。

　海上貿易のための航行の自由は国際社会の一般利益とされ、これを妨害する海賊は「人類共通の敵」とされ、すべての国がこれを処罰できるとする普遍的管轄権が 17 世紀以来成立していた。他方で第 2 次世界大戦後に発展した国際人権法は、こうした海洋法に基づく海賊の法執行にあたって、被疑者を速やかに（できれば 48 時間以内に）裁判官の面前に連れて行くことを求めている。海洋法における古典的な問題が、人権法の新たな課題として提起されている。

　同様に、海洋法は、遭難船舶に遭遇した船舶が、危険に晒されている者に可能な限り援助を与えることを各国に義務づけている。この海難救助義務には当然に遭難者を安全な場所に移送する義務が含まれる。しかし、遭難船舶に大量の不法移民や難民が乗船している場合に、遭難者を保護する責任を回避し、救助船舶が領海に入ってくることを拒否する国の事例が最近増えている。難民条約の締約国であれば、領海内に入れば難民審査手続の保証と迫害を受ける恐れのある国への追放及び送還の禁止（ノン・ルフールマン）原則の適用が生ずるからである。ここに海洋法の救助の要請と人権法の人権保障の要請の間で、保護義務の空間的限定（領海を含む領域）を行なおうとする国と個人の人権保護の実現との緊張関係が生じている。21 世紀に生じたソマリア海賊やイスラム国（IS）

による混乱が長期化した国からの難民の大量発生には、国民の生命・身体・財産を保護すべき本国政府の領域管理機能の崩壊という通底する問題がある。

2　裁判実践を通じた国連海洋法条約の内容の豊富化

　同じような緊張関係が、海洋資源をめぐって東シナ海や南シナ海において生じている。中国は国家目標として「海洋強国」を掲げ、海軍大国のみならず、海洋権益を確保しうる体制の国家をめざしている。世界第 2 位の経済大国となった中国は、その経済発展のために海洋資源を必要としている。しかし、対象海域の 1 つである東シナ海においては、日本との間に大陸棚及び排他的経済水域の境界画定は行われていない。にもかかわらず、中国は日本の排他的経済水域及び大陸棚法が暫定的に引いた日中中間線の中国側水域で油ガス田の開発を進め、現在、計 16 基の構造物が確認されている。

　国連海洋法条約 (以下、海洋法条約) は、排他的経済水域及び大陸棚の境界画定につき同一の条文を置き、「衡平な解決のために……国際法に基づいて合意により行う」(第 74 条 1 項・第 83 条 1 項) ことを定め、「関係国は、1 の合意に達するまでの間、……実際的な性質を有する暫定的な取極を締結するため及びそのような過渡的期間において最終的な合意を危うくし又は妨げないためにあらゆる努力を払う」(同条 3 項・同条 3 項) と規定し、自制義務を関係国に課している。中国は一方的なガス田開発を始める前の 2006 年 8 月、国連事務総長に対し、第 74 条及び第 83 条の規定の解釈もしくは適用に関する紛争を、海洋法条約が第 15 部「紛争の解決」に導入した義務的仲裁手続から除外する宣言を行っている。その義務的仲裁手続に基づく 2007 年 9 月 17 日のガイアナ・スリナム海洋境界画定事件仲裁判決では、境界未画定海域における一方的な開発行為は合意阻害行為であり、自制義務に反すると判決している。この判決に照らせば、中国が現在東シナ海で行っている開発行為が海洋法条約に違反することは明らかである。

　フィリピンは、2013 年 1 月、中国を相手取って先の義務的仲裁手続を開始した。紛争の選択的除外を行っている中国に対し、海洋境界画定紛争ではなく、中国が実効支配している南沙諸島の礁や低潮高地が領海や排他的経済水域、大

陸棚を持ち得るかという、いわゆる権原取得紛争 (entitlement dispute) として提起
した。その結果、管轄権の壁を乗り越え、2017 年 7 月 16 日、南シナ海仲裁裁
判所は、その本案で、中国が主張する南シナ海における九段線は海洋法条約に
違反すると判決した。また本事件で、仲裁裁判所は、島の法的地位に関する海
洋法条約第 121 条の解釈を真正面から取り上げた。かつて、「堪えがたいほど
不正確で、混乱と紛争を生み出すための完全なレシピ」と評された第 121 条の
内容が、その当否はともかく、明確化されている。海洋法条約は、このように
裁判実践を通じて、その規範内容を豊富化している。

3　国家管轄権を超える海洋生物多様性の保全と持続的な利用をめぐる新たな動き

　他方で、海洋法条約は、「生きている条約 (living treaty)」として、生起する新
たな課題に実施協定を締結することで、その内容を豊富化してきている。1994
年の深海底制度実施協定に続き、1995 年に国連公海漁業協定という第 2 の実
施協定を締結し、ストラドリング魚類と高度回遊性魚類に対し予防的アプロー
チを採用するとともに、人為的に引いた 200 海里をまたいで生息するストラド
リング魚類に対し、生態系アプローチとともに、EEZ と公海の間での一貫し
た保存管理措置を導入した。さらに本年 9 月より新たな実施協定締結に向けた
政府間会議が国連で始まる。

　21 世紀になり、海洋法条約の起草時には認識されていなかった問題が生じ
ている。1 つは海洋遺伝資源 (MGR) の開発問題であり、もう 1 つは海洋保護区
(MPA) の設定問題である。現在、MGR へのアクセス及び利用可能な主体は一
部の先進国に限られており、途上国は MGR の利用に「公海自由の原則」が適
用されることを恐れている。途上国は、深海底及びその資源は人類の共同の財
産であり、それらは深海底の海洋生物にも適用可能であるとして、深海底の
MGR は人類の共同の財産であり、その利用から生ずる利益は国際社会に対し
て公正かつ衡平に配分されるべきであると主張する。

　また、海洋法条約に MPA の定義はない。海洋環境の保護と海洋生物多様性
の保全の必要の高まりは、自国の領海及び EEZ に MPA を設定する国を生ん
だ。各国は、その国内法で MPA を定義し、独自の規制管理措置を導入してい

る。保護地域の概念を導入した 1992 年の生物多様性条約は、保全のみならず「持続可能な利用」をも目的としており（第 1 条）、国際自然保護連合(IUCN)の MPA の定義も「生態系サービス」に触れ、保護区の管理目的ごとに分類したカテゴリーを設けている。日本は、保護か利用かの二者択一ではなくその両立を目標とし、生態系サービスを最大限に引き出す日本型海洋保護区を主張している。

　国連総会は、2015 年 6 月 19 日、「国家管轄権を超える区域の海洋生物多様性の保全及び持続可能な利用に関する国連海洋法条約の下の国際的な法的拘束力のある文書の作成」を求めた決議 292/69 を採択した。この決議では、利益配分の問題を含む MGR、MPA を含む区域型管理ツール、環境影響評価並びに能力構築及び海洋技術移転を、一体かつ全体として扱うことが勧告された。ここに、BBNJ に関する国連の作業が開始された。BBNJ とは、国家管轄権外区域の海洋生物多様性 (Marine Biological Diversity beyond Areas of National Jurisdiction) の略称である。この決議を受けて、準備委員会が、2016 年 3 月の第 1 回から 2017 年 7 月の第 4 回まで計 4 回開催された。

　第 4 回の準備委員会で議長が示した「非公式文書」では、依然として新協定に盛り込むべき多くの要素が列挙されるのみで、各国の議論は十分に収斂されていない。たとえば、MGR の対象範囲は、「深海底」のみか、あるいは「深海底と公海の双方」を含むのか、物的対象としては、「生息域 (in-situ)」か、遺伝子バンクや研究室で保管されているものを含む「生息域外 (ex-situ)」か、さらにはデータベース上の情報や合成したものを含む「コンピューター上 (in-silico)」の MGR を対象とするのか、また適用される一般原則については、公海自由の原則か、人類の共同の財産かで大きく対立している。

　政府間会議の第 1 回会合は 2018 年 9 月 4 日から 17 日に開催され、残りの 3 回を 2020 年前半までに開催することが決定された。2018 年 4 月 16 日から 18 日までニューヨークで政府間会議の組織的事項検討会合が開催された。同会合の主要事項の 1 つは議長の選出であったが、準備委員会で能力開発と海洋技術移転のファシリテーターを務めていたシンガポールのレナ・リー（Rena Lee）海洋・海洋法担当大使兼外務大臣特使が議長に選出された。同会合では、9 月から開始される政府間会議の議論の進め方について意見交換が行われ、第 1 回政府間会議では議長に非公式文書を作成してもらい、同文書に基づいて議論を行

うことが決定された。拙速な交渉を回避するため、条文テキストの形式のゼロ・ドラフトは作成しないこととなった。議長は、第 1 回政府間会議の議論のための文書（President's aid to discussions, A/CONF.232/2018/3）を提出した。

　国際社会が、BBNJ の保全と持続的利用を海洋秩序における新たな共通価値として認め、既存の海洋秩序の大幅な再編に向かうのか、2017 年 12 月 24 日に国連が BBNJ に関して新たに採択した決議 (72/249) に盛り込まれた「政府間会議の作業及び成果は、海洋法条約の規定と完全に整合的なものであるべき（should be fully consistent）」として、既存の海洋秩序を損なわない形で収斂するのか、その答えは誰ももっていない。

　海洋法条約は、秩序形成の基盤として、それぞれの海域に対する沿岸国とその他の国の権利義務を定める海域区分の考え方を採用し、また航行、漁業、資源開発、海洋環境の保護、海洋の科学的調査という事項別規制の方式をとっている。公海における規制実現の方式としては旗国主義を採用している。しかし、海洋法条約自身は、その前文で、「海洋の諸問題が相互に密接な関連を有し及び全体として検討される必要があることを認識し」と規定し、統合的規制の必要性に言及している。実際、地域的漁業機関を悩ませている公海における IUU（違法、無報告、無規制）漁業に対処するために、2009 年に違法漁業防止寄港国措置協定が締結され、寄港国管轄権が拡大された。そこには、違法漁業による漁獲物を市場から締め出そうとする統合的規制の発想がみられる。

　BBNJ に関する政府間会議で、海洋生物多様性の保全と持続的な利用という新たな価値が、これらの事項別規制の枠組みにどのような影響を与え、既存の海洋法秩序にどのような再編をもたらすのか、注視していく必要がある。

国連海洋法条約の展開と BBNJ

1 「海の憲法」といわれる国連海洋法条約

地球表面の 70％ を占める海洋に関する秩序は、長らく、沿岸国の安全等を確保するために沿岸国の主権を認める狭い領海（3 カイリ）と、それ以遠の海をすべての国の自由な使用に開放する広い公海という異なる 2 つの考え方で形成されていた。これを規律する海洋法は、国際法の最も古い分野の 1 つである。

1958 年の第 1 次国連海洋法会議は、領海条約と公海条約を採択し、先の異なる 2 つの考え方に基づく海洋秩序の法典化に成功した。沿岸国は、領海において主権を有し、漁業の独占権をはじめ、資源開発や安全保障上の包括的な権能が認められた。しかし、同会議は、伝統的な領海 3 カイリ規則に代わる新たな領海の幅を確定できなかった。このほか、国際協力による公海の漁業資源保存を目的とする漁業資源保存条約と第 2 次世界大戦後に新たに生じた大陸棚における海底石油の開発問題を解決するための大陸棚条約が採択された。米国の海岸に隣接する公海の下にある大陸棚にある天然資源は米国の管轄に服するというトルーマン宣言（1945 年）以来、各国はこれにならう主張を行った。1960 年代に生じた石炭から石油へというエネルギー革命が、これに拍車をかけた。大陸棚条約は、国際法上の「大陸棚」の定義として、水深 200 メートルまでのもの、またはその限度を超える場合には天然資源の開発を可能にする限度までのものと定義していた。

1960 年の第 2 次国連海洋法会議は、領海の幅の解決をめざして開催されたが、各国が 6 カイリと 12 カイリで対立し、再びその確定に失敗した。また、大陸棚についても新たな動きが生じた。石油需要の高まりは、20 世紀中には水深 200 メートルまでの開発がせいぜいであろうとの大陸棚条約の起草者の意図を

はるかに超えて、先進国の開発能力を高めていった。1960 年代半ばになると、水深 5000 メートル前後の海底に、希少金属を含有するマンガン団塊という新たな資源の存在が明らかになり、大陸棚の範囲を明確にし、それ以遠の海底は大陸棚とは異なる深海底制度を樹立すべきだとの提案がなされた。

　他方、伝統的な海洋秩序の中核をなしていた公海自由の原則における漁獲の自由も、漁獲能力をもつ先進国とそれが乏しい途上国の間では、形式的平等は確保されていても、実質的平等にはほど遠い実態であった。そうした中で、1972 年にカリブ海諸国が、次いでアフリカ諸国が、沿岸 200 カイリまでは沿岸国が生物資源（魚類）・非生物資源（石油などのエネルギー資源）について排他的管轄権をもつとの経済水域の概念を主張した。

　こうした中で、翌 1973 年から第 3 次国連海洋法会議が開催され、10 年の交渉を経て、1982 年に国連海洋法条約（以下、UNCLOS）が採択された。同条約により、初めて領海の幅は 12 カイリで統一された。さらに領海の外側 12 カイリに、通関上、財政上、出入国管理上または衛生上の法令違反の防止のために沿岸国が必要な規制を行える接続水域が認められた。そして、沿岸国が 200 カイリまでの水域の天然資源に対して主権的権利を持ち、人工島、施設および構築物の設置、海洋の科学的調査（Marine Scientific Research: MSR）、海洋環境の保護および保全に対し管轄権をもつ排他的経済水域（EEZ）という新たな海域が認められた。主権的権利とは、排他的で独占的な権利という意味である。大陸棚の範囲については、350 カイリまでの延長大陸棚を除いて、200 カイリの距離基準が導入された。それ以遠においては、深海底とその資源を人類の共同の財産（common heritage of mankind: CHM）とし、国による一方的開発を禁じ、国際海底機構（ISA）が一元的に管理する深海底制度が創設された。

　また、伝統的な公海制度を支えてきた公海自由の原則と船舶の旗国主義という 2 つの原則も、海洋生物資源の保全と持続的利用のために、海洋の自由という自由放任（レッセフェール）的管理から様々な条件を定めた海洋の管理に取って代わられた。公海は、かつての「自由の海」から「共同管理水域」へとその性格を変容した。まぐろなどの魚類の公海漁業の規制にあたってきた地域的漁業管理機関は、かつて国際社会の支配的利益とされた漁獲の自由に代わり、生物多様性の保護および保全という新たな国際公益の維持の役割を担わされるよう

になった。

UNCLOS は、秩序形成の基盤として、それぞれの海域に対する沿岸国とその他の国の権利義務を定める海域区分の考え方を採用し、また航行、漁業、資源開発、海洋環境の保護、MSR という事項別規制の方式をとっている。公海における航行の規制実現の方式としては、船舶の旗国主義が採用されている。船舶は人と同じように国籍を有し、その国籍国(旗国という)は船舶の運航管理に責任をもち、船舶はその国の管轄権の下に置かれ、その国の法令が適用される。たとえば、公海上の船舶で殺人が起これば、船舶の旗国の刑法で犯人は裁かれることになる。

UNCLOS は 168 カ国の締約国を有する普遍的な条約であり、その規定の多くは UNCLOS の非締約国に対しても慣習国際法として拘束している。なお、国際法の世界では慣習国際法のみがすべての国を拘束し、条約は条約当事国を拘束するにすぎない。日本国憲法第 98 条がいう「日本国が締結した条約及び確立された国際法規は、これを誠実に遵守することを必要とする」というときの「確立された国際法規」は、慣習国際法を指す。こうした領海、接続水域、EEZ、大陸棚、公海、深海底などの海洋に関する諸問題について包括的に規律する UNCLOS は、「海の憲法」とも呼ばれる。

この UNCLOS は、新しく生じた課題に対して実施協定という別の条約を締結することで、その規律を拡大している。UNCLOS への先進国の加入を促すために、UNCLOS の発効直前に同条約第 11 部(深海底)とその関連附属書を実質的に「修正」した 1994 年の深海底制度実施協定に続き、1995 年に国連公海漁業協定という第 2 の実施協定を締結した。同協定は、200 カイリをまたいで生息するタラ、カレイなどのストランドリング魚類やまぐろ類などの高度回遊性魚類に対する保存管理措置を定めた。同協定は、漁業資源の保全の観点から、生態系アプローチや予防的アプローチを採用した。言葉を換えて言えば、地球全体の生態系を 1 つのシステムと捉えた場合、海洋法が依拠する領域的アプローチの限界を示す考え方を採用したといえる。同時に、UNCLOS の「実施協定」は、「実施協定」という文言にも関わらず、UNCLOS が採用したアプローチとは異なるアプローチを受容しうる性格を持つ条約ともいえる。

ところで、21 世紀になり、UNCLOS の起草時には認識されていなかった新

たな問題が生じている。1つは海洋遺伝資源 (Marine Generic Resources: MGR) の開発問題であり、もう1つは海洋保護区 (Marine Protected Area: MPA) の設定問題である。現在、こうした問題を解決すべく国家管轄権外区域の海洋生物多様性の保全および持続可能な利用 (通称、BBNJ) に関する第3の実施協定締結のための政府間会合が開催されている。

2　BBNJ とは何か

BBNJ とは、国家管轄権外区域の海洋生物多様性 (Marine Biological Diversity beyond Areas of National Jurisdiction) の略称であり、国家管轄権外区域を総称して、ABNJ (Areas beyond National Jurisdiction) という。

ここでいう海洋生物とは、UNCLOS 締結時に十分認識されていなかった MGR である。MGR に対する国際社会の認識は、1977年に米国の潜水艇アルビン (Alvin) 号が、ガラパゴス諸島沖の深海底で熱水噴出孔 (チューブワーム) を発見したことが最初とされる。その後、この熱水噴出域にはさまざまな微生物が存在していることが判明した。

われわれがよく知っている微生物は、カビ、細菌、酵母、藻類であるが、海洋水塊中には様々な微生物が存在していることが判明した。米国クレイブ・ベンダー研究所による海洋微生物のゲノム解析プロジェクトは、2004年に始まり、地球を一周し200マイルごとに200から400リットルの海洋水のサンプルを採取し、すでに2900万遺伝子を収集しているといわれる。こうした発見により、MGR に対する国際社会の関心は次第に高まっていった。

日本の海洋研究開発機構 (JAMSTEC) も、すでに日本の EEZ 内で、耐熱性アガラーゼ (駿河湾深度2406m)、トレハロース製造用酵素 (相模湾深度1174m)、食品成分分析用酵素 (駿河湾深度2406m、2409m)、溶菌酵素 (相模湾初島南東沖深度856m)、リグニン分解酵素 (駿河湾深度260m) などを発見している。これらは、現在、研究用試薬や薬品などの製造に用いられている。

ただし、多様な海洋環境中の微生物の培養は困難で、培養が可能なのは全体の0.1%で99.9%は培養が困難とされる。そこで、培養をいったんあきらめて培養しないで遺伝子をまとめて解析し、DNA を抽出して断片化して大腸菌に

導入し、スクリーニングして有用遺伝子が導入されたコロニー（大腸菌）を選択して有用酵素を獲得するという、得られた遺伝子情報を整理して意味のある情報（有用遺伝子）を取り出す方式が採用されている。ただし、こうしたメタゲノム解析の場合、1000 万から 10 億塩基対の DNA 配列を分析する必要がある。最近では、シングルセル解析（一つの細胞に含まれる全遺伝子の発現量を定量解析する方法）の手法も開発されている。つまり、MGR の場合、そのサンプルを採取したからといって意味はなく、それを解析し有用遺伝子を抽出する技術が必要となる。しかし、こうした解析手法を考えた場合に、現実には科学的知識の偏在が国際社会には存在する。米国、ドイツ、日本といった先進国の科学技術と途上国のそれとは大きな隔たりがある。こうした科学技術の差が、MGR に対する法原則の対立、すなわち先進国による公海自由の原則の適用の主張と途上国による CHM 原則の主張の対立の根底にあるように思われる。

　なお、BBNJ の問題については、その重要性から多くの国々が関与できるフォーラムとして国連総会が議論の進展に節目ごとに関与してきた。国連には UNCLOS の事務局として機能する国連海事・海洋法課（DOALOS）もあり、法的整理にあたってその援助も受けられるという利点がある。

　2011 年の国連総会第 66 会期の総会決議（A/RES/66/231）は、国家管轄権外区域の海洋生物多様性の保全と持続可能な利用について、「利益配分を含む MGR、MPA、環境影響評価（Environmental Impact Assessment: EIA）、能力構築と海洋技術移転の問題について、一括してかつ包括的に検討し、UNCLOS のもとでの多国間協定の策定の可能性を含む、既存の枠組み実施におけるギャップを特定すること」を決議し、国家管轄権外区域における海洋生物多様性の保全と持続可能な利用のための法的枠組の問題について効果的に対応するプロセスを開始することを命じた。

　さらに、この問題に関し、2012 年 6 月の国連持続可能な開発会議（リオ＋ 20）で採択された成果文書である『我々の求める未来（The Future We Want）』は、「第 69 回国連総会終了までに、国連海洋法条約のもとでの国際文書の策定を決定することを含む、国家管轄権外区域の生物多様性の保全及び持続可能な利用に関する問題に対処すること」を求めた。これを受けて、2012 年の第 67 会期国連総会決議（A/RES/67/78）は、その 181 項において、各国首脳が、この問題に

ついて、国連総会第 69 会期末（2015 年 9 月 14 日）までに、UNCLOS のもとでの
国際文書を策定するか否かについて決定することを含めて緊急に対処すること
を約束した。

　こうした流れの中で、設立された BBNJ に関するアドホック非公式作業部会
（BBNJ 作業部会）では、「UNCLOS のもとでの（under UNCLOS）新しい実施協定策
定のための交渉を開始すべき」と主張する勢力が多数を占めるようになった。

3　BBNJ 協定交渉に対する各国の態度

　BBNJ 協定交渉に対する各国の態度は、個々の対象事項について国益の相違
もあるが、大まかな傾向を言えば、次のようにまとめられる。

　BBNJ 協定に対する促進派は、EU と途上国である。EU は、2006 年 2 月の段
階で新たな実施協定の必要性を主張していた。彼らは、「現在の国家管轄権外
区域の海洋生物多様性に関する『規制ギャップ（regulatory gap）』および『ガバナン
ス・ギャップ（governing gap）』に対応するためには、海洋生物多様性の保全と持
続可能な利用に関する基本原則を規定する UNCLOS のもとでの新しい実施協
定の策定が必要である」と主張する。

　「規制ギャップ」とは、BBNJ を規律する法の不存在をいう。これに対して、「ガ
バナンス・ギャップ」とは、いわゆる組織的枠組みの不備を指し、世界的、地
域的および準地域的に、当該問題を扱う適当な組織・メカニズムが存在しない
ことや、既存の組織・メカニズムにおける任務とうまく合致しないことを意味
する。

　EU は、そのための交渉プロセスを可及的速やかに開始するよう求めた。こ
うした積極的態度の背景には、MPA や EIA などの環境保護を重視する EU の
姿勢がある。他方で、MGR の利益配分や能力構築と海洋技術移転に関しては、
明確な考えを当初示さなかった。

　途上国（G77）＋中国は、1970 年に国連総会が採択した深海底原則宣言が述べ
る、「国家管轄権外区域の海底およびその下ならびにその資源は、人類の共同
の財産（CHM）である」との部分は今やすべての国を拘束する慣習国際法であり、
それらは深海底の生物多様性にも適用可能であるとする。深海底の MGR は、

人類の共同の財産（CHM）として国際海底機構（ISA）の任務とされ、その利用から生ずる利益は国際社会に対して公正かつ衡平に配分されるべきであると主張する。

　G77＋中国は、国家管轄権外区域の生物多様性につき、「ガバナンス・ギャップ」は存在しないが、UNCLOSの「実施のギャップ（implementing gap）」が存在すると主張する。「実施のギャップ」とは、いわゆる法的枠組みの欠如を指し、国際的な法的枠組みが実質的に欠如していることによって、世界的、地域的および準地域的にも、当該問題が現在規制されていないまたは規制が不十分であると主張する。

　つまり、G77＋中国は、能力構築と海洋技術移転、MGRの利用から得られる利益のアクセスのため、また、海洋の科学的調査（MSR）およびバイオプロスペクティング（生物資源の中から医薬品・食料などに利用できる有用な遺伝資源を発見すること）の規制のための新たな実施協定が必要であると主張する。さらに、公海自由の原則に基づくMGRの自由な開発や特許の取得は、UNCLOSに違反するとも主張する。

　これに対して、日本や米国、カナダ、ロシア、アイスランドおよび韓国は、「国家管轄権外区域におけるMGRの探査活動は、UNCLOS（第7部（公海）および第13部（海洋の科学的調査））によって認められた活動であり、すでに規制されているので、新たな規制の必要はない。UNCLOSにいうCHM原則は深海底の鉱物資源に適用されるのであり、MGRには適用されない」と主張する。

　これらの諸国は、UNCLOSで認められている航行の自由や漁獲の自由、MSRの自由は阻害されるべきではなく、海洋環境の保護等に関しては、地域的漁業機関や他の環境条約などの既存の枠組みを活用すべきだと主張する。つまり、新たな規制や新実施協定の締結を論ずる前に、既存の国際条約の枠組みを活用することにより十分対応が可能であるし、むしろ効果的であると主張していた。

　その後、これらの諸国と同様に、新しい実施協定に慎重な姿勢をみせていたノルウェーが、新しい実施協定策定のための交渉を支持する立場に転換し、オーストラリアやニュージーランドも同様の立場をとるようになった。他方、ロシアは一貫してBBNJの実施協定締結に反対する姿勢を示していた。

　このような各国の思惑の中で、BBNJ 新協定をめぐる交渉が開始された。当初、反対していた国々も、BBNJ 作業部会の議論の進展を受けて、UNCLOS のもとでの BBNJ に関する新たな規律に関する文書の作成に理解を示すようになった。

4　BBNJ 政府間会議に至る経緯

　2015 年 1 月に開催された BBNJ 作業部会の勧告を受け、2015 年 6 月 19 日に国連総会は、「国家管轄権外区域の海洋生物多様性の保全および持続可能な利用に関する UNCLOS のもとでの国際的な法的拘束力のある文書の作成」（総会決議 69/292）を採択した。同決議は、「国家管轄権外区域の海洋生物多様性の保全および持続可能な利用に関し、UNCLOS のもとでの国際的な法的拘束力ある文書を作成することを決定し、そのために (a) ……文書の条文案の要素に関して総会に対し実質的な勧告を行うため、政府間会議の開催に先立ち、……準備委員会を設置することを決定」（1 項）した。同時に、「交渉は、2011 年に合意されたパッケージで特定された主題、すなわち ABNJ の海洋生物多様性の保全および持続可能な利用、特に、利益配分に関する諸問題を含む MGR、MPA を含む区域型管理ツールのような措置、EIA ならびに能力構築と海洋技術移転を、一括かつ一体として（together and as a whole）、扱うことを決定」（2 項）した。

　つまり、BBNJ に関する国際文書は「法的拘束力のある文書」である条約の形式をとること、さらにその法的文書は「UNCLOS のもと」に置かれる実施協定の性格をもつこと、そして新協定は UNCLOS との内容上の整合性が求められることとなった。交渉は、① MGR（利益配分の問題を含む）、②地域型管理ツールのような措置（MPA を含む）、③ EIA、④能力開発と海洋技術移転の 4 主題をパッケージとして行われることになった。さらに、正式の「政府間会議」の前に、「条文案の要素」を国連総会に勧告するための「準備委員会」を設置し、そこで検討を開始することになった。この準備委員会を、2016 年と 2017 年にそれぞれ 10 日間の会期で少なくとも年 2 回開催することが明記された（1 項 (b)）。

(1) 準備委員会

　準備委員会は、2016 年 3 月の第 1 回から 2017 年 7 月の第 4 回まで計 4 回開

催された。なお、2016 年 8 月開始の第 2 回の準備委員会で、先の 4 主題に加え、「横断的課題（cross-cutting issues）」が加えられ、この 5 主題に関する準備委員会議長がまとめた「非公式作業部会におけるさらなる議論を援助するための諸課題および諸問題群に関する議長素案」(7 頁) が示された。さらに、第 3 回準備委員会直前の 2017 年 2 月に、準備委員会議長より「BBNJ 新協定の条文案の要素に関する議長ノン・ペーパー（非公式文書）」(112 頁) が各国に示され、各国代表はこの非公式文書に示された 12 項目（Ⅰ．前文の要素、Ⅱ．一般的要素、Ⅲ．BBNJ の保存および持続的利用 (4 主題はここで取り上げられている)、Ⅳ．機構に関する取極、Ⅴ．情報交換／クリアリングハウス・メカニズム (情報システム)、Ⅵ．財源および財政的メカニズム、Ⅶ．履行監視、審査、遵守および強制、Ⅷ．紛争解決、Ⅸ．非当事国、Ⅹ．責任と賠償、Ⅺ．再検討、Ⅻ．最終規定の要素) について意見を表明する形で交渉が行われた。この文書は、「議論のたたき台」の性格を有するものであったが、BBNJ 新協定締結にあたって議論されるべき対象を網羅的に示すものであったともいえる。

　2017 年 7 月 10 日から 21 日にかけて行われた第 4 回準備委員会の直前、準備委員会議長は、「BBNJ 新協定の条文案の要素に関する議長ノン・ペーパー概要」を示した。この概要は第 3 回の「議長ノン・ペーパー」を整理し、集約したものである。最終日の同年 7 月 21 日に、国連総会に対する勧告をコンセンサスで採択し、その「準備委員会報告書」の中に「準備委員会勧告」が盛り込まれた。その内容は、依然として新協定に盛り込むべき多くの要素を列挙したままであり、各国の議論は十分に収斂しなかった。ここで、準備委員会でどのような問題が提起されたかを見てみよう。

5　提起された問題

　「国家管轄権外区域の海洋生物多様性の保全および持続可能な利用」の一般原則とアプローチをみると、公海自由の原則や CHM 原則、汚染者負担の原則 (Polluter-Pays Principle: PPP) といった法原則のほかに、予防原則や生態系アプローチといった 43 の原則やアプローチが列挙され、政府間会議での調整のむずかしさを予見させる内容になっていた。

　また MGR では、範囲として、「深海底と公海の双方」か「深海底」のみを対象とするのかという点、また、物的対象として、「生息域 (*in-situ*)」か、遺伝子バンクや研究室で保管されているものを含む「生息域外 (*ex-situ*)」か、さらにはデータベース上の情報や合成したものを含む「コンピューター上 (*in-silico*)」の MGR を対象とするのかでも各国の見解が分かれていた。

　先に挙げた一般原則との関係でいえば、MGR に関する一般原則として、米国や日本のように公海自由の原則を支持する国々と、CHM 原則を支持する途上国との間で大きな対立があった。UNCLOS 第 133 条 (a) では、「『資源』とは、自然の状態で深海底の海底又はその下にあるすべての固体状、液体状又は気体状の鉱物資源 (多金属性の団塊を含む。) をいう」と定義され、深海底における「資源」につき「鉱物資源」が挙げられている。つまり、「遺伝資源」は排除されている。

　また、UNCLOS の生物資源 (いわゆる漁業) の管理体制は、微生物へ適用することは困難である。その結果、慣習国際法である公海自由の原則が適用され、国家管轄権外区域の MGR へのアクセスは自由になるとの解釈を米国や日本などは採っている。他方、遺伝資源が CHM でないとしても、深海底という空間は依然として CHM に属するので、その空間 (すなわち、深海底) におけるすべての活動は、CHM 原則に服すると途上国は主張した。

　MGR のアクセスについては、「フリーアクセス」と「アクセス規制」という両論が主張された。この問題は、MSR にも関係してくる。MSR には、大別して基礎的調査と応用調査がある。基礎的 MSR とは、UNCLOS 第 246 条 3 項の、「専ら平和的目的で、かつ、すべての人類の利益のために海洋環境に関する科学的知識を増進させる目的で実施する海洋の科学的調査」をいうとされる。これに対して、応用的 MSR とは、「天然資源 (生物であるか非生物であるかを問わない。) の探査及び開発に直接影響を及ぼす」(第 246 条 5 項 (a)) 海洋の科学的調査をいうとされる。外見的には、バイオプロスペクティングも MSR の一種といえる。なお、バイオプロスペクティングについて国際的に確立した定義はない。UNCLOS の 10 年後に採択された生物多様性条約 (以下、CBD) (1992 年) では、「商業的に価値のある遺伝子及び生化学資源のための生物多様性の探査」または「新商品開発のための遺伝子資源の分子構造に関する情報を生物圏から収集する過程」とされている。アクセスの問題を解決するためには、この問題についての

議論の整理が必要であった。

　また、利益配分に関しては、金銭的利益配分と非金銭的利益配分の主張の対立が生じた。前者については、2010年に採択された「生物の多様性に関する条約の遺伝資源の取得の機会及びその利用から生ずる利益の公正かつ衡平な配分に関する名古屋議定書」（名古屋議定書）の範囲内での、または同議定書を超える金銭的利益配分の導入などの意見があった。これに対し、非金銭的利益配分の導入やクリアリングハウス・メカニズム（生物多様性に関する情報の交換・流通を促進するためのメタデータ検索システム）によるデータへのアクセス促進やMGR開発過程のモニタリング、深海底のMGRへのアクセスについて事前または事後の報告制度導入の意見もあった。

　MPAを含む区域型管理ツールでは、MPAの形式、基準、指定方法、意思決定、主体および期間などの「決定プロセス」が論点となった。MPAにおいてとられる保全管理を決定する主体、意思決定手続等について、新協定を中心とすべきと考える「グローバルアプローチ」と既存の枠組みを中心とすべきと考える「地域アプローチ／ハイブリッドアプローチ」の両論が提唱されていた。MPAの指定における隣接国の関与の度合いに関しても、沿岸国に資源の保全、管理、規制に関するより大きな役割を付与する、「隣接性の原則」あるいは「沿岸国の特権」が要素に挙げられており、政府間会議でどのような合意がなされるのか注目された。

　EIAでは、EIAの対象、手続等で意見が分かれていた。UNCLOS第206条は、「いずれの国も、自国の管轄又は管理の下における計画中の活動が実質的な海洋環境の汚染又は海洋環境に対する重大かつ有害な変化をもたらすおそれがあると信ずるに足りる合理的な理由がある場合には、当該活動が海洋環境に及ぼす潜在的な影響を実行可能な限り評価するものとし（後略）」と規定している。そこで、EIAは「重大かつ有害な変化をもたらすおそれがある」場合に限るという基準の精緻化を求める意見と、基準を緩和しEIAの対象を拡大しようとの見解の対立があった。この他、EIAの実施にあたって、新協定の機関や隣接国の関与の度合い、さらには既存の枠組みの下で実施されるEIAの取扱いや戦略的環境アセスメント導入の意見があった。

　能力構築と海洋技術移転に関しては、対象となる能力構築と海洋技術移転

は、BBNJ の保全および持続可能な利用に関係する能力構築と海洋技術移転に
限るのか、それとも海洋に関する能力構築と海洋技術移転全般に拡げるのかに
ついて意見の対立があった。また、能力構築と海洋技術移転における新協定
と CBD およびユネスコ政府間海洋学委員会 (UNESCO/IOC) との関係、BBNJ に
関して新たな機構や資金メカニズムを立ち上げるのか、地球環境ファシリティ
(GEF)（地球環境問題解決のために途上国に多国間資金を無償で提供する資金メカニズ
ム）などの既存の制度の活用を図るのかについて意見の対立があった。

　こうしてみてくると、準備委員会の段階では、BBNJ 新協定で条文化するた
めに、いまだに多くの要素について各国の意見が分かれていたことがわかる。
その意味で、政府間会議において、議論の収斂にはかなりの時間を要すると想
像された。2017 年 7 月、準備委員会が採択した勧告は、上記に示したいずれ
の主要論点についても結論を出さず、今後の検討に委ねるとの記述にとどまっ
た。また、勧告に盛り込まれた内容は、参加国のコンセンサスを反映したもの
でもないとされた。こうした中で、政府間会議が始まった。

(2) 政府間会議

　準備委員会報告書の採択を受けて、国連総会は、2017 年 12 月 24 日に国連総
会決議 72/249（A/RES/72/249）を採択し、できるだけ早期に新協定の条文を作成
するための政府間会議を招集すること（1 項）、交渉は 4 主題を取り扱うこと（2
項）、政府間会議の作業及び成果は、UNCLOS の規定と完全に整合的なもので
あるべきこと (should be fully consistent)、また、このプロセスおよび成果は、既存
の枠組みを損なうべきでないこと（7 項）、そして会議の組織的事項（新協定のゼ
ロ・ドラフトの作成プロセスを含む）を議論するための会合を、2018 年 4 月 16 日
から 18 日に開催すること（4 項）を決定した。

　なお、政府間会議議長には、シンガポールのレナ・リー（Rena Lee）海洋・海
洋法担当大使兼外務大臣特使が選出された。第 1 回政府間会議に先立ち、2018
年 6 月 25 日に、論点整理の形をとった「議長ペーパー（討議資料）」(25 頁)が公
表された。ここでは、先の 4 主題に関する論点が箇条書きで示された。2018
年 9 月に開催された第 1 回政府間会議では、この「議長ペーパー」に沿って、
各国代表がそれぞれの主題に関して発言した。

　2019 年 3 月の第 2 回政府会議の前に、再び、政府間会議議長より「議長ペーパー（討議資料）」（64 頁）が 2018 年 12 月に公表された。この「議長ペーパー」では、新協定の論点ごとに「条文案」の形で具体的な「選択肢」が示された。同ペーパーは、Ⅰ．序論、Ⅱ．一般的要素、Ⅲ．BBNJ の保存および持続的利用、Ⅳ．機構に関する取極、Ⅴ．クリアリングハウス・メカニズムの 4 つの部から構成されていた。第 2 回政府間会議では、「議長ペーパー」に示された「選択肢」について各国が一方的に意見を表明するにとどまり、ここでも議論が収斂することはなかった。

　こうした議論状況に変化をもたらしたのは、2019 年 6 月に政府間会議議長が公表した「BBNJ 新協定に関する議長草案」である。同「議長草案」は、第 1 部「一般規定」（1 条〜 6 条）、第 2 部「利益配分の問題を含む MGR」（7 条〜 13 条）、第 3 部「MPA を含む区域型管理手法」（14 条〜 21 条）、第 4 部「EIA」（22 条〜 41 条）、第 5 部「能力構築と海洋技術移転」（42 条〜 47 条）、第 6 部「機構上の取極」（48 条〜 51 条）、［第 7 部「財源（および財政的措置）」（52 条）］、第 8 部「履行（および遵守）」（53 条）、［第 9 部「紛争解決」（54 条〜 55 条）］、［第 10 部「本協定の非当事国」（56 条）］、第 11 部「信義則と権利濫用」（57 条）、第 12 部「最終規定」（58 条〜 70 条）、［附属書「能力構築と海洋技術移転の類型」］から構成されている。本「議長草案」は、いくつかの部や条文案自体が［ ］（ブラケット）で囲まれており、その採否は今後の政府間会議の議論に委ねられることになっていた。

　2019 年 8 月に開催された第 3 回政府間会議で、「議長草案」に示された条文案の選択肢に関して、各国代表が意見を表明した。そして、会議終了にあたって、各国代表の見解を踏まえた「議長草案」の改訂版の作成が政府間会議議長に要請された。これを受けて、議長は、2019 年 11 月 18 日に「議長草案改訂版」を公表した。同時に、同改訂版で示された条文については、各国に意見の提出が求められた。寄せられた各国の意見は、国別と条文ごとの 2 種類の文書として 2020 年 4 月 15 日に公表された。

　しかし、2020 年 3 月開始と予定されていた第 4 回政府間会議は、新型コロナウイルスの感染拡大により、2020 年 3 月 9 日に開催延期が決定された。その後、政府間会議の「議長書簡」が各国代表に送られ、第 4 回政府間会議を 2021 年に延期すること、またそれまでの間は、5 主題についてオンライン会合が開催さ

れることになったが、各国の国益がかかる条文案について、オンラインの手法
では固めることができなかった。こうした中でようやく、第 4 回政府間会議が
2022 年 3 月 7 日から 18 日にかけて開催された。ただ、依然として各国の主張
の隔たりは大きかった。なお、第 5 回政府間会議は、2023 年 8 月 15 日から 26
日にかけて開催されることになった。

6　BBNJ の特徴——生物多様性条約の締約国会合による主導

　UNCLOS 採択から 10 年後に採択された CBD は、UNCLOS との関係につい
て第 22 条にいわゆる抵触条項を置いている。同条で、「締約国は、海洋環境に
関しては、海洋法に基づく国家の権利及び義務に適合するようこの条約を実施
する」(2 項) と規定し、海洋環境に関しては UNCLOS が優先することを確認す
る一方で、「生物の多様性に重大な損害又は脅威を与える場合は、この限りで
はない」(1 項) と規定している。つまり、生物多様性の保全が現行の国際協定
(UNCLOS を含む) の権利義務に優先する場合があることを規定している。なぜ
なら、1982 年当時の UNCLOS における海洋環境問題は、海洋汚染が中心だっ
たからである。

　仮に生物多様性の保全のために公海上に MPA を設定する場合は、UNCLOS
第 89 条の「いかなる国も、公海のいずれかの部分をその主権の下に置くこと
を有効に主張することができない」との規定と抵触が生じる。そうなると UN-
CLOS と整合するためには、MPA 設定の主体は国ではなく、BBNJ 新協定で定
められる国際機関などが行うことが考えられる。あるいは、国が行う場合には
一定の条件を定めることになるであろう。

　こうした MPA を公海上に設定すべきという主張は、CBD が採択される前年、
1991 年にアメリカの国家海洋大気局 (NOAA) の海洋学者アール (Sylvia Earle) 博士
がハワイで開催された Wild Ocean Reserve に関する会議で、国家管轄権外区域
の海洋が汚染と乱開発のために深刻な脅威に直面していると警告したことに端
を発する。同会議は、海洋の生態系と多様な資源の将来にわたる持続可能性を
確保するために、公海上に MPA を設定する必要があると決議した。こうした
主張の背景には、UNCLOS を基軸とする現行の海洋法秩序は、公海や深海底

の生物多様性の保全に十分に対応できていないとの認識がある。

　1995 年 11 月に開催された CBD の第 2 回締約国会議（COP2）は、「海洋と沿岸地域の統合的管理を促進すること」を掲げ、その附属書で「海洋生物資源の重要な生息地が、海洋と沿岸の保護区の選定にあたって重要な基準であるべき」だとの指針を含む、いわゆる「ジャカルタマンデート」を採択した。「公海」という用語は使っていないが、ここでいう「海洋」は CBD の適用範囲である国家管轄権内の海洋に限定していないように読める。

　実際、この附属書には、CBD 事務局長に対して、深海底遺伝資源の保全とその持続的利用に関する CBD と UNCLOS の関係についての検討を求める文言が挿入されていた。CBD の下部機関である科学技術助言補助機関（SBSTTA）は、深海底の MGR へのアクセスを含め生物資源探査に関する提案を次回の締約国会議で行うことを報告した。こうして BBNJ の重要な主題である MPA と MGR の問題が、CBD の締約国会議の対象となったのである。

　また、1995 年の国連総会決議（A/RES/54/33）に基づいて設立された UNCLOS の非公式締約国会議（UNICPOLOS）は、2004 年の第 5 回会合で「国家管轄権外の深海底の生物多様性の保全と管理を含む、海洋の新たな持続的利用について」審議した。これを受けて、この問題を審議する BBNJ 作業部会が立ち上げられ、その審議が引き継がれることになった。

　それ以前の 2001 年から 2005 年にかけて、95 カ国から 1360 人の専門家が参加し、生態系に関する大規模な総合的評価を行った「国連ミレニアム生態系評価」では、魚類資源の少なくとも 4 分の 1 は過剰漁獲の状態にあるとして、人為的影響によりもっとも深刻な改変が起きている生態系の一つが海洋だと位置づけられた。こうした現状の中で、公海における MPA 設定の議論が生じていることを認識する必要がある。

　他方で、CBD は保全のみならず、「持続可能な利用」を目的としており（第 1 条）、国際自然保護連合（IUCN）の MPA の定義も「生態系サービス」に触れて資源利用を含意している。つまり、MPA ＝禁漁区ではないということである。実際、各国が自らの管轄権下にある海域に設定した MPA では禁漁区は少数にとどまり、程度の差はあれ、科学的データや社会経済的影響などを踏まえて海域をゾーニングし、その中で禁漁から多目的利用までのさまざまな措置を講じ

て、利用と保全との調整が行われている。

　このように MPA の設定にあたっては、管理目的に応じたゾーニングが必要となる。仮に MPA が生物多様性の保護というスローガンの下、サンクチュアリ（禁漁区）を志向するならば、こうした MPA は公海における漁獲の自由を浸食する結果に陥るであろう。

　ただ、この問題は一筋縄ではいかない点がある。漁業の観点からみれば、漁業管理の現状を踏まえた MPA の設定が求められるが、環境保護の観点からみれば、MPA 内における漁業活動からの海洋環境の保護の促進が求められるという対立構造が生じからである。この両者の緊張関係は、責任ある漁業というレジームと海洋環境（あるいは生物多様性）の保護というレジームの相克と言い換えることができる。

　また、地球温暖化により、たとえば大西洋マダラという魚種に関して言えば、海水温上昇に伴う低緯度海域の産卵場の崩壊という海洋生態系の変化が生じており、問題は必ずしも過剰漁獲のみでないことに、われわれが直面している問題の複雑性がある。はたして、政府間会議が、両者のいかなる均衡が人類益であるのとの答えを出すのか注目される。

　なお、地域的な実行としては、北東大西洋海洋環境保護条約（OSPAR）の実行がある。OSPAR は、その海域が「生態的または生物学的に重要な海域（Ecologically or Biologically Significant Marine Area: EBSA）」の基準を満たしていると科学的に評価した上で、MPA に指定している。仮に公海における MPA が実現するとなると、そのためには MPA の国際法上の定義ならびに設定手続の標準化が必要となる。

　実際、2004 年の CBD 第 7 回締約国会議（COP7）は、決定 5 で「国家管轄権外区域の生物多様性に危機を表明」し、決定 28 で「国家管轄権外区域での MPA 設定の協力」につき調査を命じた。さらに 2005 年に CBD 科学技術助言補助機関（SBSTTA）が「国家管轄権外区域の遺伝資源報告書」を作成した。遺伝資源は CBD の規律対象であるが、CBD の適用範囲は締約国の管轄下の区域に限定されているにも関わらず、適用範囲を超える問題を取り上げている。この報告書は、深海底遺伝資源に対する需要の高まりが持続可能でない採取の問題を惹起し得ると危機感をあおる役割を果たした。その結果、この報告書によって、MGR を「鉱物資源」と同様に CHM と位置付けようとの考えが途上国に生まれ

た。その前年、国連総会決議（A/RES/59/24）が採択され、BBNJ 非公式作業部会設置が決定された。先の「国家管轄権外区域の遺伝資源報告書」後の翌 2006 年に第 1 回 BBNJ 作業部会が開催された。このように BBNJ の議論は、CBD の締約国会議によって主導されてきたという特徴を有する。

　2010 年、名古屋で開催された CBD 第 10 回締約国会議（COP10）において、愛知目標 11（「2020 年までに、沿岸および海域の少なくとも 10％は保護地域により保全される」）が採択された。「沿岸および海域」の「海域」に限定がなく、公海が必ずしも排除されていないとも読める目標である。また、2016 年、メキシコのカンクンで開催された CBD 第 13 回締約国会議（COP13）において、生物多様性の「主流化」がテーマとされ、海洋生物多様性の保全に関して、生態学的または生物学的に重要な海域（EBSA）や海洋空間計画（MSP）などが議論された。

　このように、BBNJ に関する実施協定の作業は、一言でいえば、UNCLOS と CBD の接合が CBD の締約国会議がリードする形で始まったことが特徴である。その際、UNCLOS の公海制度を支えている既存の価値と BBNJ が提起する新たな価値（CBD の価値）の衝突が生じた場合には、どちらかの価値を上位価値と位置づけるかという問題が生じることになる。価値の相克はいずれかの価値を上位価値とすることによって、はじめて調整が可能になるからである。こうしたことを考えると、第 3 の実施協定は、UNCLOS の価値ではなく、CBD の価値を上位価値とする可能性を内包しているといえる。

　BBNJ 政府間会議の結論次第で、「海洋秩序の発展」の可能性も、また「海洋秩序の変容」の可能性も内包しているといえる。なぜなら、CBD の前文にある、「海洋生物の多様性の保全は、人類の共通の関心事」であるとの考えが、UNCLOS の公海自由の原則を規制する理念として機能し得る余地があるからである。UNCLOS の実施協定でありながら、CBD が基軸となる性格の協定が生まれる可能性がないわけではない。

　もっとも、UNCLOS 自体、生物多様性の保全または持続可能な利用に直接または間接に関係する多くの条文を内包している。MSR、海洋生物資源や海洋環境の汚染の条文である。たとえば、第 12 部の海洋環境の保護及び保全に関する第 192 条の「いずれの国も、海洋環境を保護し及び保全する義務を有する」との一般規定を有している。2016 年の南シナ海仲裁判決は、第 192 条は、締

約国に海洋環境を保護し保全する一般的な義務を課しており、これは将来的な損害からの海洋環境の「保護」と現在の状態を維持・改善するという意味での「保全」の双方を含み、海洋環境を悪化させない義務を含むと判示した。また、第194条5項には、「この部の規定によりとる措置には、希少又はぜい弱な生態系及び減少しており、脅威にさらされており又は絶滅のおそれのある種その他の海洋生物の生息地を保護し及び保全するために必要な措置を含める」との規定も存在する。

　そして注目されるのは、みなみまぐろ事件の暫定措置命令 (1999年) で、国際海洋法裁判所 (ITLOS) が、海洋環境の保護に関する規定は、汚染のみに適用されるのではなく、資源や種の保護にも適用されると述べたことである。さらに、チャゴス諸島海洋保護区仲裁事件判決 (2015年) において、UNCLOS 附属書Ⅶに基づいて設置された仲裁裁判所は、「第194条は、厳密に汚染を規制するための措置に限定されず、主として生態系を保護し保全することに重点を置いた措置にも拡大される」と判示し、このことを確認した。このように紛争解決機関による条約の解釈実践によって、条文の規範内容が単なる海洋環境の保護から生物多様性の保全へと拡大されている事実を見逃してはならない。

　なお、第194条5項にいう「生態系」や「生息地」という用語については、UNCLOS では定義がない。しかし、今では CBD の「『生態系』とは、植物、動物及び微生物の群集とこれらを取り巻く非生物的な環境とが相互に作用して一の機能的な単位を成す動的な複合体をいう」、『生息地』とは、生物の個体若しくは個体群が自然に生息し若しくは生息している場所又はその類型をいう」(第2条) に従って解釈されている。なお、2000年の CBD 第5回締約国会議 (COP5) で採択された決定 V/6 は、「生態系アプローチとは、陸上、水界および生物資源の統合された戦略であって衡平な方法で保全および持続可能な利用を促進するものをいう」とし、関係する 12 の原則と 5 つの運用指針を示した。

　前述したように、UNCLOS が、秩序形成の基盤として、それぞれの海域に対する沿岸国とその他の国の権利義務を定める海域区分の考え方を採用しているのに対して、CBD は生態系アプローチを採用している。そのことも手伝い、CBD の適用範囲に関する「自国の管轄又は管理の下で行われる作用及び活動 (それらの影響が生ずる場所のいかんを問わない。) については、自国の管轄の下にあ

る区域及びいずれの国の管轄にも属さない区域」(第4条 (b)) の規定や協力に関する「締約国は、生物の多様性の保全及び持続可能な利用のため、可能な限り、かつ、適当な場合には、直接に又は適当なときは能力を有する国際機関を通じ、いずれの国の管轄にも属さない区域その他相互に関心を有する事項について他の締約国と協力する」(第5条) の規定は、海域区分と航行や漁業など事項別規制方式をとる UNCLOS と潜在的に抵触する可能性を含む。このように、BBNJ 新協定は、国家管轄権外区域である公海における規制にあたって、どちらの条約の価値が優越するのかという問題を内包しているといえる。

　なお、「議長草案改訂版」第1部「一般規定」の第4条は、「1. この協定のいかなる規定も、UNCLOS に基づく権利、管轄権および義務を損うものではない。この協定は、UNCLOS の文脈において UNCLOS に合致する方法で解釈および適用される。2. 200 カイリ内外の大陸棚および EEZ を含む国家管轄権のもとにあるあらゆる区域での沿岸国の権利および管轄権を UNCLOS に従って尊重する。3. この協定は、[既存の] 関係する法的文書および枠組みならびに関係する世界的、地域的、小地域的および分野別の機関の [権限を尊重し] 損なわない方法で解釈および適用される。[4. UNCLOS またはこの文書に関連する他の関係する協定の非当事国の法的地位は、この協定によって影響を受けるものではない。]」と規定し、国連総会決議 72/249 が求める「UNCLOS の規定と完全に整合的なものであるべきこと」という総論的求めに条文上の表現を与えている。なお、第5条 (一般 [原則] [および] [アプローチ]) では、CBD を中心とした生態系の保全に関連して生成されてきた 10 の原則とアプローチが規定されている。準備委員会の段階では 21 の原則とアプローチが挙げられていたことを考えると、かなり絞り込まれたとの印象はある。今後は、CBD が求める生態系アプローチなどが第2部以下の条文 (各論に属する4主題) でどのような内実が与えられるのかという点が焦点となる。

7　何が争われているのか

　ここでは、MGR をめぐる UNCLOS 上の解釈問題に絞って考えたい。MGR については、法原則として、公海自由の原則と CHM 原則の対立があること

はすでに述べた。MGR の法的位置づけをめぐる UNCLOS 上の解釈論としては、MGR が位置する空間に依存するのか、それとも MGR という資源の特質に依るのかという問題が生じる。UNCLOS 第136条は、「深海底及びその資源は、人類の共同の財産である」と規定している。MGR が CHM でないとしても、深海底という空間は依然として CHM に属する。その空間（深海底）におけるすべての活動は、CHM 原則に服すると考えていいのかどうかという問題である。

　UNCLOS 第133条（a）は、「『資源』とは、……鉱物資源（多金属性の団塊を含む。）をいう」と規定する。このように、鉱物資源と明確に規定しているということは、その他のものを排除していると解釈できるのではないかという点である。実際に UNCLOS の起草過程で、定着性の種を CHM である「資源」に含める案も検討されたが、UNCLOS 第133条は最終的に生物資源を排除する形で、鉱物資源のみを CHM 原則が適用される「資源」とした。こうした経緯に照らすと、MGR に CHM 原則を適用することは困難ではないだろうか。こうしたことを考えると、政府間会議に残された道として、MGR は未規制の資源であるとして、新たな立法による解決が必要という立場をとる選択肢も考えられる。

　さらに、MGR への「アクセス」は UNCLOS 上どのように位置づけられるのかという問題がある。第13部の MSR レジームで対応できない部分があるのかどうかという点である。実際、CBD および名古屋議定書ならびに UNCLOS には「遺伝資源へのアクセス」の定義はない。

　また、この関連で、UNCLOS 第147条の「深海底における活動については、海洋環境における他の活動に対して合理的な考慮を払いつつ行う」という文言の意義をどのように考えるかという問題もある。さらに、UNCLOS における公海における自由の行使にあたっての「妥当な考慮」（第87条2項）を払う義務とはいかなるものかという問題もある。

　このほか、知的財産権を含む MGR に対する権利の主張は、UNCLOS 第241条の「海洋の科学的調査の活動は、海洋環境又はその資源のいずれの部分に対するいかなる権利の主張の法的根拠も構成するものではない」との規定に反するといえるのかどうかという問題もある。

　くわえて、国家管轄権内（EEZ）の MGR と国家管轄権外区域（公海）の MGR の区別の法的実効性はどこにあるのかという問題もある。アメリカや日本など

の先進国は、鉱物資源であるマンガン団塊と生物資源である MGR の特性は大きく異なり、CHM 原則を適用しなければならない理由がないと考える。なぜなら、MGR は、マンガン団塊のような鉱物資源と異なり、消尽性がなく、再生可能であり、また開発に際して必要なのは少量のサンプルのみであるからである。MGR の開発の可能性は多様であり、MGR のサンプルに最初にアクセスしたものが当該 MGR から生じうるすべての利益を独占するわけではない。先進国は、CHM 原則を MGR に適用すれば、人類が裨益しうる有益な活動を阻害することになるとして、ABNJ の MGR には公海自由の原則が適用されるべきだと主張する。

　これに対して途上国は、深海底および公海の MGR には CHM 原則が適用されるべきであると主張し、深海底および公海の MGR の利用から生じる利益を公正かつ衡平に配分する制度を導入すべきであると主張する。そして、BBNJ 新協定においては、深海底および公海の MGR へのアクセスは事前通報・同意（Prior Informed Consent: PIC）に係らしめるべきであると主張する。CBD では、生物多様性の保全措置にはコストがかかるとして、そのコストは生物多様性（遺伝資源）の商業的な利益から得られる利益から賄われるべきとの考えから、公正かつ衡平な利益配分と PIC の制度を導入している。このことを考えれば、CBD の前文で「海洋生物の多様性の保全は、人類の共通の関心事」であると確認されていることの影響の射程はどこまで及ぶのかという解釈問題が残る。

　西本健太郎教授は、「新協定の作成によって深海底の MGR を CHM とするのは UNCLOS の事実上の改正ではないか。UNCLOS の改正を UNCLOS の改正手続によることなく新協定の作成によって行うのは適切ではない。とりわけ、深海底の MGR のみならず公海の MGR をも CHM とするのであれば、これは公海自由の原則を定めた UNCLOS の原則の根本的な改正であり、これを改正手続なしに新協定の作成によって行うのは適当でない」と指摘する。ただし、西本教授が併せて指摘するように、UNCLOS では、①第 11 部実施協定、②締約国会合による延長大陸棚の情報提出期限を延長する決定、③大陸棚限界委員会の手続規則のもとの実行など、すでに「事実上の改正」が行われていることも事実である。

　さらに利益配分の問題がある。途上国は、深海底の MGR からは巨額の金銭

的利益が生じ、一握りの先進国のみが深海底の MGR を開発できるのは不公平と考えている。他方で、先進国は、MGR の取得や研究開発には長い年月と多額の費用が必要であり、必ずしも成果や利益があがるとは限られない。MGRの研究開発にはインセンティブが必要であり、金銭的利益は重要なインセンティブであり、長年に及ぶ努力の正当な評価だと主張する。MGR の開発は政府より企業が実施しており、企業はインセンティブを見いだせない場合には、深海底の MGR の開発を行わないからである。実際、深海からは抗がん作用がある細菌が採取されており、抗がん剤などの医薬品の開発は、国際社会が享受し、共有すべき重要な利益だと反論する。

　このように、BBNJ は MGR の法的位置づけや MGR へのアクセスの問題など多くの課題を抱えている。

8　BBNJ 新協定の行方

　BBNJ 新協定は、国家管轄権外区域という限定の下で BBNJ の保存と持続的利用を実現しようというものであり、UNCLOS が定める公海制度、それは従来の「自由放任」ではなく、「合理的ないし妥当な考慮を払う」という制限規制に変化しているが、この制度に影響を与えることは避けられない。具体的には、パッケージで議論されている MPA に関していえば、航行の自由、漁獲の自由、さらには MSR の自由に影響を与えざるをえない。UNCLOS は、公海利用につき、具体的には、①航行、②海洋環境の保護と保全、③ MSR のように事項ごとに規制をはかってきたが、BBNJ 新協定では、これまでの公海の規制態様であった「事項別規制」から「統合的規制」への転換を必要とするように思われる。

　BBNJ 新協定の具体的内容については、第5回政府間会議の結論次第であるが、BBNJ を規律する法規則が欠如あるいは不足しているとの見方、すなわち「規制ギャップ」を主張する国は UNCLOS の革新的拡張をもたらす条約を志向するであろうし、既存の条約による規制の履行が不十分と考える国、すなわち「履行ギャップ」があるとの見方をする国は、UNCLOS をはじめとした既存の条約での対応を志向するであろう。もちろん、後者であっても既存の条約の条文をそのまま適用することを主張するのではなく、既存の条約に採用されてい

る原則の順応的適用を主張するのであり、その点で交渉において妥協の余地は
ある。

　あるいは、両者を法プロセス重視派とガバナンスプロセス重視派の対立と捉
えることもできる。新協定の目的実現のためには既存の枠組みを修正し関係機
関の権限を制約することは妨げられないとする「垂直的アプローチ」をとるか、
既存の枠組みや関係機関の維持を前提として相互間の調整・協力を通じて新協
定の目的を実現すべきとする「水平的アプローチ」をとるかの対立と捉えるこ
ともできる。結論は予断できないが、おそらくこの両者の対立を止揚するキー
ワードとして、議長提案の一般原則を定めた条文草案第5条にでてくる「統合
的アプローチ」または原則がその役割を果たすであろうと考えられる。

　問題をむずかしくしているのは、BBNJにおいて生態系アプローチを求める
ことに合意があったとしても、その法的理解（生態系中心的な理解か人間中心的な
理解か）の相違と、争点となっているMGRやMPAについてどのような具体的
制度を構築することが当該アプローチに応えることになるのかがまだ見えてこ
ないことである。

参考文献

兼原敦子「国家管轄権外の海洋生物多様性に関する新協定―公海制度の発展の観点か
　　ら」『日本海洋政策学会誌』6号（2016年）

加々美康彦「国家管轄権外区域の海洋保護区」『国際法外交雑誌』117巻1号（2018年）

坂元茂樹・藥師寺公夫・植木俊哉・西本健太郎編『国家管轄権外区域に関する海洋法
　　の新展開』（有信堂、2021年）

植木俊哉「BBNJ協定の交渉・形成プロセス―その動態と特徴」（同上所収）

兼原敦子「伝統的海洋法への挑戦―国家管轄権外の生物多様性（BBNJ）の保存と持続
　　的利用をめぐって―」（同上所収）

酒井啓亘「条約レジームとしてのBBNJ新協定―他の条約との関係で―」（同上所収）

都留康子「国家管轄権外の生物多様性（BBNJ）の保全の議論はどのように始まったの
　　か―海洋法による環境法概念の受容―」（同上所収）

藥師寺公夫「BBNJの保全および持続可能な利用を規律する原則／アプローチ条項の
　　審議経過と意義―海洋法条約のもとでの生態系アプローチを中心に―」（同上所収）

佐俣紀仁「『人類の共同の財産』概念の現在―BBNJ新協定交渉の準備委員会に至るま
　　でのその意義の変容」『国際法外交雑誌』117巻1号（2018年）

田中則夫『国際海洋法の現代的形成』（東信堂、2015年）

西村智朗「遺伝資源へのアクセスおよび利益配分に関する名古屋議定書―その内容と課題」『立命館法学』333・334 号 (2010 年)

西本健太郎「国家管轄権外区域の海洋生物多様性の保全と持続可能な利用―新たな国際制度の形成とその国内的影響」『論究ジュリスト』19 号 (2016 年)

本田悠介「国家管轄権外区域における遺伝資源へのアクセスと国連海洋法条約―新実施協定策定の動きを中心にして」『日本海洋政策学会誌』4 号 (2014 年)

6 捕鯨問題

日本からみた南極捕鯨事件判決の射程

1 はじめに

　2010年5月31日、オーストラリア（以下、豪州）は、南極海で日本が行う調査捕鯨は国際捕鯨取締条約（以下、ICRW）の義務に違反する商業捕鯨だとして、国際司法裁判所（以下、ICJ）に提訴した[1]。2010年7月13日付のICJの決定により、豪州の申述書の提出期限は2011年5月9日に、日本の答弁書の提出期限は2012年3月9日と定められた[2]。ICJの書面手続においては、原告及び被告は必要ならば抗弁書及び再抗弁書の手続を要請できる。しかし、日本の要請にかかわらず、ICJはさらなる書面手続は不要と決定した[3]。なお、口頭弁論は、2013年6月26日から7月16日にかけて行われた。

　豪州は、ICJの管轄権の基礎を両国が行っているICJ規程第36条2項に基づく強制管轄権の受諾宣言であるとした[4]。一方的提訴の場合、被告国は通常、本案の審理を阻止するために、先決的抗弁（管轄権の有無を争う抗弁と事件の受理可能性を争う抗弁からなる。）を行うが、日本は先決的抗弁を行わず、本案と併合して管轄権を争う訴訟戦術をとった[5]。また、被告国は答弁書において反訴を行うことも可能であるが（ただし、反訴が受理されるためには、①管轄権要件と②直接的関連要件を満たす必要がある。）、日本は反訴を行わなかった[6]。反訴は、原告国が訴訟対象となる請求の範囲を定める一方的提訴の裏返しとして、被告国に請求の範囲の修正の機会を与える大事な制度である。日本が反訴を行わなかった背景には、豪州の本訴請求に十分関連するような直接関連性の要件を満たす反訴請求の法的構成を見出せなかったからであろう。他方で、豪州も日本の調査捕鯨の停止を求める仮保全措置の要請を行っていない。こうした訴訟経過を

見る限りは、日豪両国は、本案での早期の決着を選好したように思われる。

　今回の裁判全体の印象を言えば、日豪の ICJ における訴訟経験の差が判決を分けたように思われる。日本は、戦後、国際海洋法裁判所 (ITLOS) において被告の立場でみなみまぐろ事件 (2000 年) や原告の立場で豊進丸事件及び富丸事件 (2007 年) で訴訟当事者となった経験はあるが、ICJ における訴訟は今回が初めてである。これに対して、豪州は本案にまで至るのは初めてとしても、今回がすでに 4 件目の訴訟である[7]。

　こうした経験の差は、ニュージーランド (以下、NZ) の訴訟参加という選択にもいかんなく発揮された。2010 年 12 月 15 日、豪・NZ 両国外相は共同プレスリリースを発出し、「NZ は訴訟当事国として申し立てず、代わって正式に訴訟参加することを決定し、豪州はこれを歓迎する。両国は、補完的な戦略を通じて、南極海における捕鯨の廃絶に向けて協力することに合意した」と述べた上で、「NZ は、訴訟参加することによって ICJ に対し書面を提出し口頭手続に参加することができる」とし、また、「NZ は、ICJ においてキース (Keith) 判事を有しており、仮に両国が共同行動をとるとすれば、豪州は本事件のために判事を任命する資格を失うことになる[8]」との考えを表明し、共同原告にならないとの方針を決定した。その結果、豪州は 2011 年 3 月 25 日に同国のチャールズワース (H. Charlesworth) 教授を特任裁判官として選任した[9]。こうして、本裁判は 16 人の裁判官で行われたが、日本は小和田判事のみを擁するのに対し、豪州・NZ は 2 名の裁判官を擁することとなった。

　2012 年 11 月、NZ は、ICJ 規程第 63 条に基づく訴訟参加の宣言書を裁判所に提出した[10]。参加が認められれば、NZ の書面見解が実質的に豪州の第 2 ラウンドの書面の役割を果たすことになる。実際、豪州と NZ の主張は微妙に相違したので、日本は両面作戦を強いられることになった。こうした周到に準備した両国の訴訟戦術に対し、訴訟当事者の手続的平等の観点からは疑問が生ずる。しかし、同規程第 63 条が、「事件に関係する国以外の国が当事国である条約の解釈が問題となる場合には、裁判所書記は、直ちにこれらのすべての国に通告する」(1 項) とした上で、「この通告を受けた各国は、手続に参加する権利を有する」(2 項) と規定しており、NZ は権利を行使したに過ぎないと抗弁できる点でこの戦術は巧妙であったといえる。

　NZ の訴訟参加に関する 2013 年 2 月 6 日付の ICJ の命令は、「NZ の宣言が規則第 82 条の要件を満たしている」(19 項) とし、「参加国の国籍裁判官が裁判官席を有することは、原告国によって選任された特任裁判官が規程第 31 条 2 項に基づき裁判に出席する権利に何らの影響も与えない[11]」(21 項) と判示した。小和田判事は、裁判所は「訴訟参加が司法の公正な運営、特に手続における当事者の平等を確保するという原則に合致するか否かを職権によって審査し決定する立場にある」として、「参加の宣言を非許容とする裁量権を有している[12]」と示唆したが、トリンダーデ (Cançado Trindade) 判事は、「裁判所が正しく指摘したように、規程第 63 条の訴訟参加は紛争当事者の手続的平等に影響しない[13]」との見解を示した。

　豪州・NZ の訴訟戦術が日本にもたらした実質的不平等は、ICJ の「規程第 63 条に基づく参加は問題となる条約の解釈に関して所見を提出することに限定され、紛争当事国にならない参加国は事件のいかなる他の側面も扱うことはできない。このような参加は紛争当事国の平等に影響を与えることはできない」(18 項) という「公式」論の前に不問に付された。しかし、本件の主たる争点が ICRW 第 8 条の解釈問題であることを考えれば、やや形式論に過ぎるように思われる[14]。

2　事件の争点

　ICRW 第 8 条は、「この条約の規定にかかわらず、締約政府は、同政府が適当と認める数の制限及び他の条件に従って自国民のいずれかが科学的研究のために鯨を捕獲し、殺し、及び処理することを認可する特別許可書をこれに与えることができる。また、この条の規定による鯨の捕獲、殺害及び処理は、この条約の適用から除外する」(1 項) と規定している。本条に基づく日本による調査捕鯨は、1987/88 年から開始された JARPAⅠと 2005/06 年から開始された JARPAⅡである。豪州は日本の調査捕鯨が第 8 条の要件を満たしていないとの主張を行うとともに、ICRW 附則 10 項 (e) は商業捕鯨を禁止するとともに、附則 7 項 (b) は南大洋の捕鯨禁止区域 (サンクチュアリー) におけるミンククジラ以外のすべての商業捕鯨を禁止しており、違反であると主張する。なお、JARPA

Ⅱは捕獲対象鯨類として、ミンククジラ以外に、ザトウクジラとナガスクジラを挙げていた。豪州は後に科学的研究に関する手続規則である附則30項にも日本は違反していると主張した。ICRW第1条は、「この条約は、その不可分の一部を成す附表を含む。すべて『条約』というときは、……この附表を含むものと了解する」と規定している。

しかし、日本は、附表10項(e)の「規定にかかわらず」、「自国民」が行っている「科学的研究のため」の鯨の捕獲に、「特別許可書を与えることができる」。なぜなら、調査捕鯨による鯨の捕獲は、附表を含む「この条約の適用から除外」されるのであり、附表10項(e)の適用は受けない。したがって、日本の調査捕鯨がICRWに違反するという申立てには根拠がない、と反論した。そこで、本訴訟の争点は、日本が現に行っているJARPAⅡがICRW第8条にいう「科学的研究のため」の調査捕鯨に当たるかどうかという条約解釈の問題ということになる[15]。

なお、本件の隠れたもう1つの主役は、裁判所における「反捕鯨感情」であった。ユスフ(Yusuf)判事の「われわれの多くは、これらの象徴的かつ知性をもった動物の殺害及びその殺害方法によってかき乱された。しかし、これらの完全に感情に支配された反発によって裁判所に提起された問題を解決しうるのは法への言及のみであることが見逃されるべきではない。両国間の紛争の法的解決は、感情的又は純粋に倫理的根拠に基づいて行うことはできない[16]」との反対意見を書いており、裁判所の雰囲気を垣間見ることができる。捕鯨支持国出身の4名の裁判官、反捕鯨国出身の10名の裁判官(豪州の特任裁判官を含む。)、及び態度不明国出身の2名の裁判官全員が自国の政策と同様の立場で行動したわけではないが[17]、JARPAⅡの実施面における認定にあたっての日本に責任のない事由(たとえば、IWC正常化への協力としてのザトウクジラの捕獲中止とシー・シェパードの妨害行為によるミンククジラの捕獲減少)により生じた目標頭数と実際の捕獲頭数のギャップに対するICJの厳しい認定などは、反捕鯨感情がなせる業であったといわざるを得ない[18]。

3　国際司法裁判所の判決

(1) 管轄権

2002 年 3 月 22 日の豪州の選択条項受諾宣言には、「海域（領海、排他的経済水域及び大陸棚を含む。）の境界画定に関連する紛争、又は、境界画定が未解決のこれらの海域にある又はそれに隣接する紛争区域の開発から生じる紛争若しくは当該開発に関連する紛争」((b)) は ICJ の管轄権を認めないとの留保が付されていた。日本は、ICJ が管轄権を有しない根拠として、まず、① JARPA II に関して豪州が付託した紛争は、豪州の留保 (b) に該当し、相互主義に基づき日本はこれを援用する。本紛争は海域の境界画定には関係しないものの、「境界画定が未解決のこれらの海域にある又はそれに隣接する紛争区域の開発から生じる紛争若しくは当該開発に関連する紛争」に該当すると主張した。日本は、留保の後半部分は前半部分と区別され、留保は境界画定紛争と、境界画定が未解決の海域又は隣接区域の開発に関する他の種類の紛争とに適用されるとし、本件紛争は豪州が請求権を主張している海域又はその海域に隣接する区域の「開発」に関連すると主張した。さらに、② JARPA II 計画が、豪州が自国の EEZ の一部と主張する海域内又はその周辺で実施されていることに鑑みれば、両当事国の紛争は留保の意味での紛争区域に関係すると主張した[19]。

これに対して豪州は、①留保は、豪州と重複する海域主張を行っている他の国との境界画定紛争のみに関係する。豪州は日本との境界画定紛争を有しないので、留保 (b) は適用がない。②留保で言う「開発」とは「潜在的な境界画定協定によって規律される資源の開発」であって、境界画定と無関係な開発ではないと反論した[20]。

これに対して ICJ は、全員一致で、「(1) 裁判所は、2010 年 5 月 31 日に豪州が提出した請求を審理する管轄権を有する[21]」(247 項) と判示し、日本の主張を退けた。ICJ によれば、選択条項受諾宣言を解釈するときには、宣言国の「意図に適正な考慮を払って、条約文の自然で合理的な読み方と調和する解釈を求めなければならない」（アングロ・イラニアン石油会社事件判決）とし、また、漁業管轄権事件 (スペイン対カナダ) で ICJ は、「寄託国の意図を一定重視することをためらわなかった」とした (49 項)[22]。その上で、豪州の宣言に含まれた留保 (b) は、

「海域の境界画定」に関する紛争又は「境界画定が未解決のこれらの海域にある又はそれに隣接する紛争区域の開発から生じる紛争若しくは当該開発に関連する」紛争に言及している。留保の後半部分の文言は、最初の部分と密接に関係している。したがって留保は一体のものとして読まれなければならない（37 項）と述べ[23]、日本の管轄権抗弁を認容しなかった[24]。

　ICJ の従来の判例に照らせば、宣言国である豪州の意図を重視することは明らかであり、その意味で日本の管轄権抗弁は弱く、後述するように、なぜ原告豪州の当事者適格（*locus standi*）を争う受理可能性を争わなかったのか疑問が残る。

(2) 本案

　ICJ は、日本は附則 30 項の下での義務を遵守したとの認定（主文 6）を除き、いずれも豪州の主張を認め、JARPA II に関し日本が与えた特別許可書は ICRW 第 8 条 1 項の規定に該当しない（主文 2）し、附表 10 項 (e) の違反を認め（主文 3）、またナガスクジラに関し附表 10 項 (d) 及び 7 項 (d) の違反を認め（主文 4・5）、日本は JARPA II に関して付与した認可、許可又は免許を撤回し、かつ、いかなる追加的な許可を与えることも慎まなければならない（主文 7）、と判示した[25]。

　まず ICJ は、ICRW を「1931 年条約及び 1937 年条約とは対照的に、鯨資源の保存又は鯨産業の管理を規律する実体的な規定を含んでいない。これらは附表に見いだされ、そしてそれは ICRW 第 1 条 1 項に述べられているように、『その不可分の一部を成す』。附表は、国際捕鯨委員会 (IWC) によって採択される修正に服する。IWC は、附表を何度も修正した。IWC に与えられた機能は条約を発展的文書 (evolving instrument) とした」（45 項）と述べて、ICRW の発展的性格を強調した。その上で、第 8 条につき、「裁判所は、ICRW8 条は ICRW の不可分の一部であることに注目する。それゆえ、それは同条約の趣旨及び目的、かつ附表を含む同条約の他の規定を考慮して解釈されなければならない」（55 項）と述べ、日本が当初主張していた第 8 条は自立的条文 (free-standing clause) であるとの主張を退けた。他方で、ICRW の趣旨及び目的については、前文にある「鯨族という大きな天然資源を将来の世代のために保護すること」であるとする豪州と「捕鯨産業の秩序のある発展を可能にする条約」であると強調する日本のいずれ

の立場も採用せず、「ICRW による附表の修正及び勧告は条約によって追及される――あるいは他の目的を強調しうるが、条約の趣旨及び目的を変えることはできない」(56 項) とし、「裁判所は第 8 条の制限的又は拡張的解釈のいずれも正当化されないと考える」(58 項) と判示した。ということは、日本が主張する「捕鯨産業の秩序のある発展」という条約目的は残っていることになる。

　さらに裁判所は、「科学調査目的であるか否かという問題は、単に当該国家の見解にのみ依存するものではない」(61 項) と述べ、「科学的研究のための」捕鯨であるかどうかは客観的に決定できるとの立場を採用した (66 項)。その審査にあたって、「裁判所は、第 1 に、当該活動が『科学的研究』に携わるものであるか否かを審査し、第 2 に、捕鯨活動が科学的研究を『目的とする』ものであるか否かを審査する」(67 項) とした。その際、裁判所は、「『科学的研究』及び『の目的のため』という 2 つの要素は累積的 (cumulative) であると考える。その結果、仮に捕鯨計画が科学的研究を伴うものであっても、当該活動が科学的研究『の目的のため』でない限り、第 8 条の範疇に入らない」(71 項) と判示した。この 2 要素論は豪州が申述書で述べていた立場である[26]。そして、第 1 の要素である「科学的研究 (scientific research)」については、裁判所は、「『科学的研究』のための一般的な定義を提供する必要があると考えない」(83 項) と述べ、この問題には立ち入らないとした。他方で、第 2 の要素である「の目的のために (for purposes of)」については、具体的な検討基準を示し、詳細な検討を行っている。その際、「第 1 に、多くの IWC 決議はすべての条約当事国に支持されて成立したのではなく、特に日本の同意を得られていない。かくして、このような文書は、第 8 条の解釈に関する、条約法条約第 31 条 3 項 (a) 及び (b) の意味における条約の解釈に関する後にされた合意又は当事国の同意を確立する後に生じた実行でもない。第 2 に、致死的手法は他にとりうる手段のない場合のみ用いることを要求しないが、裁判所は、ICRW の当事国は IWC 及び科学委員会に協力する義務があり、非致死的手法の利用可能性を検討することを求める勧告に妥当な考慮を払って然るべきであると考える」(83 項) と述べて、協力義務を媒介として、IWC の勧告に妥当な考慮を払うことを求めている。

　次に ICJ は、JARPA II の「計画の致死的手法の使用が科学的研究の目的のためであるかどうかを確認するためには、計画の内容と実施が科学的な目的と

の関係において合理的であるかどうかを考慮しなければならない」(88項) と
し、「JARPA II は 4 つの研究目的に対応した調査海域を定め、専門家による体
系的なデータの収集と分析に関わる活動計画を示しているので、広い意味で『科
学的研究』として性格づけることができる」(127項) としながらも、「JARPA II
がその研究目的に照らして合理性を認められるかどうかを判断するためには、
JARPA II の計画・実施に際して、日本が、(a) 致死的手法の利用 (=非致死的手法
の利用可能性に関する評価)、(b) 当該手法の利用規模 (=捕獲数の決定) についてど
のように判断したのかに着目し、その上で、(c) JARPA II の調査期間、科学的
成果、他の研究機関との協力等に着目して、その合理性を評価する」(88項) と
の考えを示した。

　ICJ は、「致死的手法を用いることそれ自体が計画を不合理なものとするわ
けではない」(135項) としながらも、「(i) IWC の決議やガイドラインが研究目的
を非致死的手法によって達成できるかについて考慮を求めており、日本もそう
した勧告に妥当な考慮を払う義務を負っていること、(II) 日本は致死的手法を
必要と考える以上には用いないとしていること、(IIi) 適用可能な非致死的手
法が 20 年の間に著しく進展しているのに、JARPA II に関する限り、そうした
検討を示すものは提出されていない」(137項) ことを挙げ、「非致死的手法の利
用可能性に関する検討が欠如しているという事実は、IWC 決議及びガイドラ
インに妥当な考慮を払うべき義務と相容れない」(144項) と判示した。

　さらに、「JARPA II ではナガスクジラとザトウクジラの予定捕獲頭数とミン
ククジラの予定捕獲頭数に大きな差があり、また前 2 種の調査期間については
12 年を想定しているのに、後者については 6 年とされている。それにもかか
わらずその目的の一つである『鯨類間の競合関係モデル』をどのように実現で
きるのか理解が困難であり、日本の主張に疑問を抱くところがある」(175-178項、
191-194項) とし、「証拠は、JARPA II が個々の調査項目に対応する特定のサンプ
ル頭数を選定した理由について透明性を欠いていることを示す」(188項) とし、
「日本が招致したワロウ (Walløwe) 氏はサンプル頭数を累積するための 6 年とい
う期間の使用は『恣意的 (arbitrary)』と述べた」(192項) と判示した。

　さらに実施面の検討に移り、「JARPA II の実施面についてみれば、実施に移
されてから 7 年の間でナガスクジラについては 18 頭、ザトウクジラについて

はまったく捕獲されておらず、ミンククジラについては最初の調査年度こそ853頭が捕獲されたもののその後は大幅に減少し、直近の2010/11年には170頭、2012/13年では103頭を捕獲したにとどまる。このように数年にわたって予定数を下回る数しか捕獲していないにもかかわらず計画内容を変更していないことは、850頭を捕獲するというサンプル数の設定自体の合理性にさらなる疑問を生じさせる。ナガスクジラとザトウクジラをほとんど捕獲していないことは、『鯨類間の競合関係モデル』の達成というJARPAⅡの目的によってミンククジラの捕獲頭数の増大を説明する日本の主張を損なっている」(199-212項)とした。「すべての証拠を考慮して、裁判所は1つの理由で目標サンプル頭数と実際の捕獲数との差異を説明できないと考える。ザトウクジラに関しては、その差異はIWCの議長からの要請に応じた日本の決定に起因しているが、JARPAⅡの目標やサンプル頭数への変更はなかった。[日本は捕獲数の減少をシー・シェパードなどの反捕鯨団体による妨害によるものと主張したが、]裁判所は、妨害行為が特定の時期においてミンククジラの低い捕獲数の原因だった可能性は考えるが、その関連性の程度を評価することは困難である」(206項)と厳しい認定を行った。

　そして結論として、「裁判所は、JARPAⅡは広義には科学的研究と認められるものの、その内容と実施形態は研究目的との関係において合理的なものであると認めるだけの証拠がないとして、JARPAⅡとの関連で鯨の殺害、捕獲及び処理のために日本により認められた特別許可書は、条約第8条1項の『科学的研究のため』ではないと結論する」(227項)と判示し、第8条1項の違反を認定した。さらに、「日本は第8条に適切に従うことなくJARPAⅡに特別許可を付与することにより、ミンククジラの商業目的での捕獲数をゼロとすることを定めた附表10項(e)に違反し、またJARPAⅡにより南極海域においてナガスクジラが捕獲された各調査年度において日本は、ミンククジラを除くヒゲ鯨の母船及び捕鯨船による捕獲に対するモラトリアムを定めた附表10項(d)と南極海サンクチュアリを定めた附表7項(b)に基づく義務に従って行動しなかった」(228-233項)と認定した。ただし、附表30項違反の豪州の主張については、「日本が附表30項に違反したものと認めることはできない」(234-242項)と結論した。なお、「日本に第8条にいう『科学的目的のため』でない捕鯨に特別許可を付与

しないよう命じることを求める豪州の請求については、すべての加盟国がすで
に負っているものであるとして、命じる必要を認めなかった」(244-245項)。最
後に、「日本は、条約第8条1項の下でのいかなる将来的な許可書を与える可
能性を検討する際も、本判決に含まれる理由付け及び結論を考慮することが期
待される」(246項)と付け加えた。

4　判決に対する疑問点

(1) 当事者適格 (*locus standi*) の問題

　日本は、自らの調査捕鯨によって原告たる豪州に何らの物理的損害も発生
していないことを理由に、原告には訴訟の当事者適格 (*locus standi*) がないとして
裁判所の管轄権を争うこともできたが、なぜか行わなかった。このことは ICJ
においても議論になったようで、口頭弁論においてバンダリ (Bandari) 判事は
「JARPA Ⅱ による日本の ICRW 違反の結果、豪州はいかなる侵害を被ったか[27]」
を質問した。

　これに対して豪州は、JARPA Ⅱ の捕獲の一部が、豪州が主権的権利と管轄権
を主張する水域からのものだという事実を理由に被侵害国であると主張しな
い[28]。豪州は、ICRW の他のすべての締約国と同様に、条約から派生した制度
の一体性を維持する共通の利益をもっていると主張する。ICRW に定める共有
された価値に鑑み、すべての当事国は各国が条約に基づく義務及びそれから派
生する制度を遵守することに共通の利益を有している。その共通の利益は、問
題の義務がいずれの国も条約の他のすべての国に対して負っていることを意味
する。豪州は ICRW から派生する権利に日本が適合することについて法的利
益を主張している。当事国は自国自身のいかなる利益も有しておらず、単に
ICRW の下で設けられた制度の文脈における共通の利益のみを有している、と
回答した[29]。NZ も、ICRW は鯨種の長期の生存に共通の利益を認めることに
おいて集団的営みであるとの見解を表明した[30]。このように豪州・NZ は、ob-
ligation *erga ones partes* の議論を正面に据えた[31]。

　しかし、ICRW は、ICJ が「引き渡すか訴追するかの義務に関する問題事件」
(ベルギー対セネガル) 判決で指摘したような、拷問禁止条約やジェノサイド条

約のような、締約国が拷問やジェノサイドは防止しなければならないという共有した価値に基づく共通の利益を有する条約といえるだろうか。ICJ は、当該事件で、「条約の締約国は、その共有された価値を考慮し、拷問が防止されることを確保する共通の利益を有している。……当該共通の利益とは、いかなる締約国も他のすべての締約国に対して当該義務を負っていることを意味する。すべての締約国は、追及される権利の保護に『法的利益を有している』(バルセロナ・トラクション会社事件 (ベルギー対スペイン) 第 2 段階判決, *ICJ Reports 1979*, p.32, para.33)。これらの義務は、obligation *erga ones partes* と定義しうる[32]」と判示した。しかし、ICRW は締約国が条約の共通の利益が何かについて合意していないからこそ、IWC で捕鯨国と反捕鯨国は対立し、こうした事情を背景に、本件訴訟は提起されたのではないのか。ICJ は豪州や NZ の obligation *erga omnes partes* による当事者適格 (*locus standi*) を認めたことにより、今後、国際公益を標榜するあらゆる条約の履行監視機関の役割を果たす機関に変容せざるを得ないことになるが、はたしてそのようなことは可能だろうか。今回の ICJ の判決は、日本の調査捕鯨には行為の合法性や合理性、あるいは行為の説明責任に欠けているとの判断が前提にあり、そうした裁判官の不満が今回の判決につながったと思われるが、将来のどこかの事件で ICJ は自らの判断に歯止めをかけざるを得ないのではないかと思われる。

(2) 第 8 条の「科学的研究のため (for purposes of scientific research)」の解釈手法

ICRW 第 8 条 1 項の「科学的研究のため (for purposes of scientific research)」の解釈につき、豪州はその申述書で、この用語は、"for purposes of" と "scientific research" の 2 つの要素から成り、しかも累積的だとの主張を行っていた。裁判所は明確な理由を示すことなく、この 2 要素論を採用している。この 2 要素論の妥当性が裁判所の前で詳しく展開されたわけではない。その結果、日本も態度を表明する機会を逸しているが、裁判所はこの事実を日本も反対していないという形で認定した。

ICJ は、「条約第 8 条は、締約国に対して、特別許可書の申請を拒否し、または許可の付与に際して条件を付す裁量を与えているが、要求された特別許可書

に基づき鯨を殺し、捕獲し、及び処理することが科学的調査目的であるか否かという問題は、単に当該国家の見解にのみ依存するものではない」(61項)とした。そうすると、その裁量の行使に対する裁判所による審査は、日本の特別許可書の発給が締約国による権限濫用か権限踰越に当たるかとどうかが問題となるはずである。シュエ(Xue)判事が、その個別意見で指摘しているように、本件はJARPAⅡに対する日本の特別許可書の付与の決定の合法性が問われているので、第8条1項の要件、すなわち「科学的研究のため」の要件を満たしているかの審査を焦点に当てるべきであった。しかし、裁判所は、日本による許可付与行為が客観的に合理的であるかどうかではなく、日本とは法人格の異なる日本鯨類研究所が作成・実施したJARPAⅡの計画内容の審査を行っている[33]。

ICJは、先の2要素論に照らして、JARPAⅡの計画と実施をそれぞれの要素に照らして検証している。小和田判事の表現を借りれば、JARPAⅡの計画のこれら実質的側面を検討することによって裁判所が審査の範囲を拡大することの正当性や適切性の理由につき何らの説明も与えられていない[34]。

裁判所は、この審査基準は客観的なものであるとするが、アブラハム(Abraham)判事が指摘するように、「『の目的のため (for purposes of)』という用語は計画の意図又は目的を表明するものであり、主観的なものにならざるを得ない。仮に客観的基準は『科学的研究 (scientific research)』という用語にのみ関連し、『の目的のため』という用語は主観的なものであるならば、『の目的のため』という用語を考慮する段階で、日本政府の意図を尊重すべきであった[35]」といえる。この極めて人為的な2分法が判決において決定的な役割を果たしたことは明らかであるが、国の与えた特別許可が第8条の要件を満たす合理的なものであるかどうかの審査基準は、「科学的研究のため (for purposes of scientific research)」全体によって審査されるべきであった。裁判所は、この点について明確な説明を与えていない。

5 おわりに──**今後の日本の対応**

ICJは、日本が依拠した、商業捕鯨モラトリアムを定めた附表10(e)項の「規定にかかわらず」、日本は「自国民のいずれかの科学的研究のために鯨を捕獲し、

殺し、及び処理することを許可する特別許可書を与えることができる」という第8条を根拠にした、科学的調査の実施は締約国の完全な裁量であるとの主張を退けた。1946年に採択された ICRW は、まぐろの地域管理機関設立条約と同じように、対象種である鯨の持続的利用のために鯨という市場価値のある哺乳類の管理に焦点を当てた条約であった。したがって、1946年当時は、鯨の保存と捕鯨産業の秩序ある発展は矛盾なく両立する条約目的であった。同時に、ICRW は商業捕鯨を前提に採択された条約であり、その当時にあっては科学的研究のための調査捕鯨は別枠とされた。当然のことながら、捕獲頭数は少数であることを前提としていた[36]。しかし、現在のように、商業捕鯨モラトリアムが継続している中で、捕獲頭数を含め完全に締約国の裁量に委ねられているとは ICJ は考えなかったのである。

　その意味で、多数意見の「委員会(IWC)は、附表を何度も修正した。委員会に与えられた機能は条約を発展的文書(evolving instrument)とした」(45項)との指摘は、条約本文は一般的規定に止め、捕獲枠の設定等の規制措置は附表の改訂で行うという ICRW の条約構造を指摘したにとどまらず[37]、条約解釈における時際法的手法(rule of intertemporality)を示したものといえよう[38]。日本による、第8条は公海自由の原則の1つである漁獲の自由としての捕鯨を加盟国に留保したものであるとの主張は、1982年の UNCLOS によって公海はかつての「自由の海」から「生物資源の保存及び管理」が義務づけられる水域へとその性格を変えている実態や[39]、1992年の生物多様性条約の採択による生物多様性の保護という国際法の発展に照らした時に、あまりにも静止的な(static)解釈であったように思われる。商業捕鯨モラトリアムによって鯨資源に対する利用(オープン・アクセス)は禁止されているからである。

　他方で、多数意見が指摘するように、「ICRW による附表の修正及び勧告は、ある目的を強調しえても、条約によって追及される条約の趣旨及び目的を変えることはできない」(56項)とし、条約の改正と同一視できないことを裁判所は認めた。換言すれば、1946年当時に示した前文の2つの目的(豪州・NZ は保護に強調点をおき、日本は捕鯨産業の秩序ある発展に強調点をおく。)が並列的に存在することを判決は承認している。つまり、判決は IWC の現在の対立構造に変化をもたらすような判決ではなかったといえる。その意味では、たしかに日本は

敗訴したが、日本が主張した ICRW の前文にある「捕鯨産業の秩序ある発展」
という条約目的は残った。豪州・NZ は同条約を鯨の保護に関する条約に変更
することにも、またあらゆる調査捕鯨を中止させることにも失敗したのである。

　注意すべきは、多数意見が、「本件紛争の原因は ICRW8 条に基づく特別許可
の付与決定であり、当該決定の本質は致死的手法が科学研究を目的のために用
いられると加盟国が認定することにある。そのため、裁判所は許可付与国に、
当該認定の客観的な基礎について説明を求めることになる」(68 項)と指摘した
ことである。一見すると、JARPA Ⅱ の計画と実施がその示された目的を実現す
る観点から合理的なものであるかについて日本が十分に説明・立証していない
とし、立証責任を日本に負わせているように読めるが、日本が ICRW 第 8 条に
違反しているのであるから、立証責任は原告である豪州・NZ にあるはずであ
る。まして、豪州の主張は、日本に悪意 (mauvaise foi, bad faith) があるというので
あるから、明確な証拠を示すべきは原告であろう [40]。

　他方で、たとえ条約規定に基づく科学的研究のための活動であっても、その
合理性を示す説明責任があることを求めたものとも読める。実際、裁判所が採
用した累積的という 2 要素論は極めて人為的であるが、「科学的研究の目的の
ための調査」を「科学調査」と切り離すことによって、調査捕鯨の権利を認めた
ICRW 第 8 条それ自体を否定することなく、致死的調査を前提とした大規模な
捕獲を定めた JARPA Ⅱ の禁止を指示できたといえる。

　他方で、ICJ は、調査捕鯨か商業捕鯨かの 2 分法を採用し、第 8 条 1 項に
該当しない調査捕鯨は附表 10 項 (e) の商業捕鯨モラトリアムに違反すると判
決したが、疑問なしとしない。小和田判事の反対意見にあるように、「たとえ
JARPA Ⅱ が科学的研究の目的のための計画としていくつかの欠陥を含んでいた
としても、その事実自体がこれらの活動を商業捕鯨に転換させるものではな
い [41]」(49 項)からである。ICJ は、豪州・NZ が主張した、日本は科学的研究に
対する手続的義務を課した附表 30 項に違反しているとの主張は認めなかった。
そのことを考慮すれば、なおさらである。つまり、商業捕鯨の再開を目的とす
る日本の調査捕鯨は、瑕疵ある調査捕鯨であっても、それ自体は商業捕鯨とは
いえないように思われる。

　もちろん、この判決を受けて、日本が IWC を脱退する必要は毛頭ない。他

方で、判決後示された「日本は、国際社会の基礎である国際法秩序及び法の支配を重視する国家として、判決に従う[42]」との鶴岡公二日本政府代表の声明に沿って、将来の調査計画の策定にあたっては、「本判決に含まれる理由付け及び結論を考慮する」(246 項) ことが必要となる。新聞報道によれば、日本政府は南極海の調査捕鯨の対象を生息数の多いミンククジラに限定することを決定し、11 月に決定予定の捕獲頭数も大幅に削減される見通しだという。2014 年 9 月15 日からスロベニアで開催される IWC で、日本は新たな計画を作ることに理解を求めるとのことであるが、反捕鯨国との間で激論となるおそれがある[43]。なぜなら、NZ は調査捕鯨の計画の提出先について科学委員会から 2 年に 1 回開催される総会に変更する改正決議案を提出し、日本の調査捕鯨を先延ばししようとするとの報道もある。いずれにしろ、南極海における調査捕鯨再開にあたっては、日本としては先の 246 項の条件を満たした JARPA III を作成する必要がある。

注

1　*Application instituting Proceedings filed in the Registry of the Court on 31 may 2010, Whaling in the Antarctic (Australia v. Japan),* para.2. 大谷良雄「調査捕鯨とオーストラリアの訴訟提起（上）」『時の法令』第 1863 号 (2010 年) 52-54 頁。

2　*Whaling in the Antarctic (Australia v. Japan), Order of 13 July 2010, ICJ Reports 2010,* p.401.

3　Press Release, http://www.icj-icj.org/docket/files/148/17024.pdf.

4　Application, para.4.

5　先決的抗弁については、杉原高嶺『国際司法裁判制度』(有斐閣、1996 年) 243 頁以下参照。

6　ICJ 規則第 80 条は、「裁判所は、裁判所の管轄に属し、かつ、他方の当事者の主張の主題に直接に関係する場合にのみ、反訴を受理することができる」と規定している。反訴制度については、李禎之『国際裁判の動態』(信山社、2007 年) 49-86 頁参照。

7　核実験事件 (豪州 v. 仏) (1974 年受理不能判決)、燐鉱地事件 (ナウル v. 豪州) (1993 年訴訟取り下げ)、東チモール事件 (ポルトガル v. 豪州) (1995 年受理不能判決)、捕鯨事件 (豪州 v. 日本) (2014 年本案判決) 及び公文書押収事件 (東チモール v. 豪州) (継続中) の計 5 件である。

8　Australia and New Zealand agree on strategy for whaling legal case, available at http://foreignminister.gov.au/releases/2010/kr_mr_101215.html.

9　ICJ 規程第 31 条 2 項は、「裁判所がその裁判官席に当事者の一の国籍裁判官を有する場合には、他のいずれの当事者も、裁判官として出席する者一人を選定することができる」と規定し、特任裁判官 (judge ad hoc) の制度を設けている。

10　*Whaling in the Antarctic (Australia v. Japan), Declaration of Intervention Pursuant to Article 63 of the Statute of the Court by the Government of New Zealand,* available at http://www.icj-icj.org/docket/files/148/17256.pdf.

11　*Whaling in the Antarctic (Australia v. Japan), Declaration of Intervention of New Zealand, Order of 6 February 2013,* paras.8, 19 and 21.

12　Declaration of Judge Owada, paras.1-2.

13　Separate Opinion of Judge Cançado Trindade, para.70.

14　訴訟参加をめぐる本稿の論点は、2014 年 6 月 21 日開催の京大国際法研究会における薬師寺公夫立命館大学教授にご教示いただいた。改めて御礼を申し上げたい。

15　小林賢一「国際司法裁判所『南極における捕鯨』裁判―口頭弁論を終えて―」『法学新報』120 巻 9・10 号合併号 (2014 年) 323-324 頁。

16　Dissenting Opinion of judge Yusuf, para.2.

17　たとえば、捕鯨支持国である中国のシュエ (Xue) 判事は多数意見に与し、捕鯨反対国であるフランスのアブラハム (Abraham) 判事は反対意見を書いている。他に反対意見を書いたのは、捕鯨支持国である日本の小和田判事とモロッコのベヌーナ (Bennouna) 判事、及び立場不明国ソマリアの Yusuf 判事であった。

18　*Whaling in the Antarctic (Australia v. Japan: New Zealand Intervening), Judgment, ICJ Reports 2014*（以下、*Judgment*）, para.206.

19　*Ibid.,* paras.32-33.

20　*Ibid.,* paras.34-35.

21　*Ibid.,* para.247.

22　*Ibid.,* para.49.

23　*Ibid.,* para.37.

24　*Ibid.,* para.40.

25　主文 3 を除き、判決はいずれも 12 対 4 であった。賛成は、Tomka裁判長、Sepulveda-Amor次長、Keith 判事、Skotnikov 判事、CançadoTrindade 判事、Greenwood判事、Xue 判事、Donoghue 判事、Gaja 判事、Sebutine 判事、Bhandari 判事、Charlesworth (特任) 判事、反対は Owada 判事、Abraham 判事、Bennouna 判事、Yusuf 判事であった。*Ibid.,* para.247.

26　Memorial of Australia, 9 May 2001,pp.155-156, paras.4 and 38.

27　CR2013/13, p.73, para.35.

28　CR2013/18, p.28, para.19.

29　*Ibid.*, pp.33-34,paras.18-20

30　CR2013/17, p.33, para.63.

31　2001 年国連総会第 56 回会期決議 56/83 によりテーク・ノートされた国家責任条文第 48 条 1 項（b）でいう、「違反のあった義務が、国際社会全体に対して負う義務であるとき」がそれである。

32　*Questions relating to the obligation to prosecute or extradite (Belgium v. Senegal) Judgment of 20 July 2012, ICJ Reports 2012*, para.68.

33　Separate Opinion of Judge Xue, p.4, para.17.

34　Dissenting Opinion of Judge Owada, p.10, para.32.

35　Opinion Dissidente de M. Le Juge Abraham, p.8, para.32.

36　1951 年のカナダによる第 8 条の援用は最も古い例とされるが、コククジラ 10 頭以内の捕獲許可発給である。真田康弘「科学的調査捕鯨の系譜：国際捕鯨取締条約第 8 条の起源と運用を巡って」『環境情報科学・別冊　環境情報科学論文集』第 22 巻（2008 年）364 頁。

37　1931 年の国際捕鯨に関するジュネーヴ条約も 1937 年の国際捕鯨協定も、規制措置の内容を変更するごとに締約国の批准を要したことから柔軟性を欠いていた。そこで ICRW は、条約本文は一般的規定に止め、捕獲枠の設定や捕獲禁止鯨類の指定等の規制措置は附表の改訂を図ることで対応するという条約構造を採用した。真田「同上」364 頁。

38　ICJ は、1971 年のナミビアに関する勧告的意見の中で、「裁判所の解釈は、国連憲章や慣習法を通しての法の発展に何らの影響を受けないで止まることはできない。さらに、国際文書は解釈時に支配的な全法体系の枠組みの中で解釈され適用されなければならない」と判示した。*Legal Consequence for Status of the Continued Presence of South Africa in Namibia (South West Africa) notwithstanding Security Council Resolution 276 (1970), Advisory Opinion of 21 June 1971, ICJ Reports 1971*, para.53.

39　豪州のロスウェル教授は、公海はかつての「自由の海」から「共同管理水域（managed common area）」へとその性格を変えたとし、公海が服すべき条約として、公海漁業の前に生物多様性を扱う条約への言及と管理資源としての鯨が挙げられている。Donald R. Rothwell and Tim Stephens, *The International Law of the Sea*, Hart Publishing, 2010, p.146.

40　Opinion Dissidente de M. Le Juge Abraham, p.7, para.28.

41　Dissenting Opinion of Judge Owada, p.15, para.49.

42　http://www.mofa.go.jp/mofaj/ecm/fsh/page2_000034.html.

43　『朝日新聞』（大阪本社版）朝刊 2014 年 9 月 3 日 14 版 4 面。

商業捕鯨再開に潜む国際訴訟リスク
──求められる訴訟戦略を含めた戦略の構築──

　2019 年 7 月 1 日、日本による 31 年ぶりの商業捕鯨が再開された。商業捕鯨の対象海域は、日本の領海と排他的経済水域 (EEZ) に限定され、2019 年末までの捕獲枠は 1994 年に IWC が採択した改訂管理方式 (RMP) に基づき、ミンククジラ 52 頭、ニタリクジラ 150 頭、イワイクジラ 25 頭の計 227 頭である。次年度以降は、ミンククジラ 171 頭、ニタリクジラ 187 頭、イワシクジラ 25 頭の計 383 頭の捕獲が予定されている。調査捕鯨で捕獲していた頭数の 6 割となる。

　RMP による算出方法は、推定資源量の 1 ％以下を捕獲可能量とするので、100 年間捕獲を継続しても資源に影響を与えないと IWC 科学委員会が認めたものである。商業捕鯨は、北海道網走市、釧路市、青森県八戸市、宮城県石巻市、千葉県南房総市、和歌山県太地町等を根拠地とし、ミンククジラと IWC の規制対象外であるツチクジラを捕獲する沿岸捕鯨と、山口県下関市を根拠地とし、沖合で 3 種の鯨を捕獲する母船式捕鯨から成る。すでに初日に、ミンククジラ 2 頭が水揚げされた。

　2018 年 12 月 26 日、菅義偉内閣官房長官 (当時) は、「本年 (2018 年) 9 月の [第 67 回] IWC 総会でも、条約に明記されている捕鯨産業の秩序ある発展という目的はおよそ顧みられることなく、鯨類に対する異なる意見や立場が共存する可能性すらないことが、誠に残念ながら明らかとなりました」と述べ、日本の国際捕鯨取締条約 (ICRW) と国際捕鯨委員会 (IWC) からの脱退を明らかにした。その結果、日本は、ICRW で認められていた調査捕鯨による南極海でのミンククジラ 333 頭、北西太平洋でのミンククジラ 170 頭、イワシクジラ 134 頭の捕獲を失うことになった。しかし、日本が行っているこの致死的調査には IWC で多数を占める反捕鯨国の反対が多く、第 67 回 IWC 総会で致死的調査は不要であることが合意され、鯨類保護や非致死的調査に関する問題に十分な予算を配分

する決議が採択されており、その継続は困難な状況にあった。

1　IWC脱退の背景——科学的論証を阻むゼロトレランス方式

　菅官房長官がいうICRWの目的とは、その前文にある、反捕鯨国が依拠する「これ以上の濫獲からすべての種類の鯨を保護することが緊要であることに鑑み」(3文)と捕鯨支持国が依拠する「鯨族の適当な保存を図って捕鯨産業の秩序ある発展を可能にする条約を締結することに決定し」(8文)である。「保護」と「捕鯨産業の秩序ある発展」という2つの目的が規定されている。しかし、ICRW第5条には「最適利用」の文言があり、締結当初は、反捕鯨国がいうような鯨の「完全な保護」を目指す条約でなかったことは明らかである。

　1982年、第32回IWC総会で商業捕鯨モラトリアムが採択された。それを定めた附表10項(e)は、「この(e)の規定は、最良の科学的助言に基づいて常に検討されるものとし、委員会は、遅くとも1990年までに……この(e)の規定の修正及び他の捕獲枠の設定につき検討する」と規定している。しかし、反捕鯨国の執拗な反対により、この検討はなされず、商業捕鯨モラトリアムが維持されている。アイスランドは、1992年に約束が守られていないとしてICRWから脱退し、2002年にこの規定を留保して再加入した。附表の修正には4分の3の賛成が必要だが、捕鯨支持国(40カ国)と反捕鯨国(48カ国)が拮抗している状況で未だ実現していない。なお、この商業捕鯨モラトリアムは、当時採用していた資源管理方法に科学的な不確実性があるとして採択されたのであり、鯨の完全な保護のために採択されたわけではない。

　そこで1994年にRMPが採択されたが、反捕鯨国は、今度は監視取締制度を含む改訂管理制度(RMS)策定が商業捕鯨再開の条件だと主張し始めた。そこで、RMS策定の作業が進められたが、2007年の第58回IWC総会でRMS交渉の無期限停止が突然決定された。その結果、商業捕鯨再開の道は遠ざかることになった。

　日本の調査捕鯨は、鯨類の資源量を科学的調査に基づき調査し、資源が豊富な鯨類資源についてはIWCが決定したRMPに基づき捕獲枠を算出・設定しようとの目的で行われていた。しかし、反捕鯨国は、鯨は絶滅のおそれ

のある種であると主張し、保護が必要であるとして譲らない。2013 年から
IWC 日本政府代表を務めた森下丈二氏によれば、どのような科学的データや
法的議論を重ねても、反捕鯨国は「ゼロ頭」以外は認めないとの立場を維持
している。交渉による妥協の余地を認めないゼロトレランス（不寛容）方式を
採用しているのである。ブラジルのフロリアノポリスで開催された第 67 回
IWC 総会で、日本は、IWC 正常化のための最後の提案（捕獲枠を提案する持続
的捕鯨委員会の新設など）を行ったが、否決され、昨年の脱退の決定に至った。

2　潜む国際訴訟リスク

　日本や反捕鯨国の多くは国連海洋法条約の締約国である。日本は、日本が主
権を持つ領海と生物資源について主権的権利を持つ EEZ で商業捕鯨を再開し
たが、同条約第 65 条は、「いずれの国も、海産哺乳動物の保存のために協力す
るものとし、特に、鯨類については、その保存、管理及び研究のために適当な
国際機関を通じて活動する」と規定する。IWC を脱退し、日本が計画している
科学委員会におけるオブザーバー参加だけで本条にいう「適当な国際機関を通
じて活動する」という要件を満たすかどうかという問題がある。また、そうし
た参加が「管理及び研究」のための協力義務を果たすとしても、「保存」のため
の協力義務をはたしているかが問題になる。また、同条約第 194 条 5 項は、締
約国の措置に、「希少又はぜい弱の生態系及び減少しており、脅威にさらされ
ており又は絶滅なおそれのある種その他の海洋生物の生息地を保護し及び保全
するために必要な措置を含める」ことを義務付けている。日本は留保している
ものの、ワシントン条約（CITES）における絶滅危惧種のリスト I に、日本が商
業捕鯨の対象としているミンククジラ、ニタリクジラ、イワシクジラなどの 7
種の鯨類が挙げられている。
　第 65 条にいう「適当な国際機関」は複数形で示されており、IWC 以外にも、「保
護主義」に向かう IWC への不満から、カナダやノルウェーらが設立した北大西
洋海産哺乳動物委員会（NAMMCO）という国際機関がある。日本が新たな国際
機関を作ることも可能だが、無駄な政策コストがかかり、IWC と無用な緊張
関係を生じさせるだけで得策ではなかろう。

　海洋法条約は、その紛争解決手続で義務的仲裁裁判を認めており、反捕鯨国が日本の商業捕鯨は海洋法条約に違反すると主張して、国際裁判に訴えるリスクがある。日本の商業捕鯨は日本の領海・EEZ で行われるので、他の国に何らの被害も与えておらず、他の国には訴えの利益がなく、訴訟の当事者適格がないとの疑問をもつかもしれない。しかし、こうした議論はもはや国際場裏では通用しない。日本が敗訴した南極捕鯨事件判決 (2014 年) で、国際司法裁判所は、条約のすべての締約国は、条約に基づく義務及びそれから派生する制度を遵守することに共通の利益をもっているとの豪州の主張を認め、同国の当事者適格を容認したからである。仮に訴えられた場合、日本としては、義務的仲裁手続の適用制限に関する第 297 条 3 項 (a) 但書の、「沿岸国は、排他的経済水域における生物資源に関する自国の主権的権利……又はその行使に係るいかなる紛争についても、同節の規定による解決のための手続 [仲裁手続] に付することを受け入れる義務を負うものではない」との規定を使って、仲裁裁判の管轄権を否定する先決的抗弁を行うことになろう。

3　国際法遵守の立場を揺るがすことなき戦略の構築

　今回の日本の措置について国際協調や国際法遵守の立場を揺るがすものであるとの批判がある。たしかに、日本が行っているサンマやクロマグロ類の資源管理の交渉に影を落とすおそれや、鯨肉の消費が落ちている中で、商業捕鯨の再開といっても事業の継続性に疑問符がつく。

　ただ、今回の脱退は、反捕鯨国が科学ではなく政治の立場から反対することへの抗議も含まれており、資源管理における科学的根拠に基づく持続的利用の主張という点では日本の立場は一貫している。日本は、近隣諸国との領土紛争や他の紛争案件でも一貫して国際法遵守の必要性を主張してきた。こうした立場に誤解を生じさせないような対応が政府には求められる。7 月 6 日からの北太平洋の鯨類資源に関する日本と IWC との共同調査の実施は、その意味で評価できる。また、IWC の外にあっても捕鯨支持国と連携をとる必要がある。いずれにしても、今後の国際訴訟リスクに対しては、訴訟戦術も含めた戦略の構築が求められる。

第2部　国際法で読み解く二国間問題

1　領土問題

　「領土」とは何か「領海」とは何か

　韓国国際シンポジウムにおける竹島紛争

　海洋境界の争いは解決できるか

　尖閣諸島——国有化後の課題——

　尖閣国有化10年後の現在（いま）

2　国際法で読み解く外交問題

　(1) 中国

　　中国の人権問題と日本の対応——ジェノサイドの主張に対する協力義務——

　　緊張高まる南シナ海——米軍の「航行の自由作戦」をめぐって——

　　中国海警法には法律戦強化で対応を

　(2) 韓国

　　日韓は旧条約問題の落とし穴に陥ってはならない

　(3) 北朝鮮

　　不審船事件の検証——国際法の観点から——

　　PSI（拡散防止構想）と国際法

3　外交問題に関する新聞時評

　(1) 中国

　　私の視点　中国人船長釈放　最悪のタイミングだ

　　東シナ海ガス田——中国の行為は国際法違反——

　(2) 韓国

　　「竹島」国際司法裁提訴　韓国は国連原則を守れ

　　日韓合意　誠実な履行を

　　韓国政府は自らが締結した協定を守れ

　　徴用工訴訟の韓国最高裁判決

　(3) ロシア

　　危害射撃は適切に行われたか

　　一刻も早い戦争終結を

1 領土問題

「領土」とは何か「領海」とは何か

Q & A 「北方四島」問題とは、どのような来歴をもった問題ですか？
　日本側の主張の根拠、ロシア側の主張の根拠、（米国、英国の見方）日
　ロ交渉の経過

　「北方四島」とは、択捉島、国後島、色丹島及び歯舞群島の四島を指す。日本は19世紀初頭には南千島を実効的に支配していたが、1855年に日露和親条約によって、択捉までを日本領とし、ウルップ以北のクリル諸島（千島列島）をロシア領とする条約を締結した。その後、1875年に千島樺太交換条約を締結し、共有地であった樺太全島のロシアの領有権を認める代わりに、クリル諸島（ウルップからシュムシュに及ぶ18の島が明記）を日本領とした。さらに、日露戦争後の1905年のポーツマス講和条約により、ロシアから南樺太を取得した。こうした領土関係は第2次大戦まで継続した。このように、北方領土は歴史的には日本の固有の領土であるが、問題は、その後の協定や条約によって、その法的地位に変更があったかどうかである。

　ロシアは、1943年のカイロ宣言が「暴力と強欲により日本国が略取した地域から駆逐される」ことを謳っていること、英米ソ三国の指導者が1945年2月ヤルタ協定を締結し、千島列島のソ連への「引渡し」を条件にソ連の対日参戦を促したこと、ポツダム宣言は「カイロ宣言の条項は、履行せらるべく、又日本国の主権は、本州、北海道、九州及四国並に吾等の決定する諸小島に局限せらるべし」（8項）と規定しており、千島は「吾等の決定する諸小島」に入らないことが決定されているとする。実際、1945年8月、ソ連は参戦し、日本のポツダム宣言を受諾後、千島の占領を開始し、日本が降伏文書に署名する前日の9

月1日、樺太、千島、歯舞、色丹の占領を完了した。翌46年2月、ソ連は占領した日本領を自国領に編入する措置をとった。ソ連は、これらの一連の文書により領土問題は決定され、その後の対日平和条約、日ソ共同宣言も、この事実を確認したにすぎないと主張する。

　他方、日本は、カイロ宣言は領土不拡大の原則を謳っており、ポツダム宣言はカイロ宣言の履行を促しているのだから、領土不拡大原則が日本と連合国との合意であり、連合国たるソ連はそれに拘束されること、また、千島列島は条約により平和裏に取得したものであり、カイロ宣言に言う「略取した地域」には含まれないこと、条約の効力は当事国だけに及び、「第三国を害しも益しもしない」という国際法の規則に基づけば、ヤルタ協定は第三国である日本を拘束しないこと、さらにヤルタ協定の当事国である米国自身が1956年9月7日の覚書で「ヤルタ協定は領土を移転するようないかなる法律的な効果をもつものでないと認める」と述べていること、を理由にこれに反論している。

　通常、戦争に基づく領土の変更を最終的に決定するのは平和条約である。1951年の対日平和条約第2条(c)は、「日本国は、千島列島並びに日本国が1905年9月5日のポーツマス条約の結果として主権を獲得した樺太の一部及びこれに近接する諸島に対するすべての権利、権原及び請求権を放棄する」と規定した。本条約により、日本は南樺太と千島を放棄した。ソ連は南樺太と千島のソ連帰属を明記しなかったとして条約の調印を拒み、当事国とならなかった。ただし、条約と第三国の理論を使い、ソ連が当事国でないことから、南樺太と千島の放棄はソ連に対して適用がなく、ソ連との関係では依然として日本領であるという議論が可能かといえば、否である。なぜなら、領土の処分規定は物権的・対世的効力を有するからである。問題は、放棄された千島列島の中に「北方四島」が含まれているかどうかである。日本は、平和条約でいう千島列島（条約原文は「クリル諸島」）は千島・樺太交換条約にいうクリル諸島と同一であって、ウルップ以北の島を指し、「北方四島」はこれに含まれないと主張している。実際、サンフランシスコ講和会議で吉田茂全権代表は、「日本開国の当時、千島南部の二島〔歯舞、色丹〕、択捉・国後両島が日本領であることについては、帝政ロシアもなんら異議を挟まなかった」と演説しているが、これが会議で同条項の解釈留保として認められたわけではない（太寿堂鼎『領土帰

属の国際法』東信堂 (1998 年) 195 頁)。

　日ロ間の直接交渉はその後行われ、1956 年の日ソ共同宣言でソ連との戦争状態は終結した。同宣言では、国後、択捉の帰属につき両国間で合意に至らず、ソ連は、平和条約締結後に「歯舞群島及び色丹島を日本国に引き渡すことに同意」した。しかし、1960 年の日米新安保条約の締結を契機に、日本領土からの全外国軍隊の撤退という新たな条件を課してきており、平和条約の締結にも至っていない。このように、北方領土問題の解決には冷戦が大きな影を落としていた。

　冷戦の終結と 1991 年のソ連崩壊後、北方領土問題は新たな局面を迎えた。1993 年 10 月のエリツィン・細川両首脳による東京宣言で、「択捉島、国後島、色丹島及び歯舞群島の帰属に関する問題を歴史的・法的事実に立脚し、両国の間で合意の上作成された諸文書及び法と正義の原則を基礎として解決することにより平和条約を早期に締結する」ことに合意したのである。橋本内閣時代のクラスノヤルスク合意 (1997 年)、川奈合意 (1998 年) でも、この東京宣言に基づく四島の帰属の問題の解決が確認された。そして、2001 年 3 月の森・プーチン両首脳によるイルクーツク声明では、「1956 年の日本国とソヴィエト社会主義共和国連邦との共同宣言が、両国間の外交関係の回復後の平和条約締結に関する交渉プロセスの出発点を設定した基本的な法的文書であることを確認した」が、小泉内閣になって両国の交渉は足踏み状態が続いている。

Q & A　「竹島 (独島)」問題とは、どのような来歴をもった問題ですか？日本側の主張の根拠、韓国側の主張の根拠、日韓交渉の経過、日韓漁業協定

　竹島 (韓国名：独島) は隠岐諸島と鬱陵島の間にある、男島と女島の二島と数十個の岩礁からなる島である。1952 年韓国の李承晩大統領が海洋主権宣言を行い、竹島を含んだ漁業管轄水域 (いわゆる李承晩ライン) を設けたことで紛争が表面化した。ともに固有の領土であるとする日韓両国の主張は、次の 3 点で対立している。第 1 に歴史的根拠、第 2 に 1905 年の日本による領土編入措置の効力、そして第 3 にカイロ宣言から 1951 年の対日平和条約に及ぶ一連の措置の解釈問題である (太寿堂『前掲書』139 頁)。

日本側の主張によれば、1616年、江戸幕府の許可により、漁場開拓で80年間鬱陵島を経営し、その中継基地として竹島（当時の日本名は松島）を利用していた実績がある。江戸幕府は、1696年に鬱陵島の放棄を決定し、同島への渡航を禁止したが、竹島への渡航は禁止しておらず引き続き日本領としてとどまったと主張する。他方、韓国は、李朝官撰地理誌に竹島を意味する于山島、三峯島への言及がある点や、松島の水域を日本漁民から守ったとする漁民安龍福の供述に関する粛宗実録の記述を、その証拠とする。いずれにしろ、これら両国の実行は、近代国際法の意味での実効的支配を竹島に行っていたとは言いがたいように思われる。その意味では、両国とも国際法が要求する先占の要件（領有の意思をもって、無主地を実効的に占有すること）を満たす必要があった。

こうした状況下で、1905年2月、日本は竹島を島根県に編入し告示する措置をとった。韓国は、この日本の措置は先占にあたるが、そもそも竹島は無主地ではなく韓国領であること、日本による領有意思の表明が島根県告示でなされており、韓国に通告がなかったことを理由として、その無効を主張している。これに対し、日本は、韓国が竹島を実効的に占有していた事実を立証する必要があること、1898年の南鳥島の編入も東京府告示でなされているが外国により争われていないこと、国際法上の義務として他国への通告の義務はないと反論している。なお、韓国では、竹島は日本の韓国侵略における最初の犠牲地であり、日本による韓国併合の第一歩と位置づけられている。日本が竹島を編入した前年の1904年に締結された第1次日韓協約で外交権が制約されており、日本の措置に対して抗議を唱えられない状況にあったというのである。盧武鉉大統領が本年4月に出した特別談話の表現を借りれば、「独島は歴史的意味をもった我々の土地だ」との認識があり、単なる領有紛争ではないとの位置づけがなされている。

1943年のカイロ宣言で、日本は、「暴力及び強欲により日本国が略取した他のすべての地域から駆逐される」ことになった。これを受けた1951年の対日平和条約は、「日本国は、朝鮮の独立を承認して、済州島、巨文島及び鬱陵島を含む朝鮮に対するすべての権利、権原及び請求権を放棄する」（第2条(a)項）と規定した。問題は、この中に竹島が含まれるかどうかである。韓国は、この中に竹島が含まれるとし、日本が略取した独島は、日本から分離されることに

なったと主張する。また、占領下の 1946 年 1 月、連合国軍司令部覚書 (SCAPIN)
第 667 号が、日本から政治上、行政上分離する地域として、済州島や鬱陵島と
ともに竹島を含めたこと、また、同年 6 月に設定されたマッカーサー・ライン
が、竹島を日本漁船の操業区域外に置いたこともその証拠とする。これに対し、
日本は、併合前から日本領であった竹島はカイロ宣言にいう略取した地域では
ないし、対日平和条約でも SCAPIN 第 677 号にあった竹島の名は明示に排除さ
れている。また、SCAPIN 第 677 号自体、この指令中の条項はいずれも日本国
領土帰属の最終的決定に関する連合国の政策を示すものと解してはならないと
断っている、と反論している。

　日韓国交正常化交渉でも、竹島問題は争点となった。1965 年、日韓基本関
係条約締結とともに、両国の間に、「紛争の解決に関する交換公文」が交わされ、
外交交渉によって解決できない紛争は、調停により解決することが合意され
た。日本は、この紛争の中に竹島問題は含まれると解しているが、韓国は、独
島は韓国固有の領土であり、この問題は日韓間の「紛争」たりえないと主張する。
しかし、国際法上、一国の主張によって紛争の存否が決定されるわけではない。
現在の国際司法裁判所の前身である常設国際司法裁判所は、1924 年のマブロ
マチスのパレスチナ特許事件 (管轄権) 判決において、「紛争とは、2 つの主体間
の法律又は事実の論点に関する不一致、法律的見解又は利益の衝突である」と
定義している。また、1950 年、国際司法裁判所は、平和諸条約の解釈に関す
る勧告的意見の中で、「国際紛争が存在するか否かは客観的に決定されるべき
ものであって、単に紛争が存在しないとの主張がその不存在を証明することに
はならない」と述べている。これらの判例に従えば、日韓両国の間には、竹島
の領有権をめぐる「紛争」が存在する。なぜならば、両国はともに、この島の
領有権を主張しており、ここに領有をめぐる両国の法律的見解の対立があるか
らである。日本は、1954 年 9 月 25 日の口上書で韓国にこの問題を国際司法裁
判所に提訴することを提案したが、拒否されている。交換公文に基づく調停も、
国際司法裁判所による解決も韓国の同意を必要としており、解決の糸口が容易
に見出せない状況になっている。

　本年 6 月に再開された日韓両国の排他的経済水域 (以下、EEZ) の境界画定交
渉で、韓国側は、EEZ の基点を鬱陵島としていた (竹島は EEZ をもたない岩礁と

主張していた)これまでの姿勢を転換し、基点を竹島に変更した。日本は従来から竹島を基点としており、このため交渉は暗礁に乗り上げている。1998年に締結された日韓漁業協定では、1996年の日韓首脳会談で竹島の領有権に関わる問題を切り離して協議することで合意したことを受けて、竹島問題を棚上げにした(第15条)。そして、日本海については1974年に締結された日韓大陸棚協定の北部境界画定協定に定める大陸棚の境界画定線を漁業暫定水域線とし、境界画定が困難な竹島周辺海域には日韓両漁民が操業できる暫定水域を設けて、暫定的に漁業秩序を維持する方策がとられた(第9条、附属書Ⅰ)。しかし、暫定水域ではそれぞれの漁民はそれぞれの国の法令によって取り締まることが合意されたため、韓国漁民による底刺し網漁業やかご漁業の漁法により日本漁民が実質的には暫定水域から排除される事態が生じている。そこで日本海の沿岸漁民は、EEZの早期の境界画定を望むようになっている。境界画定の合意の前に竹島の領有権をどう決着させるのか、入口の段階で両国はむずかしい課題を抱えることになった。過去の日本による植民地支配という歴史的背景もあり、竹島問題は領有権をめぐる単なる法律的紛争にとどまらず歴史認識の問題でもあると韓国が認識しているから、なおさらである。

Q & A　「尖閣諸島(釣魚島)」問題とは、どのような来歴をもった問題ですか?　日本側の主張、中国、台湾側の主張の根拠、東シナ海の天然ガス田開発問題、日中国境線

尖閣諸島(中国名:釣魚島)は沖縄県八重山諸島の北方にあり、魚釣島、北小島、南小島、久場島(黄尾嶼)、大正島(赤尾嶼)の5つの小島と3つの岩礁からなる島嶼群である。尖閣諸島の場合は、日韓両国が歴史的根拠を主張した竹島と異なり、歴史的根拠を主張するのは中国のみである。日本は、無主地に対する先占をその領有権の根拠としている。すなわち、1895年の閣議決定により、これらの諸島を無主地として沖縄県に編入(ただし、大正島の編入についてはやや遅れ1921年)し、平穏かつ継続的に国家機能を行使してきたというのである。また、竹島が戦後すぐ紛争化したのとは異なり、紛争が顕在化するのは沖縄返還協定が締結された1971年である。同年、台湾が、次いで中国が自国領と表明し、同諸島が日本に返還されることに反対してからである。その契機となったの

は、1968年の国連アジア極東経済委員会（ECAFE）による、尖閣諸島周辺海域には石油天然ガスが多量に存在する可能性があるとの発表であった。したがって、尖閣諸島問題は、当初から海底資源をめぐる紛争の性格を色濃くもっていたといえる。

中国は、尖閣諸島が明・清時代の冊封使録その他の文献に釣魚嶼、黄尾嶼、赤尾嶼として言及されており、台湾の付属島嶼であったと主張する。尖閣諸島は日清戦争で日本が「盗取」した地域であり、「暴力及び強欲により日本国が略取した地域からの駆逐」を定めた1943年のカイロ宣言により返還されなければならないと主張する。これに対し日本は、冊封使の航路目標としてこれらの島が知られていたとしても、積極的に中国領とする文献は存在しないとする。また、尖閣諸島は日本が平和裏に自国に編入した領土であり、対日平和条約は「日本国は、台湾及び澎湖諸島に対するすべての権利、権原及び請求権を放棄する」（第2条(b)）と規定するが、同列島は台湾の付属島嶼ではなく、日本が放棄した台湾には含まれないとする。また、台湾との間に締結された日華平和条約でも、尖閣諸島の返還については明記されていないことを指摘する。つまり、仮に中国が歴史的根拠をもっていたとしても、中国も台湾も、尖閣諸島の日本編入後七五年間、何らの異議も唱えず日本による領有を黙認してきており、日本の領土であることは明確だというのである。

日中間のEEZの境界画定については、日韓の場合とは異なり、尖閣諸島の領有権の問題が、現在までのところ全面的障害にはなっていない。むしろ境界画定に際しての両国の基本的な考え方に相違があり、対立しているといえよう。日中ともに国連海洋法条約の当事国であるが、同条約は、EEZと大陸棚の境界画定の場合につき、「衡平な解決を達成するために、国際司法裁判所規程第38条に規定する国際法に基づいて合意により行う」（第74条、83条）との抽象的・一般的規定を置くにとどまる。これは、起草過程において、等距離・中間線を基準とすべきという諸国と衡平の原則を基準にすべきという諸国が対立し、結局、条約はいずれの立場も採用せず、「合意により行う」と規定するにとどめた。日本は、1996年の同条約の批准の際に、「排他的経済水域及び大陸棚に関する法律」を制定し、200海里水域が重なってしまう場合（日中両国間に横たわる東シナ海は400海里に満たない海域である）には等距離の中間線を原則とする立場

を採用し、EEZ及び大陸棚について暫定的に中間線を引いている（1条2項、2条）。これに対し中国は、1998年に「排他的経済水域及び大陸棚法」を制定し、EEZ及び大陸棚に関する主張が重なり合う場合、国際法を基本とし衡平原則に基づき協議により境界画定を行うと規定する（第2条）。いわば起草過程の対立が、両国の間で再燃しているといえよう。日本が、境界画定に関する最近の国際判例（たとえば、国際司法裁判所は、1985年のリビア・マルタ大陸棚事件判決で、海洋法条約ではともに200海里という距離基準がEEZと大陸棚の根拠となっていることを重視し、両国間の中間線を基礎に、海岸線の長さなどの関連事情を考慮して、その線を修正するとした。また、2001年のカタール・バーレン海洋境界画定及び領土事件判決では、等距離・中間線を暫定的に引いた上で、考慮すべき特別の事情の存在を認め、その線を若干修正するなど、いずれも中間線を議論の出発点としている）に照らし、EEZ及び大陸棚ともに中間線に基づき境界を画定すべきだと主張するのに対し、中国は、中間線を用いることに反対し、特に大陸棚については大陸棚の自然延長として沖縄トラフまでを主張している。海洋法条約が明記するように、EEZの権原の根拠は200海里の距離基準であるのに対し（第57条）、大陸棚のそれは沿岸陸地との海底地質構造との連続性という自然延長であることが（第76条）、なおさら問題を複雑にしている。最近では、EEZと大陸棚について単一の境界線を引くのが一般的ではあるが、いずれにしても両国は海洋境界画定について基本的な考え方の相違を抱えており、問題の解決は必ずしも容易ではない。

　他方で、中国は、日本が主張している中間線の中国側4.5kmの地点で海上プラットフォームを稼働させ天然ガス田の開発を本格化させているが（いわゆる春暁ガス田問題）、同海域の鉱床が日本側まで広がっている蓋然性が高く、日本の資源が吸い取られるおそれがあるとして日本はガス田の情報提供及び開発中止を要求している。しかし、中国はこれに応じていない。そこで、日本は対抗措置として、日本の民間会社から出されていた試掘権設定申請に対し、経済産業省が許可を与えた。こうした緊張関係の中で、日中両国では打開策として係争水域における共同開発の議論が出ている。しかし、両国においては共同開発の対象となる水域、すなわち係争水域について見解が対立している。日本は、係争水域は東シナ海全体におけるお互いの200海里主張の重複する海域であり、共同開発はこの水域、つまり日中中間線をはさんで行われるべきだと主張する

のに対し、中国は、係争水域は中間線と沖縄トラフの間であり、共同開発は日中中間線の日本側の水域で行われるべきだと主張している。こうした「対立の海」の様相を呈した東シナ海を「協力の海」へと変えることができるかどうか、両国が互恵・互譲の精神で対話を重ねることが求められる。

Q & A　「沖の鳥島」問題とはどのような問題なのでしょうか？　日本側の主張の根拠

　沖ノ鳥島は、北緯20度25分、東経136度05分に位置し、低潮時には東西4.5km、南北1.7m、外周約11kmの規模を持つ卓礁だが、高潮時にはわずかに北小島及び東小島の二つの岩礁がそれぞれ16cmと5cm海上にでるにすぎない。日本領に編入されたのは1931年である。日本は、1977年に沖ノ鳥島の周囲に200海里の漁業水域を、1996年に200海里の排他的経済水域を設定したが、いずれの国からも抗議を受けたことはない。2004年4月22日、同島周辺で海洋の科学的調査を進める中国が、中国海洋調査船問題に関する日中協議の場で、「沖の鳥島は国連海洋法条約（以下、海洋法条約）第121条3項にいう岩であり、その周辺に200海里の排他的経済水域を設定することができない」と初めて主張した。

　日本も中国も当事国である海洋法条約では、200海里の排他的経済水域における海洋の科学的調査に関する沿岸国の管轄権を認めており、同水域で海洋調査を行う外国は沿岸国の同意を必要とする体制がとられている（第56条1項(b)(ii)及び第246条1項・2項）。中国の主張の狙いは、日本の同意は不必要であるという点にあり、沖ノ鳥島に対する日本の領有権そのものを争っているわけではない。

　ところで、同条約は第8部で島の制度を定めているが、その起草過程において、同制度をめぐって大きな対立があった。すなわち、島を何らかの基準によって分類し、その基準に基づきそれぞれの島に異なる地位を与えようとする諸国（トルコ、ルーマニア、ケニアなどの国）と、島に基準を設けずにすべての島に同一の地位を与えようとする諸国（日本、ソ連、ニュージーランドなどの国）の対立であった。両者は、島が領海を有するという点では共通するものの、前者は排他的経済水域・大陸棚を有する島とそうでない島を分類しようとし、後者はすべての島に排他的経済水域・大陸棚の設定を認めようとする点で異なってい

る（『新海洋法条約の締結に伴う国内法制の研究第3号』日本海洋協会（1984年）（栗林忠男担当「第Ⅷ部　島の制度」）110頁）。

　結局、同条約はその第121条1項で「島とは、自然に形成された陸地であって、水に囲まれ、高潮時においても水面上にあるものをいう」と定義する。島の形状、大きさ、人口の多寡などは問われていない。そして、同2項で、「3に定める場合を除くほか、島の領海、接続水域、排他的経済水域及び大陸棚は、他の領土に適用されるこの条約の規定に従って決定される」と規定する。通常、高潮時にも水面上にある「島」はEEZを設定しうると読める。ただし、3項の場合は例外とされる。3項は、「人間の居住又は独自の経済的生活を維持することのできない岩は、排他的経済水域又は大陸棚を有しない」と規定する。中国が提起したのは、沖ノ鳥島はこの3項にいう「岩」に該当し、排他的経済水域や大陸棚を有しないという点である。つまり、3項の解釈問題が提起されていることになる。

　ところが、海洋法条約では、「島」の定義はあるものの「岩」の定義はない。したがって、「島」と「岩」を区別する国際法上の基準もはっきりしない。他方、3項の反対解釈として、「人間が居住できる」か「独自の経済生活を維持できる」かいずれかの場合は、排他的経済水域・大陸棚を設定できることになるが、肝心の「人間の居住」や「経済生活の維持」の要件が必ずしも明確ではない。また3項は、「居住しない」ではなく、「居住することのできない」と規定されており、現に居住している必要はなく、将来に向けての可能性を包含しているように読める。「経済生活の維持」についても同様である。

　日本は、海洋法条約成立以前に、沖ノ鳥島は「島」としての法的地位を有しており、同条約の批准によって同島の周囲に得ていた排他的経済水域や大陸棚を失うことはないとの立場を採用している。なお、孤立した無人島の周囲に200海里の排他的経済水域を設定する実行は、オーストラリアやベネズエラ、メキシコなどが行っている。他方、英国は、周囲61m、高さ21mの花崗岩の隆起であるロックオール島につき、1976年に200海里の漁業水域を設定していたが、1997年の海洋法条約の批准の際に、同島周辺の漁業水域の主張を取り下げた。このように、諸国の実行は多岐に分かれており、「島」の法的地位の解明は、今後の国際法の発展を待つしかない状況にある。

Q & A　韓国は、「日本海」の呼称を変えるように主張しています。どのような根拠なのでしょうか。

　日本海の呼称問題は、主に国際水路機関（IHO）や国連地名標準化会議（及びその専門家会合）の場で争われている。韓国と北朝鮮が日本海の呼称変更を最初に提案したのは、国連加盟後の翌年、1992年の第6回国連地名標準化会議においてであった。その根拠として、両国は、「日本海」は日本の植民地政策の一貫として押しつけられ国際的に普及した名称なので、これを「東海」に改称するか、あるいは少なくとも「日本海」と「東海」を併記すべきであると主張した。

　しかし、「日本海」の呼称は、日本の植民地支配に起因するものではない。「日本海」の呼称以前、日本列島に居住する人びとは、『日本書記』の垂仁天皇2年是歳の条に記載する別伝（『一に云はく』）にあるように、日本海を「北海（北ッ海）」と称していたといわれる。また、この「日本海」という呼称は、日本人の手によるものではない。「日本海」という名称が最初に用いられたのは、イエズス会のイタリア人宣教師マテオ・リッチ（Matteo Ricci）による、1602年に北京で作成された『坤輿万国全図』である（上田正昭『歴史のなかの人権――アジアの世紀をめざして』明石書店（2006年）140-141頁）。もっとも、17世紀に「日本海」という呼称がただちに国際的に定着していたわけではない。当時は、中国海、東洋海、朝鮮（韓国）海、日本海などさまざまな名称で呼ばれていた。しかし、その後、18世紀末から19世紀初頭にかけて、日本海の形状と沿岸の地形がしだいに明らかになり、この海域が日本列島によって北太平洋から切り離されているという地理的特性を有していることから、「日本海」という呼称が定着するようになったとされる。この当時、日本は鎖国政策をとっており、日本自身が「日本海」という呼称を用いることはなかった。同呼称を用いるのは後年のことである。

　20世紀に入り、IHOの前身である国際水路局が1928年に海図等における海洋名称のガイドラインである「大洋と海の境界」の初版を刊行したが、そこでは「日本海」という呼称が用いられている（1937年の第2版も同様）。IHOは、1957年に第3版を刊行したがここでも「日本海」の呼称が採用された。1997年に韓国はIHOの場で、初めて「東海」との併記を主張した。韓国によれば、「東海」は歴史的に2000年間使用されてきた名称であり、国際水路局による「日本海」の表記は日本など18カ国が集まった会議で決定されており、日本の主張のみ

によって作成されたものであると主張した。当時、韓国は日本によって強制占領されており、代表さえ派遣できなかったというのである。

　さらに韓国は、最近では、「2 ヵ国以上の国が特定の地形（例えば、湾、海峡、水道あるいは諸島）に異なる地名を用いる場合、これらの国は、当該地形に対し、単一の地名を確定することについて合意に至るように努力すべきことを勧告する。これらの国が異なる公用語を有し、共通の地名に合意することができないときは、当該国語のそれぞれの地名を、……海図及び書誌類に受け入れるべきであることを勧告する」という IHO 技術決議 A4.2.6 を根拠に、「日本海」と「東海」の併記を主張している。これに対し、日本は、同決議は、すでに単一呼称として国際的に確立している「日本海」には適用すべきではないと反論している。日本側の調査によれば、2002 年、世界 70 カ国の代表的な教科書及び地図帳 253 冊中の 97.2％が「日本海」のみを呼称として使用しているという（外務省作成『日本海』3 頁）。両者の主張は、今後とも IHO の場で、ガイドライン「大洋と海の境界」第 4 版における名称採択をめぐって戦わされることになると思われる。

　なお、2006 年 3 月に開催された日本と韓国による日韓水路技術会議という 2 国間会議の場においても、日韓双方とも従来の主張を繰り返し、歩み寄りはみられないという（海上保安庁「第 16 回日韓水路技術会議の開催結果」2 頁）。韓国や北朝鮮の反発には、国名を公海に用いることの反発も背景にあるかもしれないが、「日本海」のみならず他にもインド洋やフィリピン海などの例がある。

韓国国際シンポジウムにおける竹島紛争

1　はじめに

　2011 年 11 月 25 日、ソウル大学法科大学院において「韓国政府による李承晩ライン宣言 60 周年：法的回顧」と題する国際シンポジウムが開催され、日本から筆者が、豪州から西オーストラリア大学教授のステュアート・カイエ (Stuart Kaye) 教授が招かれた。ソウル大学の李根寛教授を座長に、筆者が「1952 年の李承晩ラインの光と影」と題する報告を、カイエ教授が「海洋法の発展における李承晩ラインの関連」と題する報告を、そしてソウル大学のアジア政策研究学院のチャンフン・シン (Chang-Hoon Shin) 研究員が、「李承晩ラインとその遺産」と題する報告を行った。

　これら三つの報告の後に、李教授が再び座長を務めて、日本から参加した許淑絹准教授（立教大学）を含む、4 名のパネリストによる李承晩ラインに関する発言が行われた。その後、筆者を交え、すべての報告者に質問がパネリストやフロアーから行われた。

　この時期に国際シンポジウムを開催した韓国側の狙いは、李承晩ラインの積極的再評価である。海の憲法と呼ばれる国連海洋法条約に導入された排他的経済水域 (Exclusive Economic Zone: EEZ) の先駆けとして、李承晩ラインを再評価しようというのである。

　しかし、報告で指摘したように、この李承晩ラインは、第 2 次大戦後の漁業水域制度の先駆けとなった 1945 年 9 月 28 日の米国のトルーマン宣言とは、その性格を大きく異にしているといわざるを得ない。米国のトルーマン大統領は、有名な大陸棚に関する宣言とともに、「公海水域における沿岸漁業に関する米国の政策・大統領宣言第 2668 号」を発出した。そのねらいは、漁業資源の

保存と保護の必要性により、①米国領海に近接する公海に保存水域（conservation zones）を設定し、持続可能な規模で漁業活動が発展し維持されることを目指そうというものである。トルーマン大統領は、同宣言において、①米国民のみが出漁する保存水域については、そこでの漁業活動は米国の規制と管理（regulation and control）に服するとし、②他の国の国民も米国民と共に出漁する水域については、合意によって保存水域を設定し、当該水域における漁業活動は、合意に規定された規制と管理に服することを宣言した。国家が公海上においても自国民に対しては管轄権を行使しうることは自明であり、米国民のみが漁業に従事している場合に米国が規制と管理を及ぼしうることはこの宣言を待つまでもない。また、他の国の国民が漁業に従事している場合には、その国との合意に基づく規制と管理を行おうというのがその主張であり、こうした米国の主張に国際法上の問題は生じない[1]。しかし、後述する韓国の李承晩ラインの主張は、公海に対して一方的に自国の主権を及ぼすことをその内容としており、領海の拡大による他国民、すなわち日本の漁業者の排除にその目的がある。

　もっとも、国連国際法委員会の1958年の公海条約草案の特別報告者であったフランソワ（J.P.A. François）は、トルーマン宣言は、合意に到達するための交渉に言及するものの、米国民が特別の権利をもつ特別の水域の主張を行っているという事実を変えるものではないとし、漁業活動を行う他国民の入域を拒否することに否定的態度をとった[2]。また、ウォルドック（H. Waldock）も、セルデン（John Selden）の『閉鎖海論（Mare Clausum）』からグロチウス（Hugo Grotius）の『自由海論（Mare Liberum）』の動きに逆行することは明白であり、海洋の権利の合意に基づく性質を弱めてはならないとし、こうした一方的主張を戒めていた[3]。これに対して、米国の国務次官特別補佐官であったチャップマン（W.E. Chapman）は、「この宣言の目的は、国際水域にある漁業資源を乱獲から保護するために、法にもとづく新しい方法を規定することにあった。一国はそれ自身で国際法を変更することはできない。合衆国の宣言は、他国をして国際法体系への新しい原則の承認を強制するものではない[4]」と述べて、こうした否定的態度に反論している。

2　李承晩ラインの設定とその問題点

　周知のように、1951年の対日平和条約第21条は、「この条約の第25条（坂元注：連合国の定義）の規定にかかわらず、……朝鮮は、この条約の第2条、第4条、第9条及び第12条の利益を受ける権利を有する」と規定し、その特定条項の一つである第9条は「日本国は、公海における漁猟の規制又は制限並びに漁業の保存及び発展を規定する二国間及び多数国間の協定を締結するために、希望する連合国とすみやかに交渉を開始するものとする」という漁業条項を置いていた[5]。

　連合国総司令部（GHQ）のあっせんにより、日韓両国の間に正式の国交を開くための交渉が開始されたのが1952年2月15日であった。ところが、韓国は、同交渉に先立つ1952年1月18日に「海洋主権宣言」を行い、韓国の海岸線から最大限190海里にも及ぶ広大な海域に対して排他的主権の行使を行いうるとする「李承晩ライン」を設定した[6]。同宣言の第2項は、「大韓民国政府は、深度のいかんを問わず、韓国領土である韓半島と島嶼の海岸に隣接する海洋に、……国家の主権（national sovereignty）を留保し、行使する[7]」と宣言した。李大統領は、この宣言の目的について、①韓国の沿岸水域における貴重な海洋資源を保存すること、②漁業資源に関する韓国と日本の将来の軋轢を除去すること、③共産主義の浸透に対する海上の防衛を挙げていた[8]。

　戦後の日本では、朝鮮半島や中国大陸、さらに台湾から引き揚げてきた漁業者が、九州を拠点にして、東経130度以西の東シナ海及び黄海でトロール漁業及び底引き網漁業を行い、戦前の水産量をはるかに上回る実績を挙げていた。韓国側は両国の間に存在するこうした漁獲能力の格差を理由に、朝鮮半島周辺で操業する日本漁民を排除する一方的規制を行おうとしたのである。当然のことながら、日本側は公海自由の原則の立場から強く反発した[9]。しかし、韓国は1953年12月12日に漁業資源保護法を制定し、この法律に違反して李ラインを侵犯した日本漁船を拿捕する挙に出た。14年に及ぶ日韓漁業問題の交渉の中心的な課題となったのは、拿捕された日本漁船326隻（そのうち沈没・未帰還185隻）、抑留乗組員3,904人（抑留中の死亡者8名）に及んだこの李ラインの問題であった。

この李ラインの内部に竹島が取り込まれたことに対し、日本政府は1952年1月28日に、「李大統領の宣言は公海自由の原則及び公海における水産資源の保護開発についての国際協力の原則に反するものであり、日本政府としてはこの宣言に従うことはできない。また韓国は右の宣言で竹島として知られている日本領の小島に対する領土権を主張しているかのように見えるが、日本政府は韓国のかかる僭称又は要求を認めるものではない[10]」との口上書を送った。

これに対して、韓国は、「連合国総司令部は1946年1月29日付連合国軍司令部覚書(SCAPIN)第677号により、本小島(竹島)を日本の領有から明白に除外した点、および諸小島がマッカーサー・ラインの線外に置かれていた点よりして、これらの事実は、同島に対する韓国の要求に同意し、これを確認するものであって、何等議論の余地のないものであることを日本政府に想起せしめたい[11]」と反論した。たしかに、「若干の外郭地域の日本からの政治上及び行政上の分離に関する連合国総司令部覚書」と題するSCAPIN第677号により、日本は鬱陵島、済州島と並んで、竹島に対しても、政治的及び行政的権力の行使を停止するように指令された。また、1946年6月22日のSCAPIN第1033号により、竹島はいわゆるマッカーサー・ラインの外側に置かれ、日本の船舶及び乗組員は竹島の周辺12海里以内に接近することを禁止された[12]。こうした経緯もあり、韓国は、米国に対し、マッカーサー・ラインの存続を要望し、また朝鮮半島近海での日本人の漁業を制限する条項を対日平和条約に含めるよう要請したが、米国によって拒否されている[13]。

塚本孝氏の米国公文書館の資料に基づく緻密な研究によれば、米国国務省による1947年3月と同年8月5日付、1948年1月2日付、1949年10月13日付と同年11月2日付の草案によれば、竹島は日本が放棄すべき島嶼に含まれていた。しかし、この草案に対し、東京駐在のシーボルド(William J. Sebald)駐日政治顧問が、1949年11月14日、国務省バターワース(W. Walton Butterworth)極東担当国務次官補に電報を送り、「リアンクール岩(竹島)の再考を勧告する。この島に対する日本の領土主張は古く、正当と思われる。安全保障の考慮がこの地に気象およびレーダー局を想定するかもしれない」とのコメントを寄せた。この指摘を受け、国務省は1949年12月29日付草案で、関係条文を修正し、日本が保持する島に竹島を加えたのである。草案第3条(日本の保持する領

域)に関して国務省が作成した注釈は、「竹島(リアンクール岩)―日本海中ほぼ日本と朝鮮の等距離にある、2個の無人の島である竹島は、1905年に日本により正式に、朝鮮の抗議を受けることなく領土主張がなされ、島根県隠岐支庁の管轄下に置かれた。同島は、アシカの繁殖地であり、長い間日本の漁師が一定の季節に出漁していた記録がある。西方近距離にあるダジュレ島(注：鬱陵島)とは異なり竹島には朝鮮名がなく、かつて朝鮮によって領土主張がなされたとは思われない」と記していた。その後、国務省長官顧問に任命されたダレス(John Foster Dulles)によって草案は短くなり、日本が保持する島の列挙はなくなったが、竹島を日本に残す主旨に変更はなかった。この点は、オーストラリア政府による「旧日本領土の処分に関して一層精密な情報を求む」という要請への回答において、米国が、竹島を隠岐列島などとともに、「いずれも古くから日本のものと認められていたもの」としていることからもわかる[14]。

　これに対し、韓国政府は、梁祐燦駐米大使を通じて、対日平和条約草案第2条(a)の「放棄する」という語を、「朝鮮並びに済州島、巨文島、鬱陵島、独島及びパラン島を含む日本による朝鮮の併合前に朝鮮の一部であった島々に対するすべての権利、権原及び請求権を、1945年8月9日に放棄したことを確認する」に修正するよう要求した。しかし、1951年8月10日付のラスク(Dean Rusk)極東国務次官補の韓国大使に宛てた公文では、「合衆国政府は、遺憾ながら当該提案にかかる修正に賛同することができません。……独島、または竹島ないしリアンクール岩として知られる島に関しては、この通常無人である岩島は、我々の情報によれば朝鮮の一部として取り扱われたことが決してなく、1905年頃から日本の島根県隠岐支庁の管轄下にあります。この島は、かつて朝鮮によって領土主張がなされたとは思われません」と述べて、韓国側の要求を拒否している[15]。

　いうまでもなく、韓国併合前から日本領であった竹島は1943年のカイロ宣言がいう「暴力及び強欲により日本国が略取した他のすべての地域」に当たらないし、前述した経緯から、1951年の対日平和条約がいう、「日本国は、朝鮮の独立を承認して、済州島、巨文島及び鬱陵島を含む朝鮮に対するすべての権利、権原及び請求権を放棄する」(第2条(a)項)という条文にいう放棄した地域に竹島は含まれない。そこで、日本は、先の韓国の反論に対し、「連合国総司

令部の1946年1月29日付覚書の措置は、日本政府が竹島に対して、政治上または行政上の権限の行使または行使しようと企図することを停止するよう命ぜられたるに止まり、同島の帰属とは無関係であること、同様にマッカーサー・ラインも国家統治権、国際的境界又は漁業権の最終的決定に関する連合国の政策を表明するものではない[16]」旨の再反論を行った。つまり、SCAPIN第677号は、「この指令中のいかなる規定も、ポツダム宣言第8項に述べられている諸小島の最終的決定に関する連合国の政策を示すものと解釈されてはならない」(6項)と断っているし、マッカーサー・ラインを定めたSCAPIN第1033号も「この認可は、関係の地域又はその他如何なる地域に関しても、日本国家の管轄権、国際境界線又は漁業権についての最終決定に関する連合国側政策の表明ではない」(5項)と述べている[17]。したがって、連合国が韓国の要求に同意したという性質のものではないとの再反論を行ったのである。

　韓国の国際シンポで筆者が強調したのは、この李承晩ラインについて、米国自身が強く反対していたという点である。

3　米国による李承晩ラインの評価

　たしかに、第2次大戦後、韓国を含む、多くの国が領海の範囲を超えて自らの漁業管轄権を拡張する傾向にあったことは事実である。しかし、多くの国は、領海の幅員を拡大することなく、もっぱら漁業に関する管轄権の拡大を目指した。これに対して韓国は、海洋主権宣言で自らが恣意的に引いた海域に「主権(sovereignty)」を及ぼすと宣言した。そこでは「管轄権」ではなく、「主権」という表現が用いられ、この領海の拡大を含意する用語の使用が、日本のみならず、米国や英国などの反発を招いたことは当然であった。日本政府は、李ラインは国際法上なんら根拠のあるものではなく、日本漁船の拿捕は、ことごとく公海自由の原則を侵害する違法行為であるというものであった。次に紹介する米国の反応も日本と同様のものであった[18]。

　1952年2月11日付のムチオ(John J. Muccio)米国大使からの栄泰(Yung-tai Pyun)韓国外務部長官に宛てた書簡は、

　「私は、米国政府がこの宣言(坂元注：李大統領による海洋主権宣言)の規定に深

刻な懸念を有していることを伝えるよう訓令された。仮に実行されたならば、この宣言はすべての国家によって公海とみなされている広大な海域を韓国の排他的な管轄権と管理の下に置くことになる。公海及び公海の上空は外国船舶と外国航空機の自由なかつ制約されない航行と飛行が行われるが、それらに対し主張される主権が適用されるならば、それらは韓国の管理下に置かれることになる。

　宣言はよく確立された国際法の先例によって支持されることを意図しているが、米国政府は韓国のこうした主権の拡大を正当化する先例となる国際法の受け入れられたいかなる原則も承知していない。この点に関して、米国は韓国の注意を喚起したい。大陸棚の資源と接続する公海の漁業資源の保存に関する米国の政策に関する 1945 年 9 月 28 日の米国大統領によって発出された 2 つの宣言とは異なり、韓国の宣言は特定された海域に対する韓国の国家主権に関連している。米国の 2 つの宣言は既存の領海のいかなる拡大をも想定していないし、事実、そうした効果を有しない。

　前述のような考慮に基づき、米国政府は韓国政府に米国は当該韓国の宣言の規定の下での、かつそれらの実施措置に基づく自国民及び自国船舶のすべての利益を留保することを伝えたい[19]」と述べて、李ラインを批判した。

　これに対して、栄外務部長官は、

　「1　第 1 に、宣言における「主権 (sovereignty)」という用語は漠然と用いられており、言葉の通常の絶対的な意味での主権と解釈される必要はない。その用語は、『管轄権と管理 (jurisdiction and control)』という表現と互換的に用いられている。

　2　米国の宣言の場合と同様に、前述の宣言 (坂元注：海洋主権宣言) によって韓国の周辺に宣言された海域は決して韓国の領海の拡大を意味しない。当然のことながら、宣言に関わりなく、領海は国際的に受け入れられた幅員にとどまる。この点で、まさしく起こりうる混乱を避けるために、韓国の宣言は、最後の条文で、同宣言は公海における航行の権利を妨害するものでないと規定する[20]」と弁明した。

　このように、米国をはじめ諸外国に公海への領海の拡大であると非難された韓国は、1952 年 9 月 11 日以降、李承晩ラインを公式に「平和線」と呼称するよ

うになった。しかし、韓国民の間には李ラインで囲まれた水域を領海とみなす感覚がその後も強く残ったとされる。そうしたこともあり、日韓漁業交渉の中で李承晩ラインの解消を余儀なくされた韓国政府は、当時の与党である民主共和党の1964年3月の宣伝資料の中で、「韓国領海の拡張等を願う愛国的な心情は韓国民としては当然なものであるが、我々が国際社会の忠実な一員として行動しようとするならば国際法をむやみに無視することはできない」と述べて、1965年6月22日の「日本国と大韓民国との間の漁業に関する協定(旧日韓漁業協定)」で採用された12海里の漁業水域への理解を「平和線死守」を叫ぶ韓国民に理解を求めたのである[21]。

4　李ラインが提起した竹島問題

しかし、同じく国際法に違反して不法占拠を続ける竹島については、領土標識の建設、灯台の設置、沿岸警備隊の駐留などの既成事実の積み重ねを継続した。ここでは「独島死守」を叫ぶ韓国民と韓国政府の間に認識の乖離は見いだせない。竹島からの退去を求めた海上保安庁の巡視船「へくら」に対する、竹島駐在の韓国武装警察官による1953年7月12日の発砲事件の発生も重なり、日本政府は竹島の領有権紛争を国際司法裁判所(ICJ)で解決しようとする提案を行った。1954年9月12日に発出された口上書は、

「(竹島の領有問題)は国際法の基本原則に触れる領土権の紛争であるので、唯一の公正な解決方法は本件紛争を国際裁判に付託し判決を得ることにあると認められる。日本国政府は、紛争の平和的解決を熱望し、本件紛争を日本国政府及び大韓民国政府の合意の下に国際司法裁判所に付託することをここに提議する。

日本国政府は、大韓民国政府がこの紛争の最終的解決を最も公正にして権威ある機関、すなわち、国際司法裁判所にゆだねることに同意すべきことを確信し、早急に好意ある回答を寄せられることを期待する。

日本国政府は、ここに、国際司法裁判所の下すいかなる判決にも誠実に従うものであることを誓約する[22]」と述べて、竹島の領有権紛争をICJに合意付託することを提案した。ICJは強制管轄権を有しておらず、予めICJの管轄権を

認める選択条項受諾宣言を行っている国同士に限り一方的提訴が可能である。日本は、1958 年 9 月 15 日に ICJ の義務的管轄権を受諾する宣言を行っているが、同宣言は「この宣言の日付以後の事態または事実に関して同日以後に発生するすべての紛争」に限定しており、1952 年の李ラインの設定によって竹島の領有権紛争が生じたとすると、仮に韓国が将来同宣言を行ったとしても、一方的付託は困難である。ICJ に紛争を付託するためには合意付託以外の方法は存在しないことになる [23]。

　これに対し、韓国政府は、1954 年 10 月 28 日の覚書で、
　「機会のあるたびに韓国政府は明白にしてきたように、独島（竹島）は太古の時代から韓国の領土であって、また現在においても韓国の領土である。……
　紛争を国際司法裁判所に付託しようとする日本政府の提案は司法的な装いとして虚偽の主張をしている 1 つの企図に過ぎない。韓国は独島に対して初めから領土権を持っており、その権利についての確認を国際司法裁判所に求めようとすることの理由を認めることはできない。いかなる紛争もあり得ることがないにもかかわらず、類似的な領土紛争を造作するのは日本である。……
　韓国国民は独島を守護し、それによって韓国を保全する決意を持っている。それゆえ韓国政府は臨時的であり、また国際司法裁判所においても独島に対する韓国の主権を疑義に付する必要はない [24]」と述べて、これを拒絶した。なお、1954 年 4 月 26 日から 8 月 7 日まで韓国を訪問したヴァン・フリート（Van Fleet）使節団の帰国報告書（1986 年公開）には、米国は竹島を日本領であると考えているが、米国の立場は紛争を ICJ に付託するのが適当であるとの考えであり、非公式に韓国にこのことを提案したとのことである。しかし、韓国は「独島」は鬱陵島の一部であると反論したとされる [25]。

　日韓国交正常化交渉中の 1962 年 3 月の日韓外相会談で、小坂善太郎外務大臣が崔徳新外務部長官（いずれも当時）に同様の提案を行ったが、崔長官は再び拒否している [26]。1965 年 6 月 22 日の日韓基本関係条約締結とともに、日本の椎名悦三郎外務大臣と韓国の李東元外務部長官との間で、「紛争解決に関する交換公文」が交わされ、「両国政府は、別段の合意がある場合を除くほか、両国間の紛争は、まず、外交上の経路を通じて解決するものとし、これにより解決することができなかつた場合は、両国政府が合意する手続に従い、調停に

よって解決を図るものとする²⁷」ことが合意された。日本国政府は、この紛争
の中に竹島問題は含まれると解しているが、韓国政府は、独島は韓国固有の領
土であり、この問題は日韓間の「紛争」たりえないと主張する²⁸。ということは、
両国の合意がない限り、調停に付することもできないということになる²⁹。

　なお、衆議院における、昭和40年10月27日の日本国と大韓民国との間の
条約及び協定等に関する特別委員会の審議において、社会党の松本七郎委員が、
韓国の議会における李東元外務部長官の発言として、「紛争解決のためのノー
ト交換があるのだけはこれは事実です。しかし、これは国際会議慣例上の常識
であります。幾ら親善国家間に結ばれた条約も、一定の時間がたつにつれ誤解
が生ずることもあり、摩擦があり得るのが、歴史的に証明されたことです。だ
から、今後、特に漁業問題や請求権問題等々において万一誤解が生じたり紛争
が生じたりするときには、これをどう解決するかという、解決策に対するノー
ト交換がありました。これには独島問題が包含されていないということを、椎
名外相、また日本の佐藤首相が了解しました」との発言を紹介した。

　これに対して、佐藤栄作総理大臣（当時）は、「国民の各位も、松本さんの
朗読を通じて、この問題が紛争であることをよく承知しただろうと思います。
……ただ、その中にありますように、この問題が最後に椎名君やあるいは私自
身が了承してそれでこれが調印を得たという、そういう言い分がありますが、
その点は、全然さようなことはございません。……もう一つつけ加えて申し上
げておきたいのは、紛争処理の問題が交換公文のあることは確かだ、しかし、
日本と韓国の間では漁業関係や経済協力の問題でも紛争があるから、そういう
ものの処理のためにこれを残したんだと言われますけれども、漁業並びに経済
協力には、紛争があればその協約の中に解決する方法がちゃんと決められてい
ます。だから、その点は明確に決めてありますので、誤解はないだろうと思い
ます³⁰」と明確に反論している。

　いずれにしても、竹島の領有権について両国間に紛争が存在することは紛れ
もない事実である。国際法上、一国の主張によって紛争の存否が決定されるわ
けではない。現在の国際司法裁判所の前身である常設国際司法裁判所（PCIJ）は、
1924年8月30日のマブロマチスのパレスチナ特許事件（管轄権）判決において、
「紛争とは、2つの主体間の法律又は事実の論点に関する不一致、法律的見解又

は利益の衝突である[31]」と定義している。また ICJ は、1950 年 3 月 30 日のブルガリア、ハンガリー及びルーマニアとの平和諸条約の解釈に関する勧告的意見の中で、「国際紛争が存在するか否かは客観的に決定されるべきものであって、単に紛争が存在しないとの主張がその不存在を証明することにはならない[32]」と述べている。これらの判例に従えば、日韓両国の間には、竹島の領有権をめぐる「紛争」が存在する。なぜならば、両国はともに、この島の領有権を主張しており、ここに領有をめぐる両国の法律的見解の衝突があるからである。

　もっとも、実際に紛争が ICJ に付託される場合を想定して、判決の帰趨に大きな影響を与える決定的期日 (critical date) や時効、さらには黙認など検討すべき課題は多い[33]。

5　おわりに

　ソウル大学におけるシンポジウムにおいては、筆者は、李ラインが現在の排他的経済水域の先駆けとなったとする再評価は、1952 年のサンチャゴ宣言との比較においても、困難だとした。そして最後に、この李ラインが日韓間に竹島の領有権紛争という深刻な事態を生起したことを指摘した。これに対して、フロアーにいた独島問題を扱っている NGO 関係者から SCAPIN 第 677 号などの紹介がなされ、筆者は本小論で示したような反論を行った。

　ただ、こうしたシンポジウムに出席した率直な感想として、韓国側は李ラインという日本側からみると暴挙にしか映らない外交政策であっても、その正当化のために国際シンポジウムを開催し、これを国際的に積極的にアピールしようとの姿勢を示している。李ラインの肯定的評価によって、独島に対する韓国の立場の強化を目指そうという狙いがそこには垣間見える。他方、こうした韓国の姿勢と比較すると、日本では竹島問題についての日本の主張を発信しようとする姿勢がきわめて弱いように思われる。機会あるごとに、日本の竹島に対する領有権の根拠を明らかにし、竹島の不法占拠を続け既成事実化にまい進する韓国の政策の問題点を提示してゆくことこそが必要である。

　友好国である韓国への配慮を口にする人もいるが、友好国であるからこそ、率直にお互いの見解を交わし、両国の外交交渉で解決できない問題は、国際司

法裁判所やその他の平和的解決手段で解決するという姿勢を示す必要がある。日韓はともに国連の加盟国であり、国連憲章第 2 条 3 項が、「すべての加盟国は、その国際紛争を平和的手段によって国際の平和及び安全並びに正義を危くしないように解決しなければならない」と規定し、国連の基本原則としていることを忘れてはならない。周知のように、国連憲章は第 14 章に国際司法裁判所に関する規定を設け、第 92 条で、「国際司法裁判所は、国際連合の主要な司法機関である」と位置付けている。そうした中で、国連加盟国である日本が、韓国に対して竹島紛争の ICJ 付託を提案することは国連加盟国として至極当然のことであり、これを拒否する韓国側にこそ問題があることを国際的に発信する必要があろう。

注

1 小田滋『海洋の国際法構造』（有信堂、1956 年）65-66 頁。

2 *Yearbook of the International Law Commission*, 1951, vol. I, p.303, para.2 and p.315, para.43.

3 H. Waldock, "The Anglo-Norwegian Fisheries Case," *The British Yearbook of International Law,* Vol. 28(1951), pp.114 and 171.

4 W.M. Chapman, United States Policy on High Seas Fisheries, 20 Department of State Bulletin (No.493) (16 January 1949), pp.67 and 71. 小田『前掲書』(注 1) 66 頁。

5 川上健三『戦後の国際漁業制度』（大日本水産会、1972 年）237 頁。ちなみに、1952 年に発効した「北太平洋の公海漁業に関する国際条約」（通称、日米加漁業条約）が、平和条約第 9 条に基づいて締結された国際漁業条約の第 1 号である。藤原弘毅「各国との漁業協定の概要」『時の法令』第 522 号 38 頁。

6 韓国外交部が李ラインの設定を急いだ背景については、藤井賢二「『平和線』の理論の検討」『朝鮮史研究会会報』第 150 号 (2003 年) 4-6 頁に詳しい。

7 英文訳は以下の通りである。" 2 The Government of the Republic of Korea holds and exercises *the national sovereignty* over the seas adjacent to the coasts of the peninsular and islands of the national territory, no matter what their depths may be, throughout the extension," 李ラインの内容の詳しい内容については、広部和也・田中忠「資料　日韓会談一四年の軌跡」『法律時報』第 37 巻 10 号 45 頁参照。

8 李ラインの詳しい分析については、参議院法制局『李承晩ラインと朝鮮防衛水域』参照。

9 山内康英『交渉の本質－海洋レジームの転換と日本外交』（東京大学出版会、1995 年）46 頁。

10 国際法事例研究会『領土』(慶応通信、1990 年) (担当：横川新) 173 頁。

11 『同上』174 頁。

12 1949 年 9 月 19 日の SCAPIN 第 2046 号によって、12 海里は 3 海里に変更された。詳しくは、『同上』172 頁参照。

13 藤井賢二「韓国の海洋認識―李承晩ライン問題を中心に―」『韓国研究センター年報』11 号 (2011 年) 55 頁。

14 塚本孝「平和条約と竹島 (再論)」『レファレンス』第 518 号 (1994 年) 39-45 頁。

15 「同上」48-50 頁。

16 国際法事例研究会『前掲書』(注 10) 174 頁。

17 塚本「前掲論文」(注 14) 33 頁。

18 小田『前掲書』(注 1) 53 頁。

19 Letter from American Embassy, Pusan, February 11, 1952 to Yung-tai Pyun, Minister of Foreign Affaire, Republic of Korea. Records of the U.S. Department of State relating to the Internal Affairs of Korea, 1950-54 Department of State Decimal File 795. 本書簡については、藤井賢二氏に貴重な資料のコピーの提供をいただいた。記して感謝申し上げたい。

20 Letter from Ministry of Foreign Affairs of ROK to Ambassador of the U.S., Pusan, February 13, 1952, *ibid.*.

21 藤井「前掲論文」(注 13) 61 頁。

22 国際法事例研究会『前掲書』(注 10) 178 頁。

23 芹田健太郎「竹島を『消す』ことが唯一の解決法だ」『中央公論』2006 年 11 月号 272-273 頁。

24 国際法事例研究会『前掲書』(注 10) 178 頁。

25 外務省『竹島　竹島問題を理解するための 10 のポイント』14 頁。Cf. http://www.mofa.go.jp/mofaj/area/takeshima/

26 『同上』14 頁。

27 鹿島平和研究所篇『日本外交主要文書・年表 第 2 巻』(原書房、1984 年) 606-607 頁。

28 実際、この交換公文の適用対象として竹島の名は明記されなかった。この経緯については太寿堂鼎『領土帰属の国際法』(東信堂、1998 年)〔「竹島紛争」(初出、1966 年)〕125-126 頁。

29 皆川教授などは、この交換公文を評して、「実際問題として竹島をわが国の手にとりもどす見込みはほとんどなくなったと言わざるを得ない」との厳しい評価を下している。皆川洸「竹島紛争とその解決手続」『法律時報』第 37 巻 10 号 (1965 年) 38 頁。

30 衆議院日本国と大韓民国との間の条約及び協定等に関する特別委員会議録 (昭和 40 年 10 月 27 日)。なお、松本委員による質問において、李東元外務部長官の発言

として、「椎名さん、人も住まず、犬さえいやだと住みつかない独島、われわれは、自分の領土だから、しかたなく守るけれども、あなたたちは何のためにそんなことで一生懸命言いがかりをつけるのかとこう語りました。その後韓国に滞在する間に椎名外相が二度と独島問題について言及したことがありません」との発言も紹介されている。

31　*The Mavrommatis Palestine Concessions, PCIJ Series A*, No.2, p.11.

32　*Interpretation of Peace Treaties with Bulgaria, Hungary and Romania, ICJ Reports*, 1950, p.74.

33　この点については、中野徹也「竹島の領有権をめぐる戦後の動向について」『第2期『竹島問題に関する調査研究』中間報告書』(平成23年2月)36-46頁に詳しい。

海洋境界の争いは解決できるか

1 なぜ海洋境界の争いが起こるのか

　地上の国境であればともかく、海は世界に広がりつながっている。それなのに、国の間で海洋境界についてなぜ争いが起きるのか不思議だと思う方が多いと思います。その背景には、海洋資源の獲得をめぐる国同士の争いがあります。海洋には、海底石油、天然ガス、マンガン団塊、コバルトリッチクラスト、メタンハイドレード、熱水鉱床、レアアース泥などさまざまな海洋資源が存在します。

　海に関する各国の権利と義務を定めたものとして、1982年の国連海洋法条約（以下、海洋法条約）が存在します。人類が作成した最も長い条約で、本文だけで320カ条あります。これにマグロなどの高度回遊性の種を定めた附属書Ⅰにはじまって、海洋法条約に関する争いを解決するために設立されたドイツのハンブルグにある国際海洋法裁判所（ITLOS）に関する附属書Ⅵや仲裁に関する附属書Ⅶなど9つの附属書があります。海洋法条約は、「海の憲法」と呼ばれたりします。

　1960年代にエネルギーの需要が石炭から石油へ転換するエネルギー革命が生じ、石油の需要が大幅に伸びた結果、各国は自らの沿岸の大陸棚における海底石油資源や天然ガスの開発に乗り出しました。1958年に定められていた大陸棚に関するジュネーブ条約は、大陸棚に対する資源について、沿岸国の「主権的権利」を認めていました。その意味は、沿岸国が他の国を排除して資源を独占的に開発できるというものです。そのため、大陸棚の石油や天然ガスの開発という海洋資源の獲得競争は次第に熱を帯び、その結果、大陸棚の海洋境界画定紛争が多発するようになりました。国際司法裁判所（ICJ）は、1969年の北

海大陸棚事件判決 (西ドイツ対デンマーク・西ドイツ対オランダ) において、沿岸国が大陸棚に対して主権的権利を持つのは、大陸棚が陸地領土の海中への自然の延長をなす事実によると述べました。「陸が海を支配する」という考え方です。

　1960年代の中ごろになると、水深5000メートル前後の海底に、ニッケル、コバルト、銅、マンガンを含有するマンガン団塊資源が大量に存在することが明らかとなりました。しかも、先進国による開発の独占が現実のものとなっていました。1967年の国連総会でマルタのパルドー大使が、世界中の海底が先進国沿岸国の間で分割されるおそれがあると警告し、大陸棚の範囲を明確にし、それ以遠の海底には大陸棚とは異なる深海底制度を樹立し、そこにある資源を人類の共同の財産とすべきであるとの演説を行いました。この演説を契機に、海洋法条約が生まれました。今では、対象がレアアースやメタンハイドレードなどに変化しているものの、海洋資源開発の各国の意欲に変わりはありません。

2　海洋法の仕組み

　海洋法条約は、海洋の秩序を形成する基本的考え方として、2つの考え方を採用しています。1つは、それぞれの海域に対する沿岸国とその他の国の権利義務を定める海域区分の考え方です。みなさんも200海里という言葉を聞いたことがあると思います。海洋法条約は、沿岸国の領海は12海里と定めると同時に、新たに沿岸から200海里までを沿岸国の排他的経済水域 (以下、EEZ) と定め、200海里までの海域と海底及びその下の天然資源の探査、開発及び管理のための主権的権利を定めました。もう1つの考え方は、航行、漁業、資源開発、海洋環境の保護、海洋の科学的調査という事項別規制の方式です。そうすると、沿岸国が他国を排除して独占的に資源の探査や開発を行える範囲はどこまでかということが重要な問題となります。400海里未満で向かい合っている国同士や隣接している国同士では、こうして大陸棚やEEZをめぐる海洋境界の争いが生じることになります。

3　海洋境界確定に関するルールはあるのか

　海洋境界の争いが生じた場合、その争いを解決するためのルールが必要です。国同士が、外交交渉で解決しようとするときに、準拠できるルールが必要です。海洋法条約は、大陸棚に関する境界画定とEEZに関する境界画定について、同一のルールを定めています。第74条1項と第83条1項です。実際、海洋法条約は、大陸棚とEEZの境界画定について次のような同一の条文を置いています。「向かい合っているか又は隣接している海岸を有する国の間における排他的経済水域（あるいは、大陸棚）の境界画定は、衡平な解決を達するために、国際司法裁判所規程第38条に規定する国際法に基づいて合意により行う」との規定です。

　海洋法条約を採択した第3次国連海洋法会議では、海洋境界画定の基準について2つの考えが対立していました。1つは、「等距離中間線＋特別事情」原則であり、もう1つは「衡平原則＋関連事情」原則という考え方の対立です。しかし、海洋法条約はこのような特定の基準を採用せず、衡平な解決に達するために、国際法に基づいて合意により行うことを定めました。海洋境界画定の争いを抱える国は、国際法に準拠しながら合意に基づいて解決しなさいといっているわけです。でも、日本は中国との間で東シナ海における大陸棚とEEZの境界画定について争いを抱えていますし、日本海では韓国との間でEEZの境界画定を抱えています。韓国との間では、1974年に日韓大陸棚協定（北部協定と南部協定という2つの条約から成ります）が締結されています。中国も韓国も、日本と同様に、海洋法条約の締約国です。海洋法条約では、海洋境界画定のルールが定められているのだから、そのルールに従って交渉し、合意をすればいいのではないかと考える方が多いと思いますが、ことはそれほど簡単ではあります。それぞれの国について考えてみましょう。

4　中国とはなぜもめているのか

　中国との間には大陸棚もEEZの境界画定も行われていません。そもそも大陸棚の境界画定について、両国の間でその基準について対立があるからです。

日本は、境界画定に関する最近の国際判例に照らして、大陸棚及び EEZ の境界画定は、ともに等距離中間線に基づき境界を画定すべきだと主張します。これに対し、中国は境界画定の際に等距離中間線を用いることは適当ではないと主張します。特に、大陸棚については大陸棚の自然延長として沖縄トラフ（船状海盆）までの主権的権利を主張します。先の北海大陸棚事件で ICJ が使用していたいわゆる自然延長論です。こうした考え方の相違もあり、日中がお互いにもめている水域、いわゆる係争水域について、日本が、東シナ海全体におけるお互いの 200 海里の主張が重複する海域であると主張するのに対し、中国は、係争海域は日中中間線と沖縄トラフの間であると主張します。

　大陸棚の境界画定の基準は、海洋法条約のルールであらかじめ特定されているわけではありませんが、向かい合っている国同士の間では、等距離中間線が一つの基準とされる傾向にあります。中国が主張する大陸棚の境界画定基準としての自然延長論はもはや決定的なものではなくなりつつあります。たしかに、自然延長論は 1974 年に日韓で大陸棚協定を締結した当時は優先的でしたが、海洋法条約の採択以来、EEZ の概念が定着するにつれ、大陸棚が 200 海里の距離基準に包摂され、大陸棚の概念が EEZ の制度の中に吸収されています。実際、海洋法条約は、大陸棚を次のように定義します。

　　「沿岸国の大陸棚とは、当該沿岸国の領海を越える海面下の区域の海底及びその下であってその領土の自然の延長をたどって大陸棚縁辺部の外縁に至るまでのもの又は、大陸縁辺部の外縁が領海の幅を測定するための基線から 200 海里の距離まで延びていない場合には、当該沿岸国の領海を越える海面下の区域の海底及びその下であって当該基線から 200 海里の距離までのものをいう」。

　たしかに、ICJ は、北海大陸棚事件判決（1969 年）において、1958 年の大陸棚に関するジュネーブ条約第 6 条 2 項の等距離原則を排除し、境界画定は衡平の原則に従い、自然の延長を構成する大陸棚の部分をその国に帰属させるように考慮して、関係国間の合意に基づいて行わなければならないと判示しました。しかし、海洋法条約で 200 海里の EEZ の制度が採用されて以後、ICJ の判例に

は大きな変化がみられます。

1982年のチュニジア・リビア大陸棚事件判決において、ICJ は、「領土の自然な延長という観念は、……それ自体、近隣国の権利に対する関係で一国の権利の及ぶ正確な範囲を決定するのに必ずしも十分ではなく、また適当でさえないであろう」とし、「沿岸国の自然な延長が大陸棚に対するその法的権原の基礎であるという原則は、本件において、隣接する国に属する区域の境界画定に適用される基準を必ずしも提供するものではない」と判決しました。つまり、自然延長の基準によって大陸棚の範囲を定めることはできても、境界画定の基準としてはそのまま用いることはできないというのです。なお、権原とはある行為や主張を行える法律上の根拠という意味です。

また、1985年のリビア・マルタ大陸棚事件判決において、ICJ は、EEZ と大陸棚との関係について、「EEZ と同様に、大陸棚にはいまや距離基準が適用されなければならない」とし、「とりわけ、権原の証明のときはそうであって、200海里以内では沿岸からの距離に依存し、地質学的特性はまったく無関係である」とした上で、「裁判所としては、国家実行は等距離方法又は他のいかなるものも義務的にしていないと考える。ただ『印象的な証拠』として、等距離方法はさまざまな場合に衡平な結果を生み出すことが考えられる」と判決しました。

さらに、2009年2月3日の黒海海洋境界画定事件判決（ルーマニア対ウクライナ）は、海洋境界画定における ICJ の集大成と呼ばれる判決ですが、この判決は紛争当事国双方の裁判官を含む裁判官全員一致の判決であることが注目されます。ICJ は、まず関連する海岸線や関連する海域の設定を行い、境界画定プロセスにおいて暫定等距離線を出発点とする境界画定の方法を採用するなど、過去の判例の蓄積に倣った方式を採用しました。本事件において、裁判所は、まず第1段階として、関連する海岸線と関連する海域を設定した上で、暫定等距離線を引き、次に第2段階として、この暫定線を修正する要因として、関連事情を検討し、最後に第3段階として、両者間に著しい不均衡が存在しているか否かを、比例性概念を用いて検証した上で、最終的な境界線を画定するという方法を採用しました。

ICJ が、海洋法条約採択後、これまでの判例で一貫して衡平な結果に達成す

るために暫定等距離線を用いていることからすれば、裁判所は、自らの判例法の中で(ニカラグア／ホンジュラス海洋画定事件判決では関連する海岸線の不安定を理由に暫定等距離線を用いていないが、それを例外とすれば)、等距離線という特定の基準が第74条1項及び第83条1項の規定に含まれているという解釈を採用せざるを得ないと考えます。

　つまり、日中両国のように、東シナ海をはさんで向かい合っている国同士の間では、等距離中間線が一つの基準とされているといえましょう。換言すれば、大陸棚の境界画定基準としての自然延長論は決定的なものではなく国際判例の中では次第にその比重を低下しつつあるといえます。言い換えると、東シナ海のように向かい合う国の間における400海里未満の海域の境界画定にあたっては、衡平な解決を図るために、自然延長論が認められる余地はなく、中間線を暫定的に引いた上で個々の関連事情を具体的に考慮してその暫定線を修正するという方式が国際裁判では採用される傾向にあるといえます。

　日中両国のように大陸棚の境界画定が未だ定まっていない場合に、EEZ及び大陸棚の境界画定に関する海洋法条約第74条2項及び第83条2項では、「関係国は、合理的な期間内に合意に達することができない場合には、第15部に定める手続〔紛争解決手続〕」に付すると規定しています。しかし、中国は東シナ海の樫(中国名：天外天)や白樺(中国名：春暁)で一方的開発に踏み切る直前の2006年8月25日に、国連事務総長に対して、第298条1項(a)の海洋の境界画定に関する紛争、(b)の軍事的活動に関する紛争及び(c)の国連安保理が国連憲章によって与えられた任務を遂行している場合の紛争につき、第15部第2節(拘束力を有する決定を伴う義務的手続)から除外する旨の宣言を寄託しました。つまり、日本がこの海洋境界画定問題を義務的な仲裁裁判に付託する道は閉ざされています。

　それでは、ICJに紛争を付託する可能性があるかといえば、その可能性は少ないといえます。なぜなら、ICJには強制管轄権がなく、紛争当事国の一方が紛争を相手国の同意なしに付託することはできないからです。ICJの管轄権を認める選択条項についても、日本は選択条項の受諾宣言を行っていますが、中国はこれを行っていません。ICJにこの問題を付託するためには、日中両国の間で特別合意を結ぶ以外に方法はありません。しかし、日本はともかく、海洋

法条約上の義務的紛争解決手続を回避しようとする中国が特別合意の締結に同意するとは考えにくいのが現状です。ということは、外交交渉による解決以外には、この問題を解決する方法はないといえます。

　そこで、日中の外交交渉を振り返ってみましょう。温家宝前国務院総理の2007年4月の訪日の際に、日中両国首脳は、境界画定問題を棚上げにし、東シナ海の問題につき、「互恵の原則に基づき共同開発を行うこと」とし、共同開発については「双方が受入れ可能な比較的広い海域で共同開発を行う」ことに合意しました。共同開発区域設定のための交渉それ自体容易ではありませんが、日中両国が日中友好という大きな枠組みの中でこれに取り組むことは大きな意義がありました。2007年12月、福田総理訪中の際に、日中両国首脳は、東シナ海を「平和・協力・友好の海」とすることで合意しました。さらに、胡錦濤前国家主席が来日された2008年5月、日中両国首脳は、「東シナ海を『平和・協力・友好の海』とするため、境界画定が実現するまでの過渡的期間において双方の法的立場を損なうことなく協力することにつき一致し、そして、その第1歩を踏み出した」と声明しました。そして、2008年6月18日の日中共同プレス発表で、共同開発の合意を発表しました。

　この東シナ海北部の共同開発に関する日中間の合意の法的性格は、海洋法条約第74条3項及び第83条3項でいう「暫定的な取極」です。共同開発合意には次のようなメリットがあります。(1)境界画定に関するお互いの立場を害するものでないことが確認されており、無用な非難合戦を避けることができます。(2)境界の未画定の大陸棚の開発に躊躇していた民間会社を、共同開発という新たな安定的な枠組みの中で呼び込むことができます。(3)1つの鉱床をいかに経済的に効率よく採掘するかという観点からも、共同開発は有意義です。なぜなら、もっとも効率的に採掘できる箇所に共同で杭を打ち込んで生産物を分配することができるからです。残念ながら、両国の間には尖閣諸島(中国名：釣魚島)の領有権をめぐる問題など困難な課題があり、共同開発の合意の実現のための協議も、中断を余儀なくされていますが、両国は日中友好という大きな枠組みの中で、協議の再開に向けて努力する必要があります。

5　韓国とはなぜもめているのか

　韓国とは、中国とは違い、適用されるルールでもめてはいません。なぜなら、両国とも、EEZ の境界画定の基準として中間線を主張しており、その意味では等距離中間線原則の適用に同意しているからです。日本は竹島（韓国名：独島）を基点とした「竹島・鬱陵島中間線」を、韓国はこれまで「鬱陵島・隠岐中間線」を主張していました。ところが、2006 年 4 月以来くすぶっていた竹島周辺海域における海洋調査をめぐる緊張が思わぬ波紋を呼びました。

　2006 年 7 月 5 日、日本の再三にわたる中止ないし延期要請にもかかわらず、韓国は竹島周辺海域で海流調査を実施しました。その際、日本の主張する中間線の日本側海域に韓国の調査船が入域したとされます。これに対して、日本は竹島周辺海域で放射能汚染調査を実施することを通告しました。韓国は当初、調査にあたる日本公船の拿捕も辞さないという強行策を表明しましたが、結局、同年 10 月 7 日に両国で共同調査（相手方調査船への調査員の乗込とデータ交換等）を行うことで妥協が成立しました。

　紛争の背景には、両国がともに竹島の領有権の主張を根拠に、海洋調査には沿岸国の事前の同意が必要だとの態度をとったことがあります。そこで日本は、尖閣諸島周辺海域の場合と同様に、相互事前通報制度の枠組み作りを提案しましたが、韓国はこれを拒否しました。日本は、2001 年に中国との間で口上書を交わし、尖閣周辺海域で海洋調査を行う場合には、事前に相互に通報するとの制度を作りました。残念ながら、最近では、中国による事前通報枠組みに反した行動がみられますが、この制度の導入を韓国側に提起しました。

　しかし、仮に韓国が、日本の反対にもかかわらず、今後海洋調査を強行する事態が生じたとしても、海洋法条約第 241 条が「海洋の科学的調査の活動は、海洋環境又はその資源のいずれの部分に対するいかなる権利の主張の法的根拠も構成するものではない」と規定するように、海洋調査の強行が竹島の領有権の帰趨に影響を与えることはありません。

　ところが、こうした緊張関係のあおりを受けて、韓国は、突如、これまでの姿勢を転換し、中間線の基点となる島を鬱陵島から竹島に変更しました。この通告は、2000 年 6 月以来、6 年振りに再開された 2006 年 6 月の第 5 回目の日

韓両国の EEZ 境界画定交渉で行われました。こうして、竹島の領有をめぐる紛争が両国の EEZ の境界画定交渉に大きな影を投げかけることとなりました。すなわち、EEZ の基点を鬱陵島としていた韓国（竹島は EEZ を有しない岩であるとの理解だったと思われます）は、竹島を基点とした「竹島・隠岐中間線」の立場を採用したのです。これに対して、日本は従来から竹島を基点とした「竹島・鬱陵島中間線」を主張しており、竹島の領土紛争の解決なしに、EEZ の境界画定は困難な事態となりました。このため境界画定の交渉は暗礁に乗り上げています。

　ただ、EEZ の境界画定に関する韓国の方針転換は、見方を変えれば、両国が、竹島が EEZ を有する島であることに合意したことを意味します。海洋法条約第 121 条は島の定義を行い、「島とは、自然に形成された陸地であって、水に囲まれ、高潮時においても水面上にあるものをいう」（1 項）と規定する一方、「人間の居住又は独自の経済的生活を維持することのできない岩は、排他的経済水域又は大陸棚を有しない」（3 項）と規定しています。日比谷公園ほどの広さの岩礁である竹島は、EEZ を有しない島であるとの主張を韓国は放棄したように見えます。高潮時にわずかに北小島及び東小島の 2 つの岩礁が海抜約 16cm と 5cm 海上にでるにすぎない沖ノ鳥島の周囲に EEZ を設定している日本にとっては、この韓国の方針転換は歓迎すべき点もあるといえましょう。

　もっとも、フィリピンが、中国が実効支配している南沙諸島の礁や低潮高地は領海や EEZ、さらには大陸棚をもたず、スカボロー礁などは岩なので、領海しか持ちえないと中国を訴えた南シナ海仲裁事件では、これらの海洋地形は EEZ を有する島とみなしえないとの判決を仲裁裁判所が出しています。海洋法条約附属書Ⅶに基づき設置された仲裁裁判所は、2016 年 7 月 12 日、中国が実効支配する南シナ海の岩礁の法的地位について、いずれも海洋法条約第 13 条にいう低潮高地及び第 121 条 3 項にいう「人間の居住又は独自の経済的生活を維持することのできない岩」と認定しました。この南シナ海仲裁事件判決は、第 121 条 3 項の「人間の居住又は独自の経済的生活を維持することのできない岩は、排他的経済水域又は大陸棚を有しない」との規定の解釈について、「人間の居住」の要件として、安定的な共同体の存在とその海洋地形に居住する人々にとって海洋地形が「故郷（home）」になっていることを要求し、軍人や気象観

測要員など公務員のみが居住している海洋地形は、EEZ を有しない岩と判決しました。この判決に従えば、警備隊員、灯台管理者及び管理事務所職員といった公務員のみが居住している竹島は、岩ということになってしまいます。

　ところで、仮にこの膠着状態を打破するために、日本が、「竹島は領有権を争っている島なのでお互いに EEZ の基点として用いることをやめよう」と提案しても、韓国がこれを受け入れることはないでしょう。なぜなら、韓国は竹島紛争そのものが存在しないという立場をとっており、この日本提案は到底受け入れられるものではないからです。実効支配している国は、往々にして、こうした言い方をします。その意味で、両国の交渉は、しばらく膠着状態が続くと思われます。実際、2007 年 3 月に開催された第 7 回の交渉では、両国は、境界画定は「国際法に基づいて合意により行う」という海洋法条約の条文を確認したにとどまりました。

　万一、外交交渉で島の領有権の帰属が決定したとしても、海洋境界画定にあたって、竹島を島と考えて、この島にどのような効果を与えるかという問題が次に生じます。基点として完全な効果を認めるのか、又は竹島の存在を無視して境界画定を行うのか（無効果）、あるいは 1977 年の英仏大陸棚境界画定事件判決がシリー諸島に対して認めたような半分効果（最初に、島を基点として用いることなく二つの沿岸の間に等距離線を引く。次に、島を基点として用いて等距離線を引く。そして、島に半分効果を与える線は、これらの二つの等距離線の中間に引かれた線ということになります）を与えるのかという問題が残ります。

　韓国との間で日本が抱えている紛争と同様に、島の領有権の帰属と海洋境界画定が請求主題となったのが、ICJ のカタールとバーレーンの海洋境界画定及び領土問題事件判決（2001 年）です。本事件は、その事件名からも明らかなように、カタール半島の一部といくつかの島や礁の帰属の決定と、両国間の海洋境界画定問題がその争点でした。さらに本事件では、かつて被保護国（カタールとバーレーンはともに 1971 年まで英国の被保護国）であった国の島の領有権が争われたという意味でも類似性を見出すことができます。裁判所は、最初の段階で領土問題を、次の段階で海洋の境界画定の問題を扱うという 2 段階アプローチを採用しました。その意味では、最初の裁定は 1998 年 10 月 9 日に、2 番目の裁定は 1999 年 12 月 17 日に下されたエリトリア・イエメン仲裁裁判に類似して

います。

　裁判所は、領有権の帰属の決定にあたって、宗主国の英国がどのような態度をとっていたかを重視しました。裁判所は、争点となっている島などの権原に関する複雑な問題を考察する代わりに、島などの帰属の裁定を行った1939年の英国の決定に焦点を当て、その性質や法的効果にもっぱら依拠したのです。すなわち、両国が保護国から独立する以前の宗主国である英国による1939年決定は、国際法上、「国家間の紛議を、当該国家自らの選択により、かつ法の尊重に基づいて裁判官が解決することである」仲裁とは異なるとしながらも、そのことは当該決定に法的効果がないということを意味しないとして、その決定は両国を拘束すると判決しました。こうした手法が竹島問題に適用されるならば、日本に有利な判決を期待できるかもしれません。

　しかし、韓国についても国際裁判で解決される見込みはありません。韓国もまた、中国と同様に、2006年4月18日に、国連事務総長に対して、第298条1項(a)、(b)及び(c)に定めるすべてのカテゴリーの紛争につき、第15部第2節(拘束力を有する決定を伴う義務的手続)に規定するいかなる手続も受け入れない旨の宣言を寄託しました。そして、同宣言は直ちに効力を有すると付け加えました。韓国は、中国と同様に、ICJ規程の管轄権を認める選択条項受諾宣言を行っていません。

　このように、竹島問題及びEEZの海洋境界画定問題を海洋法条約が定める紛争解決手続である仲裁裁判で解決する途は閉ざされているといえましょう。ICJについても同様です。日本は、1954年と1962年に竹島問題をICJに提訴することを提案しましたが、韓国により拒否されました。日本は、2012年にも竹島問題をICJに共同提訴する提案を行いましたが、韓国は、日本提案は「一顧の価値もない」として、これを拒否しました。

　竹島紛争は存在しないという立場の韓国が、ICJに紛争を付託するための特別合意を締結する可能性はほとんどないといわざるをえないでしょう。

6　東アジアの海洋境界画定の争いの解決は、なぜむずかしいのか

　ICJで解決された海洋境界画定紛争は、すでに1969年の北海大陸棚事件判決

から 2018 年のカリブ海及び太平洋における海洋境界画定事件まで 15 件の判決が出され、国際裁判になじむ主題ともいえます。しかし、東アジアの日中、日韓の海洋境界画定紛争は解決のめどが立たない重要な政治問題となっています。その背景には、島の領有をめぐる紛争の存在があります。中国との間では尖閣諸島が、韓国との間では竹島の領有権紛争の解決がなされないと、海洋境界画定の基点が決まらないので境界画定の合意に至ることができないという問題があります。

　中国は共産党一党支配の体制であり、主権にかかわる問題は国連といえども第三者に委ねる考えをもっていません。先の南シナ海仲裁判決は、中国による仲裁裁判の管轄権否定の選択的除外の宣言をうまくかいくぐって、管轄権を設定でき、本案まで進み、中国敗訴の結果がもたらされました。しかし、中国は一貫して裁判を欠席しこれを無視する態度に出ました。判決後も、中国は、判決は無効で国際法違反であるとして、これに従っていません。その背景には、中国共産党の無謬性の考え方があります。党の指導は常に正しく、間違いはないというのです。国際裁判で敗訴となれば、中国共産党は間違っていたということになるので、そうした判決は受け入れられないということになります。

　韓国は、中国とは異なり民主主義体制の国ですが、保革の対立が激しく、国際裁判で敗訴すればその政権は持たないといわれています。それに加えて、最近の日韓関係の悪化がこの問題の解決の見込みをいっそう遠ざけています。2018 年 10 月 30 日の韓国大法院による元徴用工をめぐる判決は、これまで日韓両国政府がとってきた 1965 年の日韓請求権協定（日韓国交正常化の際に日韓基本関係条約とセットで締結されました）で徴用工の問題は解決済みとの結論を覆しました。日本企業に賠償を命じたこの判決により、日韓関係は緊張の一途をたどっています。2019 年 8 月 2 日に、日本が輸出管理における優遇対象となるホワイト国から韓国を除外する措置を決定したことに対抗して、韓国は同月 12 日、日本を輸出管理におけるホワイト国から除外しました。また、同月 27 日には、竹島で大規模な軍事演習を強行しました。さらに、同年 9 月 2 日、日本と締結していた軍事情報包括保護協定（GSOMIA）を破棄しました。これにより、日韓関係は国交正常化以来最悪の状況を迎えています。中国との比較でいえば、韓国との場合には、今のところ解決の糸口すらみえない状況です。

　それでも、法の支配の尊重を主張する日本としては、海洋境界画定紛争を力ではなく国際法に基づいて平和的に解決するためには、直接交渉や国際裁判など第三者の紛争解決機関に委ねる道を模索すべきでしょう。なぜなら、日本も中国も韓国もともに国連の加盟国であり、国連憲章第 2 条 3 項は、加盟国に紛争の平和的解決の義務を課しているからです。

参考文献

小田滋 1985『注解国連海洋法条約上巻』有斐閣

坂元茂樹 2018『日本の海洋政策と海洋法』信山社

芹田健太郎 1999『島の領有と経済水域の境界画定』有信堂高文社

村瀬信也・江藤淳一編 2008『海洋境界画定の国際法』東信堂

薬師寺公夫・坂元茂樹・浅田正彦・酒井啓亘編集代表 2019『判例国際法 [第 3 版]』東信堂

尖閣諸島
──国有化後の課題──

1　紛争化に成功した中国

　2012年8月15日、香港の活動家14人が、中国の領有権を主張して尖閣諸島魚釣島に上陸した。政府は彼らを逮捕したが、混乱の長期化を恐れ、17日に強制送還した。巡視船にレンガ片を投げるなどの行為はあったが、公務執行妨害罪に当たらないと判断した。こうした日本政府の配慮にもかかわらず、中国各地では反日デモが拡大した。世界の目には、日中間に尖閣をめぐる領有権紛争があると映ったはずである。

　日本政府は、尖閣諸島について、「日本固有の領土であり、領有権問題は存在しない」との立場を一貫してとってきた。これに楔を打ち込んだのは、鄧小平副首相である。彼は、尖閣諸島問題の棚上げを提案した。日本は、領有権紛争があるとの立場に合意したわけではないが、これを受け入れた。日中友好という「大局」の中で、この問題で中国を刺激しないことが日本の対中政策の最重要課題となった。

2　領有権根拠の発信で遅れた日本

　そのために日本がとった政策は、外務省の「対外応答要項」に示されるように、尖閣諸島について、(1)議論の余地がないものであるから議論しない、(2)さらに問われた場合は外務省の「基本見解」を繰り返すという二段構えになったとされる[1]。こうしたこともあり、日本の領有権の主張は、国際社会で十分に周知されない状況が生まれた。他方で、中国はインターネットという国際言語空

間で自らの領有権の根拠を垂れ流している。その結果、2010 年 9 月に発生した中国人船長逮捕事件を報じた米国のニューヨークタイムズ紙には、「私の感じでは、中国領土だと思う」との記事が掲載されたほどである。

　しかし、そこで根拠とされたのは、古くから尖閣諸島が中国船舶の航行の目安として使用されていたというものだった。たしかに、尖閣諸島は明・清時代の冊封使録その他の文献に釣魚嶼、黄尾嶼、赤尾嶼として記述されてはいる。しかし、冊封使の航路目標としてこれらの島が知られていたとしても、そのことが領有権の根拠とならないことは自明である。この中国の理屈を貫けば、沖縄も琉球として記述されていたので、中国領だということになってしまう。

　注意すべきは、日本国民の多くが中国の領有権の主張は強引だとの印象をもっているが、諸外国では必ずしもそのように受け取られていないことである。南シナ海における中国の九段線に基づく行動について、多くの国は強引との印象をもっているが、東シナ海のそれには必ずしもそうした印象をもっていないのである。日本政府としては、南シナ海と同じ構図が東シナ海でも起こっていることを国際社会に知らしめる必要がある。

3　日本は中国の意図を挫くことに成功しているか

　中国の領有の意図を挫くためには、日本が取締りを実効的に行う必要がある。しかし、日本はこれを十分に果たしていないように見える。2010 年 9 月 24 日、東シナ海の尖閣諸島沖で公務執行妨害罪の容疑で逮捕した中国人船長を日本政府は処分保留のまま釈放し、2011 年、不起訴処分とした。政府のこの措置の背景に、中国の強硬な対抗措置があったとしても、「領有権を争っている地域だから、自国の法律を一方的に適用するのは差し控えよう、それが紛争の拡大を防ぐことになる」という論理を採用したように映る。冒頭の香港の活動家に対する退去強制の措置も、日本の主権の発現という点では不十分なものだった。香港の活動家はすでに 10 月に再上陸を試みることを明言しており、今回の措置が根本的解決策でなかったことは明白である。少なくとも、再発防止に資するものでなかったは明らかだ。

4　日本が今後とるべき政策

　冒頭に紹介したように、中国の政治指導者は、かつて「尖閣諸島の紛争を棚上げしよう」と主張した。しかし、日本の主権に公然と挑戦する行為を繰り返しているのは、当の中国である。日本の一部には「紛争の棚上げ」が国益だとの主張もあるが、相手のあるこの問題で、「紛争の棚上げ」は事実上不可能になっていることに気づくべきである。

　政府は、日本の実効支配を強めたいとする石原慎太郎東京都知事の尖閣諸島購入の計画を阻止し、同諸島を国有化する方針を決定した。同時に、政府は「平穏かつ安定した維持・管理」の名の下に、避難港の建設などは行わず、政府職員以外の立入りを認めない空島政策を継続する意向を示している。さらには、中国への配慮から、「国有化」ではなく、「尖閣諸島の取得・保有」という表現を用いるに至っては、無用の 慮 りである。

　尖閣諸島を引き続き日本領として維持し管理するためには、戦略の転換が必要である。野田佳彦総理は「大局をみる」必要性を強調するが、領域主権に関わる問題は、日中関係に悪影響を与えないという「大局」観とは別次元の問題であることを自覚する必要がある。今、求められているのは、領土を守る覚悟と備えである。奥脇直也教授の表現を借りれば、「わが国が領土保全の確固たる決意と能力を持つというサインを出し続ける必要がある[2]」。

　政府の「平穏」政策は諸刃の剣の側面がある。政府の意図には、中国海軍が東シナ海に前面に出てくることを避けたい、そうした口実を与えないようにしようという配慮があると思われる。しかし、逆に日本に隙があると捉えかねられない側面がある。忘れてならないのは、日本政府がどのように振る舞おうと、中国政府をコントロールすることはできないということである。中国海軍が進出していないのは、尖閣諸島は日米安保条約の適用範囲内だという米国の発言があるからである。中国は、今後、必死になって、尖閣諸島を日米安保と引き離そうとするであろう。それを阻止するために、政府は、日米同盟の機能強化はもちろん、尖閣諸島を維持・管理するための海上保安庁や自衛隊の機能の強化を図る必要がある。

注

1　谷口智彦「尖閣諸島に対する日本の主張」『島嶼研究ジャーナル』創刊号 24-25 頁
　　参照

2　奥脇直也「守れるか　海洋権益（上）　アジアの枠組み創設急げ」『日本経済新聞』
　　2012 年 6 月 14 日朝刊。

尖閣国有化10年後の現在（いま）

1 常態化した中国の領海侵入

　日本は、尖閣諸島の平穏かつ安定的管理のため、2012年9月11日の閣議決定で、これまで私有地であった尖閣諸島の魚釣島、北小島および南小島を国有財産化（以下、国有化）した。中国は、この国有化を日本による現状変更だと非難した。中国は、同月14日、国有化に対する対抗措置として、6隻の中国公船を領海侵入させた。結局、2012年の中国公船の接続水域の入域は91日、領海侵入は23日に達した。

　海警法が制定された2021年には、中国海警船による接続水域の入域は332日、領海侵入は40日になった。この10年で領海侵入の数はほぼ2倍となり、中国公船の接続水域の入域はほぼ毎日となった。中国国防部は、2021年3月1日、尖閣諸島周辺海域における中国による領海侵入について、「中国公船が自国の領海で法執行活動を行うのは正当であり、合法だ。引き続き常態化していく」との挑発的な発言を行った。

2 狙われ始めた日本漁船

　確かに中国海警船による領海侵入は常態化している。2022年10月末現在、領海侵入はすでに29日に達しており、昨年と大きな変化は見られない。しかし、変化している点もある。最近では、中国海警船の日本領海への侵入に際して、日本漁船を追尾する事例が増えている。

　2020年5月8日、2隻の中国海警船が尖閣の日本領海で日本漁船を追尾した事例では、日本政府の主権侵害であるとの抗議に対して、中国政府は、日

本漁船は中国の「領海」内で違法操業をしていたため中止を求めたとする一方、海上保安庁による「妨害行為」に再発防止を求めた。中国海警（以下、海警）は、2020年8月以降、尖閣諸島の日本領海で日本漁船を見つけた場合、原則直ちに追尾する方針に変更したといわれている。海警が、日本漁船の操業を中国「領海」内での「違法操業」の事例として拿捕抑留する事例が生ずれば、日本の尖閣諸島に対する排他的統治の実態は大きく揺さぶられることになる。

3　二重機能をもつ海警の誕生

中国は、2013年に、海監、海警、海巡、漁政、海関の五龍と呼ばれ、それまで分立していた5つの海洋に関する法執行機関を束ねる中国海警局を創設した。その海警は、さらに2018年に武警海警総隊に改編され、人民武装警察部隊の指揮下に入った。海警は、人民解放軍と同様に、中国共産党中央と中央軍事委員会の一元的な指揮を受ける軍隊組織に変わった。

海上法執行を軍隊組織が担うことは各国の実行にも見られ、そのこと自体が問題になるわけではない。世界を見渡せば、イギリスは海軍が海上警察の任務を行っているし、米国のように海上法執行を担う沿岸警備隊を設置しているものの、米国連邦法上は、陸海空軍と海兵隊に次ぐ第5軍とされる機関もある。

2021年2月1日に施行された海警法は、「海警機関は『中華人民共和国国防法』、『中華人民共和国人民武装警察法』等の関係法令、軍事法規及び中央軍事委員会の命令に基づき防衛作戦等の任務を執行する」（第83条）と規定する。つまり、海警は、自国の管轄海域で防衛作戦を行う海軍の機能（軍事的活動）と海上法執行機関の機能（法執行活動）という二重の機能をもつ組織となった。新たに付与された防衛作戦の任務に照らせば、軍隊組織としての色彩がさらに強くなり、装備面でも大型化、武装化が進むものと思われる。

4　「中華人民共和国の管轄海域」に適用される海警法

海警法は、海警が活動する海域として、「海警機関が中華人民共和国の管轄海域（以下、「我が国管轄海域」という。）及びその上空において海洋権益擁護法執

行業務を展開するとき、本法を適用する」(第3条)と規定する。このように、「中国人民共和国の管轄海域」という概念を用い、国連海洋法条約上、本来、管轄権を行使できない海域(例えば、南シナ海の九段線内の海域)で海警が海洋権益擁護の法執行業務を展開することを明記している。注意すべきは、同法が「その上空において海洋権益擁護法執行業務を展開する」としている点である。領海の上空はたしかに領空であり、領空侵犯に対して下位国が管轄権を行使することは国際法上許容されるが、排他的経済水域の上空は国連海洋法条約第58条1項で公海と同様に上空飛行の自由が認められており、これに管轄権を行使すれば条約違反となる。

　さらに注目されるのは、海警法の、「国家主権、主権的権利及び管轄権が海上においてまさに外国組織及び個人の不法な侵害を受け又は不法な侵害を受ける差し迫った危険に直面したとき、海警機関は本法や関係の法律、法規に基づき、武器の使用を含む一切の措置をとってその侵害を制止し、危険を排除する権限を有する」(第22条)との武器使用に関する条文である。この条文でいう「外国組織」は、国家主権が侵害を受ける場合を想定していることを考えれば、「外国の国家組織」を含むと解される。

　尖閣周辺海域で日本の海上保安庁の巡視船が中国海警船による日本漁船の追尾を中断させる行為を行った際に、海警は、「法に基づき職務執行する過程において、妨害を受けたとき」(第46条3号)の規定に該当するとし、日本の巡視船の行為を妨害行為とみなして武器を使用する可能性も排除されていない。しかし、政府公船は他国の執行管轄権からの免除が認められており、仮に中国が日本の巡視船に対して妨害行為を理由に武器を使用すれば国際法違反となろう。

　また、漁船など民間船舶に対する武器の使用については、国際海洋法裁判所(ITLOS)が、①武器の使用は可能な限り回避し、②必要な限度を超えずかつ合理的なものであること、③人命を危険にさらさない必要がある、との3要件を判示しており、仮に中国海警船がこれと異なる対応を日本漁船に行えば国際法違反となる。

5　尖閣諸島の奪取を狙う中国

　報道によれば、中国の習近平国家主席は 2016 年に開催された軍幹部の非公式会議で、尖閣諸島や南シナ海の権益確保は「われわれ世代の歴史的重責」と述べ、南シナ海の軍事拠点化を指示したとされる。この発言の約 3 カ月半後に中国軍艦が初めて尖閣諸島周辺の接続水域に入域した。

　2022 年 10 月 22 日に閉幕した中国共産党大会で、中国共産党内での習氏の「核心的な地位」と習氏が掲げる思想の「指導的な地位」を確立する「2 つの確立」が党規約に盛り込まれた。習近平氏の発言は、絶対的な重みをこれまで以上に持つことになった。

　南シナ海や東シナ海の海洋権益の確保を「核心的利益」と位置づける中国の国家意思に当面変更は生じないと思われる。尖閣諸島を中国に奪われ、南シナ海と同じように軍事基地化されれば、日本の安全保障は重大な危機に直面する。加えて、沖縄の漁民は漁業権を奪われ、そして尖閣諸島周辺の豊かな海洋資源も奪われることになる。日本は、中国の本気度を見誤ることなく、冷静かつ毅然とした態度で領海警備を続ける必要がある。

2　国際法で読み解く外交問題

(1) 中国

中国の人権問題と日本の対応
——ジェノサイドの主張に対する協力義務——

1　はじめに

　中国が新疆ウイグル自治区で行っている行為を最初に「ジェノサイド（集団殺害）」と主張したのは、退任する 2021 年 1 月 19 日、トランプ政権のポンペオ国務長官であった[1]。後任のバイデン政権のブリンケン国務長官も、自らの指名に関する上院公聴会でウイグル人にジェノサイドが行われているというポンペオ前長官の認定に同意するかを問われ、「それは私の判断でもある」と述べて、これに同意した[2]。同年 3 月 22 日、米国務省は、英国・カナダ、EU と連携して、「中国が新疆ウイグル自治区でウイグル族に対するジェノサイドや人道に対する罪を続けている」と述べて中国への制裁に踏み切った[3]。米財務省はこうした人権侵害に関与したとして、新疆公安局長の陳明国氏と「新疆生産建設兵団（XPCC）」党書記・政治委員の王君正氏に制裁を科した[4]。

　EU も、同日、中国当局者 4 人（上記 2 人に加え、元中国政法委員会書記の朱海倫氏と新疆党委員会常務委員の王明山氏）と「職業技能訓練センター」と称する強制収容施設を管理する XPCC 公安局に、EU 域内の資産凍結と EU への渡航を禁じる標的制裁（targeted sanction）の措置をとった。その後、豪州・NZ が続いたことで、1989 年の天安門事件以来となる中国への制裁で欧米各国の足並みがそろった[5]。1989 年と異なるのは、各国はいわゆる「マグニツキー法」を制定して、外国で起きた人権侵害に関わった個人や団体に資産凍結やビザ発給停止などの制裁を科す国内法を整備しており[6]、EU に関して言えば、1992 年の欧州連合条約 21条により、「人権及び基本的自由の普遍性と不可分性、人間の尊厳の尊重」（1 項）が EU の対外行動を導く諸原則として明記されたことである。他方、日本政府

は、「我が国としては、新疆ウイグル自治区の人権状況について深刻に懸念している[7]」と述べるにとどまり、具体的な制裁には加わってはいない。

2021 年 4 月 6 日、「人権外交を超党派で考える議員連盟」が設立され、「日本版マグニツキー法」の制定を目指し、ジェノサイド条約の加入を主張した。

2 ジェノサイド条約の加入問題

ジェノサイド条約 (1948 年) は、その正式名称「集団殺害犯罪の防止及び処罰に関する条約」が示すように、締約国にジェノサイドの防止義務と処罰義務を課している。2021 年 9 月現在、152 カ国が締約国になっているが、日本は同条約に加入していない。

日本は 2007 年 7 月にジェノサイドを対象犯罪とする国際刑事裁判所 (ICC) 規程の締約国になっており、ジェノサイド条約に加入する必要はないと説明するが、もう一つの理由は、ジェノサイド条約 3 条が処罰行為と定めた「集団殺害の共謀」及び「集団殺害の直接かつ公然の扇動」((b) 号・(c) 号) と日本刑法との間に齟齬があり、刑法改正なしには加入できないからである。日本刑法では教唆犯とは「人を教唆して犯罪を実行させた者」(刑法 61 条) をいい、実行行為を伴う必要がある。単なる「扇動」では処罰の対象にならない[8]。また、実行行為を伴わない共同謀議それ自体を処罰する刑法規定も限られている。

2021 年 3 月 10 日の衆議院外務委員会において先の議員連盟の共同会長である山尾志桜里委員が、ジェノサイド条約の加入に向けて、「この部分 [(b) 号・(c) 号] を留保して締結することも一つの知恵だというふうに思います」と提案した。これに対して、赤堀毅政府参考人は、「一般論として申し上げれば、条約の締結に関する留保については、当該条約の趣旨及び目的と両立するものである必要があると認識しております」と述べた後、「我が国におけるジェノサイド条約締結の必要性、締結の際に必要となる国内法整備の内容等につき、引き続き慎重に検討を行う必要があると考えております」との慎重な姿勢を示した[9]。この答弁の背景には、条約の処罰義務の対象範囲を制限する留保が、条約の趣旨及び目的と両立すると考えることが困難だとの認識があると思われる。

ジェノサイド条約は、ジェノサイドを「国際法上の犯罪」とし、締約国は「こ

れを防止し処罰することを約束する」(1条)条約であり、処罰行為の一部(共謀や扇動)を、日本が国内刑法を理由として留保を伴ってジェノサイド条約に加入すれば、締約国からの異議が予想される。国際法委員会(ILC)は、2011年に採択した「条約の留保に関する実行ガイド」において、「留保が条約の存在理由を損なうような方法で、当該条約の趣旨に必要な条約の基本的な要素に影響を及ぼす場合は、当該留保は条約の趣旨及び目的と両立しない」(3・1・5項)とし、「条約の趣旨及び目的は、条約の文脈、特に条約の名称及び前文など条約の文言を考慮して、誠実に決定する」(3・1・5・1項)と述べている。日本の留保は、他の締約国から条約の趣旨及び目的と両立しないとの異議が唱えられる可能性が高い[10]。

　実際、国内法を理由とする留保を付してジェノサイド条約へ加入することはそれほど簡単ではない。米国は、1988年11月25日のジェノサイド条約の批准に際して、国内法との関連で、「ジェノサイド条約のいかなる規定も米国が解釈する米国憲法によって禁止される米国による立法又はその他の行為を要求し又は許可するものではない」(2項)との留保を付した。

　しかし、この米国の留保に対して、「エストニア政府は、米国の留保はジェノサイド条約に関して負う米国政府の義務の範囲を不明確なものにすることを根拠に、この留保に異議を唱える。条約法条約に従えば、いかなる締約国も条約の不履行を正当化するものとして自国の国内法の規定を援用することができない」との異議を唱えた。同様の異議は、デンマーク、フィンランド、アイルランド、イタリア、オランダ、ノルウェー、スウェーデン及び英国によって行われた[11]。

　また、ジェノサイド条約2条は、ジェノサイドの定義として、「集団殺害とは、国民的、民族的、人種的又は宗教的な集団の全部又は一部に対し、その集団自体を破壊する意図をもって行う次のいずれかの行為をいう」(傍点筆者)として、「(a)集団構成員を殺害すること。(b)集団構成員の身体又は精神に重大な害を与えること。(c)集団の全部又は一部に対し、身体的破壊をもたらすことを意図した生活条件を故意に課すること。(d)集団内部の出生を妨げることを意図する措置を課すること。(e)当該集団の児童を他の集団に強制的に移すこと」の5つの行為を規定する。この「意図」の要件がジェノサイドの認定を困難にする。

　実際、これまでジェノサイドと認定されたのは、ルワンダ国際刑事裁判所
（ICTR）のアカイェス事件判決（1998 年 9 月 2 日第一審裁判部判決）でのルワンダの
大虐殺（1994 年）、旧ユーゴ国際刑事裁判所（ICTY）のクルスティッチ事件判決
（2001 年 8 月 2 日控訴審判決）でのスレブレニツァの虐殺（1995 年）の 2 例に過ぎな
い[12]。

　なお、国際司法裁判所（ICJ）は、ジェノサイド条約適用事件（2007 年 2 月 26 日
本案判決）で、ジェノサイド条約について、条約の準備作業を踏まえて、1 条は、
ジェノサイドを「国際法上の犯罪」とすることで締約国にそれを実行しない義
務を課しており、防止義務には当然に実行の禁止が含意されている[13]。3 条に
列挙されたジェノサイドとして処罰される行為は、確かに個人の刑事処罰に関
するものであるが、それらの行為に対して国の責任が生じることを否定するの
は、条約の趣旨及び目的と両立しない、と述べた[14]。つまり、ジェノサイド条
約は個人の刑事責任と国家責任という二重の責任を規定した条約だと言うので
ある[15]。

　そして、この防止義務は国家責任法上の「相当の注意義務」であると解した。
つまり、防止義務は、状況のいかんを問わず防止に成功する義務を負わないと
いう意味で、行為の義務であって、結果の義務ではない[16]。これに反し、ジェ
ノサイドを実行しない義務は、結果の義務とされる。しかも、当該義務は単に
条約上の義務ではなく、もはや慣習国際法上の義務であり、しかも強行規範の
性格をもつとされる。

　国家責任に関する慣習国際法規則を表現したものとして、ICJ によって頻繁
に引用されている国家責任条文は[17]、「一般国際法上の強行規範の下で生じる
義務の重大な違反」について、「生じさせた状態を適法なものとして承認して
はならず、その状態の維持を支援し又は援助してはならない」（41 条 2 項）と規
定する。仮にこの条文が慣習国際法の規則であり、かつ「責任国による当該義
務の著しい又は系統的な不履行を伴う場合には重大な違反となる」（40 条 2 項）
という条件を満たす場合には、日本にはこうした義務がかかることになる[18]。

　現在、ILC で作業中の「一般国際法の強行規範（ユス・コーゲンス）」のトラディ
特別報告者による第 3 報告書（2018 年）では、国家責任条文の採択当時（2001 年）は、
ILC は 41 条の義務は国際法の漸進的発達と見なしていたが、現在では現行の

慣習国際法上の義務であると認めているとし、強行規範であるパレスチナ人民の自決権の違反として違法状態の終了を求めた ICJ のパレスチナ占領地域における壁構築の法的効果事件の勧告的意見（2004 年）を引用している[19]。その結果、XPCC で生産された綿花を原材料とする製品の輸入や販売を承認することは支援にあたるとして、輸入停止の措置をとる義務が生ずるとの解釈も可能となる。しかし、その前提として 40 条 2 項の「著しい又は系統的な不履行」の立証が必要である。なお、第 4 報告書（2019 年）では、網羅的リストではないとしながらも、ジェノサイドの禁止、人道に対する罪及び拷問の禁止が、侵略の禁止とともに強行規範の例として挙げられている[20]。

いかなる国家機関の行為も国際法の下では国の行為とみなされ、当該行為が国際義務に違反する場合は国家責任が生じる（国家責任条文 4 条）。中国はジェノサイド条約の締約国である。欧米諸国の経済制裁の標的となっている人物は新疆ウイグル自治区の政府の責任者であり、ジェノサイドが立証されれば、その責任は中国という国家に帰属する。

欧米諸国は、中国が新疆ウイグル自治区の収容所において国際犯罪とされるジェノサイドや人道に対する罪に該当する大規模人権侵害を行っていると確信し、経済制裁に踏み切っている。2021 年 5 月 12 日、欧米 18 カ国の国連代表部と国際人権団体が新疆ウイグル自治区の人権状況について「ハイレベルイベント」と題するオンライン会合を開催し、相次いで中国を非難した。しかし、中国は「ジェノサイドや強制労働、組織的強姦や拷問は世紀の大うそだ」と反論し、ウイグルでの人権弾圧を否定し、欧米各国や国際 NGO が求める国連による現地調査を拒否し続けている[21]。

最後に、ジェノサイド罪に関する管轄裁判所を規定したジェノサイド条約 6 条に関する ICJ の解釈に触れる必要がある。ICJ は、6 条が「集団殺害又は 3 条に列挙する他のいずれかの罪に問われている者は、……国際刑事裁判所により裁判を受ける」と規定していることを捉えて、条約の締約国に国際刑事裁判所に協力し自国領域内に所在する容疑者を逮捕し又は引き渡す義務を課しているとの解釈を採用した[22]。たしかに、ジェノサイドを防止し処罰するという条約の目的に照らせば、判決のような解釈が排除されるわけではないが、はたして、6 条の文言からこうした ICC への協力義務が一義的に導きだせるかどうか微妙

である[23]。他方で、この協力義務が明確に規定されているのが、日本が締約国となっている ICC 規程である。

---

3 ICC 規程における協力義務の範囲

ICC 規程 86 条は、「締約国は、この規程に従い、裁判所の管轄権の範囲内にある犯罪について裁判所が行う捜査及び訴追において、裁判所に対し十分に協力する」との協力義務を課している。

中国は ICC 規程の締約国ではない。また報道によれば、2020 年 12 月、ICC は、新疆ウイグル族に対するジェノサイド罪の捜査を開始するにはもっと証拠が必要であるとの立場を表明している[24]。ICC 規程 13 条 (b) 号に従い、国連の安全保障理事会が新疆ウイグル自治区の犯罪を検察官に付託すれば、ICC は管轄権を行使できるが、中国は常任理事国であり拒否権によって阻止されるであろう。こうした困難はあるが、仮に ICC が事件として取り上げ、その容疑者が日本に所在する場合には ICC 規程 89 条に従い、日本が容疑者を逮捕し引渡しに応ずる義務が規程並びにその実施法たる国際刑事裁判所協力法（以下、ICC 協力法）から生ずることになる。

問題は、ジェノサイド条約 3 条 (b) 号・(c) 号の行為及び ICC 規程 25 条 3 項 (c) 号の「集団殺害に関し、他の者に対して集団殺害の実行を直接にかつ公然と扇動すること」を理由に起訴された容疑者が日本領域内に存在する場合に、日本が、日本刑法を理由に、規程 86 条の協力義務の対象範囲ではないとして、これを拒否できるかどうかである。ICC 規程 89 条 1 項は、「裁判所は、ある者の逮捕及び引渡しの請求を……当該者の逮捕及び引渡しにおいて当該国の協力を求める。締約国は、この部の規定及び自国の国内法の手続に従って逮捕及び引渡しの請求に応ずる」と規定するが、この規定の存在にもかかわらず、日本が引渡し義務に応じないということがはたして可能であるかという点である。

これには二つの解釈の可能性がある。1 つは、逃亡犯罪人引渡しに関する双方可罰の原則が慣習国際法であることを根拠に、「集団殺害の共謀」及び「集団殺害の直接かつ公然の扇動」の罪で引渡請求がなされた場合は、2007 年 10 月 1 日に施行された ICC 協力法 19 条 2 項 2 号の「引渡犯罪に係る行為が日本国内

において行われ、又は引渡犯罪に係る裁判が日本国の裁判所において行われたとした場合において、日本国の法令により引渡犯罪人に刑罰を科し、又はこれを執行することができないと認められるとき」に該当するとし、引渡しに協力する義務はないと主張することである。しかし、同規定は、ICC 規程 70 条（裁判所の運営に対する犯罪）1 項に掲げる犯罪のみに関係し、ジェノサイド等のいわゆる ICC 規程対象犯罪には適用がないので、この主張はむずかしいと思われる。結局、規程 86 条の協力を行う一般的義務に基づいて、ジェノサイド等の「裁判所の管轄内にある犯罪」について充分に協力する義務が締約国である日本にはあるので、日本が処罰できないならば、補完性原則により ICC にジェノサイドの扇動者も含めて引き渡すことになろう。

　もう一つの解釈は、ICC 規程は一般法である慣習国際法に対して特別法の地位にあり、「特別法は一般法を破る」という慣習国際法規則に従えば、日本がICC 規程の批准の際に、先の点を明示に留保していない限り、日本刑法上処罰の対象とならないジェノサイドの共謀や扇動を理由に引渡しを拒否することをできないという解釈である[25]。換言すれば、留保もなしに、ICC 規程の締約国である日本は、自らの国内法を理由に引渡しを拒否できないという解釈である。なぜなら、日本が締約国である条約法条約 27 条は、条約の不履行の正当化根拠として自国の国内法を援用できないと定めているからである。

　今のところ、ICC がウイグル族に対するジェノサイド罪の捜査及び起訴に至っていないので、こうした問題は発生していないが、ICC 規程の締約国として留意しておくべき問題である。次に、新疆ウイグル自治区の人権状況について国連や国際人権 NGO がどのように認識しているかを見てみよう。

4　国連及び国際人権 NGO による認識

　2018 年 8 月 30 日、人種差別撤廃委員会は、中国の第 14 から 17 回定期報告書審査の総括所見において、テロリズムと宗教的過激主義を阻止するとの口実の下に、新疆ウイグル自治区で多数のウイグル族及び他のイスラム少数民族が外部と連絡を絶たれて長期間収容され、しかもどれだけの人たちが「再教育キャンプ」で抑留されているのかの公式のデータがないことを遺憾に思うと述べた。

委員会は、その推定は何十万人から百万人に及んでいるとした（40項(a)）。そして、超法規的な抑留施設で適法な刑事犯罪の起訴や裁判、宣告なしに個人を抑留する実行を停止すること、直ちにこうした状況下で抑留されている人々を解放し、違法に抑留されている人々に救済を求めることを許すように勧告した（41項(a)・(b)）[26]。

　同年11月6日に開催された国連人権理事会の中国の第3回普遍的定期審査(UPR)において、150カ国が発言し、合計346の勧告が行われた。その中で、この新疆ウイグル自治区の問題が取り上げられ、NZ、英国及びフランスが先の人種差別撤廃委員会の勧告を履行するように勧告した。また、デンマーク、ドイツ、ハンガリー、ノルウェー、豪州、スイス、アイルランド及びオランダが新疆ウイグル自治区の国連の特別手続報告者の完全なアクセスを認めるように勧告した。さらに、豪州、米国、ベルギー、カナダ及びドイツは、「再教育キャンプ」などすべての形態の恣意的抑留の停止とウイグル人や他のイスラム教徒の解放を勧告した[27]。

　しかし中国は、これら欧米諸国の勧告を受け入れないとの決定を行った。中国は、特別報告者らの新疆ウイグル自治区の調査について、中国政府への圧力の口実としての訪問や主権及び国内管轄事項への干渉には断固として反対するとし、さらに新疆ウイグル自治区では法に従って過激なテロリストと戦う努力がなされており、恣意的抑留の問題は存在しないと述べた[28]。

　翌2021年3月29日、国連人権理事会のビジネスと人権に関する作業部会は、ウイグル人労働者に対する深刻な人権侵害の通報を受けたとし、立証されれば重大な人権侵害を構成するウイグル人の抑留と綿花栽培などでの強制労働に深刻な懸念を表明した。同時に、事実調査の任務を行うために中国に対して妨害のないアクセス及びグローバル企業及び国内企業にそのサプライチェーンを綿密に調査することを要請した[29]。

　このように新疆ウイグル自治区における人権状況に対する国連の関心は高く、2021年10月6日には、日本を含む39カ国が国連総会第3委員会において、新疆、香港及びチベットの人権状況に深刻な懸念を表明し、特に新疆ウイグル自治区については、大規模な「政治的再教育キャンプ」のネットワークの存在及び信頼性のある報告書ではそこで百万人を超える人々が恣意的に抑留されてい

ることに重大な懸念を有し、信条の自由、移動、結社の自由並びにウイグル文
化への厳しい制限がなされ、ウイグル人や他の少数者に対する広範な監視がな
され、強制労働や不妊手術を含む強制的な出生管理の報告がなされているとし
た。そして、中国に対して、国連人権高等弁務官、関連する特別手続の任務保
持者を含む独立の監視員の新疆への迅速で意味のある、制限されないアクセス
を許可するよう求める共同声明が読み上げられた[30]。この声明の中には、「集
団内部の出生を妨げることを意図する措置をとること」といったジェノサイド
行為を匂わす表現がある。

　他方で、国際人権団体ヒューマンライツ・ウオッチは、2021 年 4 月、「彼ら
の血統を断て、彼らのルーツを断て：ウイグル人及び他のチュルク系イスラ
ム教徒を標的にする中国政府による人道に対する罪」と題する報告書を公表し
た。ルワンダ国際刑事裁判所 (ICTR) は、民族的集団を「その構成員が共通の言
語又は文化を共有する集団」と、宗教的集団を「その構成員が同一の宗教、宗
派又は礼拝の方式を共有する集団」と定義しており、ウイグル族がこれに該当
することは明らかである[31]。ただし、強制的同化政策、すなち「中国化」により、
モスクの破壊などウイグル族の歴史的、宗教的及び文化的財産の破壊などの証
拠が仮にあったとしても、ジェノサイド条約ではこうした文化的ジェノサイド
は処罰すべき行為に含まれていない。むしろ、ヒューマンライツ・ウオッチは、
報告書の中で、新疆ウイグル自治区における収容されているチュルク系イスラ
ム教徒の強制労働、拘禁及びその他の身体的な自由の著しいはく奪、拷問、迫
害、強制失踪、強姦、強制不妊手術及びその他の形態の性的暴力、住民の追放
及び強制移送は ICC 規程が列挙する人道に対する罪を構成すると結論してい
る[32]。注目されるのは、新疆のチュルク系イスラム教徒に対して主張される人
道に対する罪又は他の人権侵害を調査する国連事実審査委員会を設立する決議
を国連人権理事会は採択すべきである、と勧告していることである[33]。

　また、国際人権団体アムネスティ・インターナショナルも同様に、2021 年
6 月 10 日、「われわれは戦時における敵のよう：中国による新疆におけるイス
ラム教徒の大規模な抑留、拷問及び迫害」と題する報告書を公表した。アムネ
スティは、その年次報告書でも、中国政府が新疆ウイグル自治区で、ICC 規程
7 条で対象犯罪とされている人道に対する罪を犯しているとし、「反分離主義」、

「反過激主義」、「反テロリズム」の口実の下に、中国政府が2017年以降、推定で約100万人のウイグル族やカザフ族、他のイスラム教徒を裁判なしに恣意的に抑留し、収容施設で政治的洗脳や強制的同化を行っているとした。また、衛星からの映像ではそうした収容施設が増設されていると主張した[34]。今回の報告書で、アムネスティは、収容キャンプに収容されていた55人から聞き取りを行い、中国政府が、国際法の基本的な規則に違反する拘禁その他の身体的な自由の著しいはく奪、拷問及び迫害などの人道に対する罪（ICC規程7条(e)号・(f)号・(h)号）を犯していると結論する[35]。仮にICCが人道に対する罪で日本に協力を求めてきた場合は、ジェノサイド罪の訴追に対する協力義務のような特段の困難はないと思われる。

　最後に、はたして中国が行っているとされる新疆ウイグル自治区での人権侵害について、他の国が責任を追及することが、国連憲章2条7項が禁ずる国内管轄事項への干渉となるのかという点について考えてみたい。

5　おわりに

　国連の実行では、2000年6月19日の決議2000/3で改訂された1970年5月27日の経済社会理事会決議1503（XLVⅢ）で「重大で信頼できる証拠のある人権侵害の一貫したパターンを示す事態」の通報を審査する不服申立手続が存在する。こうした制度の存在は、今日の国連の枠組みでは、ある国による大規模な人権侵害はもはや国家の国内管轄事項とは認められず、国際社会の介入を受けるとの考えに立つと言っていいであろう[36]。

　人権の保障は国際社会全体が追及すべき国際公共価値であると考える欧米諸国は、国際的な協調行動の形態をとり、各国の国内法に基づく個別の経済制裁に踏み切っている。これに対し、中国は、国際公共価値としての人権という観念は欧米諸国が発展させた価値観に過ぎず、自らの価値観を中国に押し付けるためのイデオロギーとして利用されているとの批判を展開する。その時に彼らが拠り所とするのが、国内管轄事項不干渉の原則である。中国は、自らの人権問題への介入は干渉であるとの原則的立場に固執し、欧米諸国の主張を否定している。

　さらに、2021年6月10日には、全人代常務委員会で「反外国制裁法」を可決・成立させ、即日施行させた。同法3条は、「外国が国際法及び国際関係の基本的な規範に違反し、さまざまな口実もしくはその国の法律に基づき、中国に対して抑止・抑圧をし、中国公民及び組織に差別的な制限措置を講じ、中国の内政に干渉する場合」は、中国は、そうした差別的な措置に関わった個人や組織に対し、入国拒否や中国国内での資産凍結などの対抗措置を取る権利を有すると定めた[37]。このように、現在はお互いの国内法に基づく対抗措置の応酬という展開になっている。

　こうした状況にあって、日本が経済制裁に参加しなければならない法的義務はないが、欧米諸国と価値観を共にする日本として、国際協調行動という観点から何が最善の手段であるかを考える必要がある。日本は「深刻な懸念」を示すのみで、欧米諸国が参加する経済制裁はおろか、中国への強い抗議も行っていない。それが欧米諸国にどのように映るかを考える必要がある。

　ジェノサイド罪や人道に対する罪を行っているとの重大な非難を行うに際しては、国際法上は十分に説得力ある証拠によって証明されることが求められる[38]。しかし、新疆ウイグル自治区の人権状況につき、国連による調査を中国が拒否している現在、換言すれば、ジェノサイドや人道に対する罪を証明しようにも独立した第三者の事実調査すら拒否される現状にあっては、国際社会はより自由な推論あるいは証明責任の転換を求める主張を行って中国に事態の改善を求めて行かざるを得ないであろう[39]。

注

1　経済学者のジェフリー・サックス教授と国際法学者のウィリアム・シャバス教授は、ポンペオ国務長官がジュノサイド条約のジェノサイドの要件該当性に触れることなく、ジェノサイドの認定を行ったとしてこれを批判する。Business Insider https://www.businessinsider.jp/post-234561 （最終閲覧日：2021.9.16）

2　https://www.reuters.com/article/us-usa-biden-state-china-idUSKBN29O2GB （最終閲覧：2021.9.16）

3　https://www.state.gov/promoting-accountability-for-human-rights-abuse-with-our-partners/ （最終閲覧日：2021.9.16）

4　https://home.treasury.gov/news/press-releases/jy0070 （最終閲覧日：2021.9.16）

5 『日経新聞』2021 年 3 月 23 日配信。https://www.nikkei.com/article/DGXZQOGN 22C1H0S1A320C2000000/（最終閲覧日：2021.916）

6 ロシア当局の汚職を告発した後に逮捕され、獄中死したロシア人弁護士セルゲイ・マグニツキー氏の名前に由来する。同事件を受けて、米国で 2012 年に立法化された。カナダは、2021 年 3 月 22 日、経済特別措置法（中華人民共和国）規則に基づき、EU と同様の措置を採った。https://www.jetro.go.jp/ext_images/world/scm_hrm/report210609.pdf（最終閲覧日：2021.9.16）

7 松原仁衆議院議員の質問主意書に対する令和 3 年 2 月 19 日付の政府答弁書。

8 例外は、争議行為が禁止されている公務員に対して、争議行為を計画したり、そそのかしたり、あおる（扇動）行為を罰する国家公務員法 110 条 1 項 17 号である。

9 第 204 回国会衆議院外務委員会第 2 回令和 3 年 3 月 10 日 33 頁。

10 *Yearbook of the International Law Commission*, 2011, vol.II, Part Two, p.32.

11 https://treaties.un.org/pages/ViewDetails.aspx?src=TREATY&mtdsg_no=IV-1&chapter=4&clang=_en（最終閲覧日：2021.9.16）

12 湯山智之「ジェノサイド条約適用事件」杉原高嶺・酒井啓亘編『国際法基本判例 50 第 2 版』（三省堂、2014 年）124 頁。

13 *Case concerning Application of the Convention on the Prevention and Punishment of the Crime of Genocide*, Judgment (Merits), *ICJ Reports 2007*, p.113, para.166. 本判決の詳しい分析については、湯山智之「国際司法裁判所・ジェノサイド適用事件 (1) (2) (3・完)」『立命館法学』335 号（2011 年）・338 号（2011 年）・342 号（2012 年）参照。

14 *Ibid.*, p.114, para.167.

15 *Ibid.*, pp.111-112, para.163.

16 *Ibid.,* p.221, para.430.

17 薬師寺公夫「ジェノサイド条約適用事件 ICJ 本案判決－行為の帰属と国の防止義務再論」坂元茂樹編『国際立法の最前線』（有信堂、2009 年）330 頁。

18 「同上」375 頁。

19 Third report on peremptory norms of general international law (jus cogens) by Dire Tladi, Special Rapporteur, A/CN.4/714, pp.34-35, para.90.

20 Fourth report on peremptory norms of general international law (*jus cogens*), A/CN.4/727, p.63, para.138.

21 『朝日新聞』2021 年 5 月 14 日朝刊。

22 *Case concerning Application of the Genocide Convention, supra* note 13, p. 227, para.443.

23 薬師寺「前掲論文」（注 17）360 頁。

24 https://www.theguardian.com/world/2020/dec/11/international-criminal-icc-china-uighur-genocide-claims（最終閲覧日：2021.9.16）

25 2007 年 8 月 17 日、日本は規程 87 条 1 項に従い裁判所の協力請求について外交経路を通じることと、同条 2 項に従い請求文書は日本語の翻訳を付けた英語で行うよう通知したのみである。

26 Concluding observations on the combined fourteenth to seventeenth periodic reports of China (including Hong Kong, China and Macao, China), CERD/C/CHN/CO/14-17, pp.7-8, paras.40-41.

27 Report of the Working Group on the Universal Periodic Review, China, A/HRC/40/6, p.4, para.20 and pp.5-15, para.28.

28 Report of the Working Group on the Universal Periodic Review, China, Addendum, A/HRC/40/6/Add.1, p.3 and p.7.

29 China: UN experts deeply concerned by alleged detention, forced labour of Uyghurs https://www.ohchr.org/EN/NewsEvents/Pages/DisplayNews.aspx?NewsID=26957&LangID=E (最終閲覧日：2021.9.16)

30 Statement by Ambassador Christoph Heusgen on behalf of 39 countries in the Third Committee General Debate, October 6, 2020. 日本はアジアからの唯一の参加国となった。『外交青書 2021』46 頁。なお、2020 年 6 月 30 日の国連人権理事会第 44 会期における香港と新疆の人権状況を懸念する声明が 27 カ国であったことを考えると賛同国がさらに増えている。

31 *Prosecutor v. Jean-Paul Akayesu, Case No. ICTR-96-4-T, ICTR Report of Orders, Decisions and Judgement 1998*, paras.513 and 515.

32 Human Rights Watch and Mills Legal Clinic Stanford Law School, "Break Their Lineage, Break Their Roots" China's Crimes against Humanity Targeting Uyghurs and Other Turkic Muslims, pp.44-48.

33 *Ibid.*, p.49.

34 Amnesty International Report 2020/21, pp.120-121.

35 "Like We were Enemies in a War" China's Mass Internment, Torture and Persecution of Muslims in Xinjiang, pp.7-8.

36 薬師寺公夫「人権外交と国内事項不干渉の原則」『国際問題』No.318 (1986 年)30 頁。

37 https://www.jetro.go.jp/view_interface.php?blockId=31996916 (最終閲覧日：2021.9.16)

38 *Corfu Channel Case, Judgement (Merits), ICJ Reports 1949*, p.17.

39 Dissenting Opinion of Vice-President Al-Khasawneh in *Case concerning Application of the Genocide Convention, supra note* 13, pp.254-255, para.35.

緊張高まる南シナ海
──米軍の「航行の自由作戦」をめぐって──

1　南シナ海で何が起きているのか

　2009年、中国政府は国連事務総長に口上書を送り、「中国は、南シナ海及びその隣接水域における諸島に対する争いえない主権を有し、関連水域並びにその海底及びその下に対する主権的権利及び管轄権を享受する。この立場は、中国政府により一貫して堅持され、国際社会によって広く知られている」とした上で、「(大陸棚限界委員会に出されたマレーシアとベトナムによる共同申請とベトナムの単独申請は)南シナ海における中国の主権、主権的権利及び管轄権を深刻に侵害している」と主張した。添付書類として南シナ海のほぼ全域を9つの破線で囲った「九段線」の地図が提出された。

　九段線のルーツは、1947年12月1日に中華民国内政省地域局が作成し、国民政府が公布した「南海諸島新旧名称対照表」と「南海諸島位置図」である。そこには、11段のU字線が描かれ、南沙諸島や西沙諸島らが取り込まれていた。1949年、中華人民共和国も公式地図としてこれを発行した。1953年にトンキン湾のバイ・ロン・ウェイ島の領有権を中国からベトナムに移転した際、中国の地図では一一段線が九段線に書き換えられた。それ以降、九段線として知られるようになった。中国の「領海及び接続水域法」(1992年)には、「中華人民共和国の陸地領土には、中華人民共和国の大陸及びその沿海の諸島、台湾及び釣魚島を含むその附属諸島、澎湖列島、東沙群島、西沙群島、中沙群島、南沙群島その他のすべての中華人民共和国に属する島々が含まれる」(第2条2項)と規定されている。

　中国は、フィリピンやベトナムなどASEAN諸国との間に南シナ海における南沙(スプラトリー)諸島及び西沙(パラセル)諸島をめぐる領有権紛争を抱え

ている。2013年以降、中国は、岩礁や環礁の周辺に5つの人工島を建設した。南沙諸島のスービ礁（中国名：渚碧礁）とファイアリークロス礁（中国名：永暑礁）（いずれも元々はベトナムが領有していたが、現在は中国が実効支配）には、戦闘機や爆撃機の離着陸も可能な長さ3キロの滑走路を建設した。ミスチーフ礁（中国名：美済礁）（元々はフィリピンが領有していたが、現在は中国が実効支配）でも大規模埋め立て工事を行っている。また、西沙諸島のウッディー島（中国名：永興島）（ベトナム、台湾と領有権を争っていたが、現在は中国が実効支配）では2014年に軍事用滑走路と大型艦船が寄港可能な港湾を建設し、中国が三沙市人民政府を置いている。中国は否定するものの、人工島での滑走路建設など軍事拠点化の動きがみられることはたしかである。

2　米軍の「航行の自由作戦」とは何か

今回、米軍が「航行の自由作戦」に踏み切った背景には、南シナ海での中国の一方的な現状変更とその既成事実化をこれ以上放置できないとの判断があったと思われる。2015年10月27日、米国は南シナ海で「航行の自由作戦（Freedom of Navigation Operation）」を開始した。米国の駆逐艦ラッセンは、スービ礁の12海里以内を航行した。スービ礁は低潮高地（低潮時には水面上にあるが、高潮時には水中に没する）であり、領海を有しない。また、人工島も同様である。航行の自由作戦は、国際法では認められない沿岸国の行き過ぎた主張に対し、米国が1979年以来世界中で行っているものであり、中国だけに向けられたものではない。2013年10月から2014年9月の間、19カ国・地域を対象に「航行の自由作戦」が行われた。

過去には、この作戦に関して衝突事案も発生している。1988年当時、領海の外国軍艦の通航につき事前許可制を採用していたソ連に対し、「航行の自由作戦」を行っていた米艦船に、これを阻止しようとするソ連艦船が衝突する事案が発生した。この衝突後の両国の交渉の結果、米ソは1989年に「無害通航規則の統一解釈に関する共同声明」を出し、領海における軍艦の無害通航権を確認した。

中国の「領海及び接続水域法」は、「外国の軍用船舶は、中華人民共和国の領

海に入る場合には、中華人民共和国政府の許可を経なければならない」（第6条2項）と規定し、外国軍艦の中国領海の通航につき事前許可制度を採用している。領海では軍艦を含む外国船舶に無害通航権が認められており、この中国の国内法は海洋法条約に違反している。中国は海洋法条約の批准時（1997年）に同趣旨の解釈宣言を行ったが、イタリアは、1983年、「この問題に関し、慣習国際法を反映している海洋法条約のいずれの規定も、沿岸国に特定のカテゴリーの外国船舶の無害通航権を事前の同意又は通告に基づかせる権限を与えるものと解することはできない」と述べ、ドイツやオランダも批准時に同様の声明を行っている。

　米国は、日本と同様、軍艦には無害通航権があるとの立場を採用している。2016年1月に米駆逐艦カーティス・ウィルバーがトリトン島（中国名：中建島）で行った「航行の自由作戦」は、中国の外国軍艦の領海通航に対する事前許可制を認めないとの意思表示である。

3　南シナ海に「法の支配」をもたらすために

　わが国はエネルギー資源の輸入を海上輸送に依存しており、海上交通の安全確保はわが国にとり死活的な問題である。南シナ海は、世界の海上貿易の30％を占める海域でもある。南シナ海情勢は日本にとって決して他人事ではない。中国が南シナ海を「中国の海」とすれば、日本経済にとって重要な海の生命線が脅かされることになろう。

　南シナ海では、中国が歴史的権利と主張する九段線に沿う形で力による現状変更が行われているが、南シナ海を、他の海域と同様に、海洋法条約が機能する海にする必要がある。

中国海警法には法律戦強化で対応を

1　常態化する中国海警船による領海侵入

　中国共産党の戦略・戦術論には、「世論戦」、「心理戦」、「法律戦」の3分野があるとされる。もっとも、「法律戦」が目指すものが、法的にどちらの主張に理があるかではなく、軍事的勝利だという点に中国の特異さがある。「法律戦」を戦闘の一種だと考えているのである。今回の海警法もそうした中国による「法律戦」の一環と捉えることができる。

　海警法が施行された2月1日から28日の1ヶ月の間で、中国海警船による尖閣諸島周辺の接続水域の入域は26日、のべ96隻、領海侵入は6日、のべ14隻に上っている。このうち2月6日から7日、15日から16日、21日の5日間には日本漁船を追尾する動きを示した。中国海警船による日本漁船追尾の事例は、昨年から急増しており、2020年には計8件発生した。

　中国の意図は、自らの領海と称する尖閣諸島周辺海域で日本漁船に中国海警船による取締りの権限、つまり執行管轄権を行使させることによって、尖閣諸島に対する自国の領土主張を強めるとともに、日本の実効支配を堀崩すことにある。尖閣諸島に対する日本の実効支配は、一に海上保安庁による執行管轄権行使によって担保されているが、中国はこれに揺さぶりをかけてきている。

　中国国防部は、2021年3月1日、尖閣諸島周辺海域における中国による領海侵入について、「中国公船が自国の領海で法執行活動を行うのは正当であり、合法だ。引き続き常態化していく」との挑発的な発言を行った。中国は、日本が尖閣諸島を実効支配している現状をあからさまに力によって変更しようとしている。

　領域とは国家が排他的統治を行う空間である。中国海警船による領海侵入が

常態化し、日本がこうした中国の公権力の行使を排除できなければ、日本は排他的統治の実態を失ってしまうことになる。

2　中国海警とは何か

中国は、2013 年に、海監、海警、海巡、漁政、海関の五龍と呼ばれ、それまで分立していた海上法執行機関を束ねる「中国海警局」を創設した。その中国海警（以下、海警）は、さらに 2018 年に、「武警海警総隊」に改編され、人民武装警察部隊の指揮下に入った。海警は、人民解放軍と同様に、中国共産党中央と中央軍事委員会の一元的な指揮をうける軍隊組織となった。

海上法執行を軍隊組織が担うことは各国の実行にも見られ、そのこと自体に問題はない。世界を見渡せば、イギリスやイタリア、フランスでも軍隊が海上警察の任務を担っている。米国は、海上法執行を担う沿岸警備隊を設置したが、法律上は軍隊である。他方で、海警と対峙する日本の海上保安庁は、海上保安庁法 25 条で「この法律のいかなる規定も海上保安庁又はその職員が軍隊として組織され、訓練され、又は軍隊の機能を営むことを認めるものとこれを解釈してはならない」と規定される文民の海上警察機関である。

中国海警は 2019 年末の時点において排水量 1,000 トン以上の海警船を 130 隻保有しており、世界最大規模の海上法執行機関である。保有している海警船の中には「海警 2901」など世界最大級の 1 万トン級の巡視船 2 隻も含まれ、また海軍艦艇と同水準の能力を有する大型の 76 ミリ砲とみられる武器を搭載した海警船も確認されている。

3　海警法が生まれた背景

中国全国人民代表大会常務委員会は、2021 年 1 月 22 日、「海警法」を可決、成立させた。海警法が生まれた背景には、2020 年 11 月 16 日と 17 日に北京で開かれた「法治」に関する党の重要会議で、中国の習近平国家主席が主権や安全に関わる利益を守るため、「立法、法執行、司法などの手段を総合的に使って闘争を繰り広げなければならない」と述べ、「対外問題に関わる法治の戦略

的配備を加速すること」を指示したことにある。2021年3月8日、中国の栗戦
書全人代常務委員長は、その活動報告で、海警法制定の目的を「習近平強軍思
想を貫徹し、新時代の国防と軍隊建設の必要に応えるため」と述べ、「第2海軍」
の性格を持つことを明らかにした。今後、中国は、自国の主張に沿った国内法
を整備し、米国や日本などに対抗しようという戦略を加速するものと思われる。

　中国共産党第19期中央委員会第5回全体会議（5中全会）の最終日コミュニケ
では、「習近平の強軍思想と新時代の軍事戦略方針を貫徹し、……2027年に軍
隊創設100周年の奮闘目標を確保する」と述べられている。ここでいう「奮闘
目標」が人民解放の強大化・近代化以外に、台湾や尖閣に関連する政策目標
があるのかどうか、今後注視していく必要がある。

　中国外交部の汪文斌副報道局長は、今回成立した海警法について、「国際慣
例や各国の慣行に合致しており、中国の政策に変化はない」と述べたが、条文
を見ると、「海の憲法」とされる国連海洋法条約（以下、海洋法条約）の規定に違
反するいくつかの問題点がある。

4　追加された防衛任務

　海警法は、海警が「国家の主権、安全及び海洋権益を擁護」（1条）する目的を
有し、「法執行の職責を統一して行う」（2条）と規定する。さらに海警が、「『中
華人民共和国国防法』、『中華人民共和国人民武装警察法』等の関係法律、軍事
法規及び中央軍事委員会の命令に基づき、防衛作戦等の任務を遂行する」（83条）
と規定する。つまり、海警は、自国の管轄水域で防衛作戦を行う海軍の機能（軍
事的活動）と海上法執行機関の機能（法執行活動）という二重の機能をもつ組織に
変化した。

　すでに軍事活動の面では、こうした海警局と中国海軍との連携が始まってお
り、2020年7月にパラセル諸島のウッディー島（永興島）において海警局と中国
海軍による合同演習が行われた。この演習では、中国海軍の071型揚陸艦など
が参加し、海軍の支援を受けた海警局の部隊が島嶼に上陸し、抵抗する市民を
制圧する訓練が行われた。

5　あいまいな「中国の管轄水域」の概念

海警法は、海警が活動する海域について、「中華人民共和国の管轄水域(以下、「我が国管轄水域」という。)及びその上空において海上権益擁護の法執行業務を展開し、本法を適用する」(3条)と規定する。なお、海洋法条約上、国家が管轄する水域は、内水、領海、接続水域、排他的経済水域及び大陸棚とされる。

中国は南シナ海で歴史的権利としての九段線を主張しており、中国の国内法である「排他的経済水域及び大陸棚法」(1998年)及び「無人島保護及び利用管理規定」(2003年)ではこうした中国の管轄水域の存在を明記している。しかし、2016年の南シナ海仲裁判決は、中国の九段線という歴史的権利の主張を否定した。にもかかわらず、中国は同判決を違法かつ無効とし、この判決の履行を拒んでいる。

そして、今回の海警法でも依然として「中国人民共和国の管轄水域」との表現を採用し、海洋法条約上、本来、管轄権を行使できない水域(南シナ海の九段線内の水域)で海警が海上権益擁護の法執行業務を展開することを明記している。南シナ海におけるベトナムやフィリピンとの衝突は不可避と思われる。

さらに注意を要するのは、「その上空において海上権益擁護の法執行業務を展開」できるとしていることである。領海の上空は領空であり、上空飛行の自由は認められず領空侵犯となるが、200海里の排他的経済水域の上空は公海と同様に上空飛行の自由が認められている。中国が、この空域で管轄権を行使すれば国際法違反である。2001年4月1日に、海南島沖の中国の排他的経済水域上空で、米海軍のEP-3偵察機が迎撃した中国の戦闘機と衝突し、飛行継続が困難となった米軍機が海南島の中国空軍基地に緊急着陸した事件を想起すれば、中国が排他的経済水域を領海化しようとの意図をもっていることがわかるであろう。海洋法条約が排他的経済水域に対して沿岸国に認めているのは、天然資源に対する主権的権利と海洋の科学的調査などの管轄権であって、安全保障に対する権利ではない。

また、海洋法条約は、領海12海里外の接続水域(12海里)に対して、「通関上、財政上、出入国管理上又は衛生上の法令の違反を防止する」(33条1項)ために沿岸国が規制を行うことを認めている。しかし、中国の「領海及び接続水域法」

(1992年) は、「中華人民共和国は、接続水域内において、その陸地領土、内水又は領海内で安全、税関、財政、衛生又は出入国管理に関する法律又は法規に違反する行為を防止し、処罰するための管轄権を行使する権限を有する」(13条) と規定し、海洋法条約に違反する「安全」に対する管轄権を接続水域にも伸ばしている。今回の海警法により、接続水域の上空にも管轄権を行使すれば国際法違反となる。

　中国は、先の領海法に基づき、日本の領土である尖閣諸島周辺に一方的に領海を設定しているが、海警法はより積極的な武器の使用を認めており、日中の海上法執行機関の衝突の恐れが増したことは確かである。さらに、東シナ海は400海里未満の海域であって、日中の間には排他的経済水域や大陸棚の境界画定がなされておらず、なおさら「中国の管轄水域」はあいまいである。

6　外国軍艦や公船に対する強制措置

　海警法は、外国軍艦や非商業的目的のために運航する政府船舶 (たとえば海上保安庁の巡視船など) が中国の管轄水域で中国の国内法に違反する事例が生じた場合に、海警が「直ちに退去することを命じる権利を有する。退去を拒否するとともに重大な危害又は脅威を発生せしめたものに対して、……退去強制、強制引き離し等の措置を講じる権利を有する」(21条) と規定する。しかし、海洋法条約は、軍艦や公船に対する執行管轄権の免除を認めている (32条、236条)。仮に海警がそうした軍艦や政府公船に「強制引き離し (その具体的態様は不明)」などの措置を取れば、態様次第では海洋法条約の違反となる可能性がある。

　さらに、海警法は、「国家の主権、主権的権利及び管轄権が、海上において外国組織及び個人の違法な侵害を受ける又は違法な侵害を受ける緊迫した危険に直面する場合」に、「武器の使用を含む全ての必要な措置を講じ、現場において侵害行為を制止し、危険を排除する権利を有する」(22条) と規定する。その具体的状況として、「(2) 法に基づき船舶を退去強制、強制引き離しを行う場合、(3) 海警機関職員が法に基づき任務を遂行する過程において、障害・妨害に遭遇した場合」(46条) が含まれている。そうした場合には、「海警機関職員は、法に基づき武器を使用し、警告が間に合わない又は警告を行った後にさらに重

大な危害が生じる可能性がある場合、直接武器を使用することができる」(49条)
と規定する。

　これらの海警法の規定は、武器使用の対象範囲を外国組織にまで広げている
ことが注目される。尖閣諸島周辺海域を主権が及ぶ自国の領海と称し、日本漁
船を追尾する中国海警船が、「緊迫した危険に直面する場合」(19条)という要
件があるものの、日本漁船に対する武器の使用に至る可能性は排除されていな
い。

　ただ、漁船など民間船舶に対しては、国際海洋法裁判所(ITLOS)は、サイガ
号事件判決(1999年)で、①武器の使用は可能な限り回避し、②必要な限度を超
えず、かつ合理的なものであること、③人命を危険にさらさない必要があると
の3要件を示しており、これと異なる対応を中国公船が日本漁船に行えば国際
法違反となる。

　また、46条3号にいう「障害・妨害に遭遇した場合」の規定は、尖閣周辺海
域で日本の海上保安庁の巡視船が中国公船による日本漁船の追尾を中断させる
行為を行った際には、海警法上は「妨害行為」として中国海警船による武器の
使用が可能となる。日本としては、中国のこうした新たな「法律戦」への対応
を準備する必要がある。

7　中国海警船の法的地位

　尖閣諸島周辺海域で領海侵入を繰り返す中国海警の船舶は、白い船体に青字
のマークをつけており、海洋法条約にいう非商業的目的のために運航する政府
公船である(31条、110条5項)。防衛任務という新たな機能が付与された海警の
巡視船は、その法的地位が政府公船から軍艦に変わったということになるので
あろうか。

　海洋法条約は、「この条約の適用上、『軍艦』とは、一の国の軍隊に属する船
舶であって、当該国の国籍を有するそのような船舶であることを示す外部標識
を掲げ、当該国の政府によって正式に任命されてその氏名が軍務に従事する者
の適当な名簿又はこれに相当するものに記載されている士官の指揮の下にあり、
かつ、正規の軍隊の規律に服する乗組員が配置されているものをいう」(29条)

と定義している。

　警察は通常は文民の法執行機関であるから、警察の部隊は文民機関として武力紛争時に攻撃からの一般的保護を受ける。海上保安庁の巡視船は、前述の庁法の規定により、文民たる海上法執行機関である。これと尖閣で対峙している中国海警船は、今回の海警法により単に海上法執行機関としての任務だけでなく、防衛任務の作戦を遂行する船舶となる。

　海上法執行機関の武器の使用には警察比例の原則が適用されるので、日本の巡視船は口径12.7ミリから40ミリの機関砲を装備するにとどまる。しかし、中国海警船には駆逐艦級の76ミリ砲を搭載する巡視船がある。中国海警船が警察比例の原則ではその使用が通常説明できないような大口径砲やミサイルを搭載し、かつ組織的な敵対行為遂行の目的を有する場合は、実質的判断基準を適用すれば、武力紛争法上は軍隊として扱われる可能性が出てくる。今回の海警法の成立を受けて、中国海警船の装備などに変化が生じるかどうか日本として注視していく必要がある。

　さらに、今後注目すべき点としては、こうした海警の船舶が人民解放軍の軍艦籍を有することになるかどうかである。中国海警船が人民解放軍の軍艦籍を持つことになれば、形式的判断基準として軍艦となる。なお、米海軍では、軍事海上輸送団（MSC）に属する輸送艦や観測艦は、軍艦籍はなく軍の補助艦の扱いを受けている。2009年に南シナ海で中国により妨害行為を受けた観測艦インペッカブルはMSCに属し、米軍艦籍はなかった。しかし、海洋法条約では、どちらに性格づけようと（軍艦であれ軍の支援船であれ）、公船と同様に主権免除の対象となる（236条）。

　ただし、有事においては、海戦法規では軍艦、軍の補助艦、ならびに商船のカテゴリー別目標選定基準が伝統的に用いられており、軍艦及び軍の補助艦は、合法的目標であるから無警告攻撃の対象となる。他方、海上保安庁が庁法に基づく任務を行う限りは、軍事目標にはなり得ない。

8　海上保安庁の法的地位

　海警法により防衛任務を付与された海警と対峙する海上保安庁の巡視船につ

いては、平時はこれまでと同様であろうが、有事の際には留意すべき点がある。

　自衛隊法80条1項により、76条1項に基づく防衛出動または78条1項に基づく治安出動があった場合、内閣総理大臣は、「特別の必要があると認めるときは、海上保安庁の全部又は一部を防衛大臣の統制下に入れることができる」とされる。さらに同条2項で、この場合には「政令で定めることにより、防衛大臣にこれを指揮させるものとする」と規定する。

　防衛大臣の指揮下に入ることと、日本が締約国であるジュネーヴ第1追加議定書43条3項がいう「紛争当事者は、準軍事的な又は武装した法執行機関を自国の軍隊に編入したときは、他の紛争当事者にその旨を通報する」とは同じではない。防衛大臣の指揮下に入っても、従来通り海上警察任務に専念させる場合には、非軍隊といえる。つまり、防衛大臣がその指揮下に入れた海上保安庁にいかなる任務を付与するかによって海上保安庁の巡視船の法的地位とその活動の性格が変わることになる。そこで、自衛隊法施行令103条では、「法第80条第2項の規定による防衛大臣の海上保安庁の全部又は一部に対する指揮は、海上保安庁長官に対して行うものとする」との規定を置いている。

　すべての国家を拘束する国際慣習法になっている1907年のハーグ第7条約（商船ヲ軍艦ニ変更スルコトニ関スル条約）6条は、補助船舶を含む軍艦以外の船舶を軍艦に変更する場合は、「成ルヘク速ニ」「軍艦表中ニ記入スル」手続を要求する。日本としては庁法25条の規定もあり、巡視船に対しこのような措置はとれないことは言うまでもない。ただ、この点は、日中両国の海上警察機関間の不測の事態の発生とその後の展開の際に、十分注意しておく必要がある。

9　日本のとるべき対応

　中国は、軍事的なエスカレーションを招かない低烈度の威嚇を繰り返しつつ実効支配の強化を図る「サラミ戦略」をとっており、その先兵が海上民兵である。今後、より現実的なシナリオとしては、平時において無人島である尖閣諸島に海上民兵が密かに上陸し、中国国旗を掲げ、日本の海上保安庁の退去要求に応じない場合、どのような対応が海上保安庁と自衛隊で取り得るかということを考える必要がある。海警法の制定を受けて、こうしたシナリオを真剣に検討す

べき時が近づいているように思われる。

　新聞報道によれば、2 月 25 日の自民党の国防部会・安全保障調査会の合同会議で、政府関係者が、尖閣諸島に中国の海警局の船の乗組員が上陸しようとした場合、正当防衛や緊急避難に当たらなくても、海上保安庁の海上保安官らが相手を負傷させる可能性がある「危害射撃」を行える場合があるとの見解を示したとされる。

　武器の使用を定めた海上保安庁法 20 条 2 項では、外国公船は対象から明示に除外しており、1 項の「警察官職務執行法 7 条の規定を準用する」に基づく措置とならざるを得ない。同条では正当防衛と緊急避難のほか、「凶悪な罪」の現行犯が抵抗した場合に限り、武器を使用し危害を加えることが認められている。政府関係者によれば、尖閣諸島上陸を図る一連の行為が「凶悪な罪」に該当し、船体に向けた危害射撃が可能になる事例もあるとする。仮にこうした解釈をとるのであれば、具体的にどのような場合が武器使用の条件を満たすのか、法的整理の必要があろう。その場合でも、警察比例の原則が機能することは確かである。

　いうまでもなく、領海は日本の領域の一部であり、日本の国家利益を実現する海域である。島国である日本にとって、領海警備は国境警備の側面をもつ。国境警備は軍事作用と警察作用の双方の特徴を兼ね備えたものである。領空侵犯には自衛隊が、領海侵入には海上保安庁が適切に対処できる体制を構築する必要がある。

　日本政府は、2018 年 5 月に閣議決定された「第三期海洋基本計画」で「防衛省・自衛隊については、……特に、南西諸島を含む島嶼部への部隊配備等により、島嶼部における防衛態勢・体制の充実・強化を図る」とし、「海上保安庁については、『海上保安体制強化に関する方針』に基づき、着実に海上法執行能力の強化を図っていく。特に、尖閣領海警備体制の強化等については、緊急的に整備を進める」ことを明記している。もし、尖閣諸島周辺海域で起こっている中国公船の領海侵入事例に対し、現行の海上保安庁法での対応にかなりの困難が伴うのであれば、我が国の安全又は秩序の維持を法益とし、それを害する行為を処罰する現行法の改正や新規立法などが必要であろう。

　国際法を無視する中国が相手だからといって、日本が国際法や国内法を無視

することはできない。憲法は「日本国が締結した条約及び確立された国際法」を「誠実に遵守すること」(98条2項)を要請しており、我が国は国際社会における「法の支配」の確立のために努力している国であるからだ。

　バイデン政権に移行した米国は、2021年1月24日の日本の岸信夫防衛相と米国のオースティン国防長官との電話会談で共同防衛義務を定めた日米安全保障条約5条が尖閣諸島に適用されることを改めて確認した。また、2月23日、国防総省のカービー報道官は、「我々は尖閣諸島の主権について日本を支持し、不測の事態を招きかねない中国船の行動をやめるよう中国に求める」と述べ、従来の領土問題に関する中立的立場とは異なる態度を示した。しかし、米国は、26日には、「尖閣諸島の主権に関する米国の政策に変更はない」と述べ、この発言を訂正した。

　こうした訂正の背後には、中国による無人島である尖閣諸島の占領という行為に対して、米国が米中戦争というリスクのある奪回作戦にどこまで参加するかという難しい選択——いわゆる「センカク・パラドックス」——を迫られる問題があるからである。当然のことであるが、第一義的には日本が独自に中国に対する対応能力を強化する必要がある。

(2) 韓国

日韓は旧条約問題の落とし穴に陥ってはならない

1　はじめに――**問題の再燃**

　『世界』(岩波書店) 1998 年 7 月号及び 8 月号に掲載された李泰鎮ソウル大学教授の論文(「韓国併合は成立していない」)は、冷戦構造下に締結された日韓基本条約 (1965 年) に閉じ込めたはずの併合条約及びそれ以前の条約(以下、旧条約)の効力問題が韓国側から再び提起されていることを我々に教える。いうまでもなく、旧条約の効力問題は、日韓交渉において最後までもつれた問題の一つであった。李教授が指摘するように、同交渉において、韓国側は、基本条約には過去を清算するという概念、すなわち 1910 年以前に締結されたすべての条約の無効を確認する規定が置かれるべきであると主張した。これに対して、日本側は、それらの条約は適法に締結された有効な条約であり、1948 年 8 月 15 日に大韓民国が独立した時点でその有効性を失ったと主張した。結局、双方ともその主張を譲らず、「1910 年 8 月 22 日以前に大日本帝国と大韓帝国との間で締結されたすべての条約及び協定は、もはや無効 (already null and void) であることが確認される」(第 2 条) という表現で、失効の時期につき曖昧な形で決着がはかられた。ところが、両国はこの「もはや無効」の解釈について、それぞれの国会で異なる説明を行っていた。日韓基本条約の末尾には、「解釈に相違がある場合には、英語の本文による」と規定されており、問題は "already null and void" をいかに解するかということになる。

　日本側は、「already という字句を入れることによって、少なくとも一時は有効であった時期があるというわがほうの立場を表明した次第です」(後宮アジア局長) と説明し、韓国側は "null and void" という表現は国際法上の慣用句として無効を最も強く表現する用語であり、「already は無効の時点に関してなんら

影響を及ぼしえないのは、条約解釈上からもその他の常識からも明白である」
(李東元外相)と説明した。これらの説明から窺えるのは、日本側の論理の基盤
が"already"という文言にあることだが、当時韓国側首席代表の地位にあった
金東祚大使の回想録によれば、同文言の挿入は「管轄権条項」で日本の譲歩を
引き出した韓国側がその見返りとして提案したものであるとされる。その趣旨
は、金大使の表現を借りれば、「鼻にかければ鼻かざり、耳にかければ耳かざり」
式に無効の時点の解釈をそれぞれの便宜によって行うことができる余地を残し
たものとされる。つまり、両国がそれぞれ自らの立場で解釈し合うということ
がその合意の内実であったと思われる。解釈の二重可能性は当初から承認され
ていたのである。李教授の表現を借りれば、「この協定は過去の問題を解決す
るものというよりは、核心問題を未解決のまま残した状態で終結してしまった
のであった。」

　ところが、金泳三政権以後、この問題につき韓国政府の側に態度の変化がみ
られるようになった。それを如実に示したのが、李論文でも言及されている
1995年の村山富市前首相の「韓国併合条約は当時の国際関係等の歴史的事情の
中で法的に有効に締結され、実施されたものであると認識をいたしております」
との発言に対し、韓国外務大臣は日本の駐韓大使を外務省に呼び、「併合条約
はわが国民の意思に反して強圧的に締結され、それゆえにもともと無効である」
との考えを伝えたのである。こうした韓国側の反発の動きを受けて、村山前首
相は、同月13日に「日韓併合条約は、形式的には合意として成立しておりま
すけれども、実質的には、やはり当時の歴史的事情というものが背景にあって、
その背景のもとにそういう条約が成立した。その当時の状況というものについ
ては、我が国として深く反省すべきものがあったということでございます。し
たがって私は、この条約は、締結に当たって双方の立場が平等であったという
ふうには考えておりません」との再答弁を行った。30年前、基本条約締結の際
に、佐藤元首相が行った「旧条約の問題に触れられましたが、……条約であり
ます限りにおいて、これは両者の完全な意思、平等の立場において締結された
ことは、私の申し上げるまでもございません」との答弁と比較すると、より歴
史的事実に近い答弁がなされたわけで一定の評価は可能と思われる。

　しかし、条約締結時の両者の関係の不平等性までは認めたが、条約の有効性

について譲るわけではないこの答弁に対して、韓国の国会は強く反発し、同月
16日に「大韓帝国と日本帝国間の勒約に対する日本の正確な歴史認識を求める
決議」を採択し、旧条約が「当初から無効という事実を再び認定」するように日
本に求めたのである。かくして、この問題は単に学者の議論にとどまらず、政
治問題としても存在しているのである。金大中大統領が訪日を前に歴史の清算
を求める背景に、こうした問題状況がある。多くの日本人は、この問題はすで
に終了済みとの認識をもっていると思われるが、韓国国民との間のこうした認
識のずれこそが、この問題の溝の深さを示しているともいえる。

　今回論文を発表された李教授は、1992年5月、ソウル大学奎章閣図書監理
室長として、韓国から外交権を奪った第2次日韓協約(乙巳条約)の「原本」に当
時の高宗皇帝の署名と国璽捺印がないことを発見したと発表され、韓国国民に
この問題への関心を喚起され、その後も精力的に旧条約の効力問題について論
稿を発表しておられる。今回、『世界』誌上で李教授の論文が掲載されたことは、
この問題に対する韓国の議論状況を伝えるものとして貴重である。先の韓国の
国会決議も、「いわゆる乙巳条約(=第2次日韓協約)は、大韓帝国の条約締結権
者である高宗皇帝が署名・捺印していないことが日本により確認されるだけで
なく、高宗皇帝が『勒約』と呼称したように、暴力と強迫により締結されたた
めに当初から無効であることを再確認する」としており、李教授の議論が韓国
で一般的認識になっていることを窺わせる。なお、李教授が「原本」というの
は、協約書正本ではなく批准書がないとの意味であるとされる。これまで、外
交権の剥奪や統監府の設置を定めた同協約の形式的適法性が争われることはな
かったが、従来の「強制による条約」であることを理由とする無効の主張に加え、
この点からも条約の無効が主張され始めている。さらに、李論文では、協定の
署名者である朴斉純外部大臣に全権委任状が発給されていなかったことも形式
的適法性を欠くとの主張がなされている。李教授は、論文の中で5つの旧条約
の問題点を取り上げておられるが、その中でも「乙巳勒約が最も重要なもので、
強制、威嚇の事実がより明白で、この協定を主たる論題とした」とされている
ので、本稿でも第2次日韓協約(保護条約)の効力問題を中心に論じたい。同協
約は韓国を植民地化した1910年の日韓併合条約の法的土台ともいえる条約で
あり、この条約の無効が確認されればその後の条約もその法的有効性の根拠を

失うことになる重要な条約だからである。なお、筆者は国際法の研究者であり、あくまで国際法の立場から同協約の効力問題について論ずることにしたい。

　ちなみに、李論文には、高宗皇帝の乙巳条約の無効化運動の実態や日韓協約後の詔勅の偽造行為の疑いなど、韓国における旧条約に関する最近の研究成果が豊富に含まれており、筆者も多くの知見を得ることができた。この李論文は5つの旧条約についてそれぞれ多岐にわたる問題を提起しているが、本項では、紙幅の関係もありそのすべてに回答することができないことをお断りしておきたい。

2　第2次日韓協約（乙巳条約）の効力問題——国際法の立場から

　李論文は、その「韓国併合は成立していない」という表題からも明らかのように、これまでの無効の時期に対する両国の論争を止揚するものとして、いわば旧条約の「不存在論」ともいうべきものを展開されている。李教授の表現では、「関連協定の文案作成と手続き上の強制・欺瞞・法の侵犯などの諸事例は、その成立を到底認めることができない程度に明らか」であり、「その論議を保護条約無効論から併合不成立論に変えて進める必要性を感じることになる」と結論される。しかしながら、国際法上、例えば保護条約の無効の根拠を強制による条約に求める場合、強制による条約は絶対的無効とされ、強制の事実の確定によってその条約は「当初から無効」（void ab initio）とされ、条約は存在しなかったものとみなされる。その意味で、無効論と区別する実益は国際法の観点からはさほどないと思われる。そして、何よりも第2次日韓協約が果して「その成立を到底認めることができない」ものであるかどうか、国際法上検証する必要があろう。

　そうした立場から、李教授が指摘する第2次日韓協約の無効原因を探れば、2つの無効原因が示されていることがわかる。1つは、「（イ）この協定も武力示威および威嚇のもとで強要されたものであることは言うまでもない」という「強制による条約」だから無効だという主張である。他の1つは、「（ロ）この協定は事案の重大性にふさわしい協定の格式をきちんと決定できず、形式と手続きに多くの欠陥を残した」のであり、「全権委員の委任状や協定文に対する皇帝の

批准書が発給されておらず、外交権委譲のような重要な事実を扱う外交協定としては要件不備である」という、批准書がなく、また全権委任状も発給されておらず形式的適法性を満たしていないという主張である。そこで、それぞれの主張について、国際法の立場から論じてみよう。

(1) 第2次日韓協約は強制による条約か？

　問題は、李教授が副題でも使用されている「条約強制」の実態がいかなるものであったかである。日本も韓国も当事国である条約法に関するウィーン条約（条約法条約）は、条約の無効原因として、①国の代表者に対する強制（第51条）と②国連憲章に違反する武力による威嚇又は武力の行使による国に対する強制（第52条）の2つの場合を認めている。条約法条約の適用については、当事国になった後に締結する条約に限り適用するという不遡及の規定があるが、慣習国際法の規則は例外とされている（第4条）。第2次日韓協約が締結された1905年に、慣習国際法上、条約の無効原因として承認されていたのは国の代表者に対する強制のみであった。同協約が締結された当時、国際法は戦争を国際紛争解決の最後の手段として禁止しておらず、強国が弱国に対して行う武力による威嚇又は武力の行使による条約の強制は必ずしも条約の無効原因とはみなされていなかった。仮に国家自身に対し強制が加えられた場合を無効とすれば、平和条約の多くは無効ということになり、戦争終結の方式としては相手国を屈伏させる「征服」しか認められないことになってしまうというのが、その理由であった。その結果、日本が韓国に行ったとされる条約強制の実態がどちらの無効原因にあたるかで結論は大きく異なることになる。

　李論文では、1905年10月27日の閣議決定の内容とその後の韓国における日本軍の行動が記述されている。それによれば、「1905年11月17日協定締結の日に日本軍は皇帝が居を構える慶運宮（後の徳寿宮）を包囲し、会談場にも直接侵入し韓国側大臣に威嚇した。日本軍は重武装の状態でソウル全域の要所要所に配置され、韓国人の動向を監視、制圧した」と。そこで、あらためて同協約締結の経緯を振り返ってみよう。明治政府は、同協約の締結に際し、伊藤博文を特派大使として派遣し、林権助公使との連携で締結交渉にあたらせた。伊藤がソウル入りしたのが11月9日、協約が締結されたのは17日深夜（正確には

18 日未明）である。この経緯から、大韓帝国から外交権を奪うという重大な協約がわずか 10 日あまりで締結されたことがわかる。もっとも、実質的交渉はもっと短い時間で行われた。伊藤は 10 日に高宗皇帝に謁見し明治天皇の親書を渡すが、その後、高宗皇帝が病気と称して謁見を避けたこともあり、ようやく会見できたのは 15 日であった。この時、伊藤は日本側の協約案を示し、「寸毫モ變通ノ餘地ナキ確定案」としてその受諾を高宗に迫るのである。この会見で、高宗皇帝から条約交渉開始の同意を得て、林公使による朴斉純外部大臣との条約交渉が始まるのが 16 日。当然、決着がつかず交渉は 17 日に持ち越された。17 日は午前 11 時から林公使が交渉にあたるものの、「事重大ナルカ故ニ君臣間最後ノ議ヲ一決スルコト必要ナリ」との韓国側の申し出を受けて、宮中での御前会議に加わり、威圧的言辞を用いながら各大臣の賛否を問い、最終的に協約の締結となるのが 18 日午前 1 時とされる。かくして 2 日あまりで事は決したのである。林公使が時の桂太郎外務大臣に宛てた公電では、当時の様子が次のように記述されている。韓国側にあっては「該條約ノ調印ハ今日ノ時勢已ムナキ次第ヲ承知シ居ルモ孰レモ自ラ進テ調印ヲ承諾スルノ發言ヲ爲スモノナク」と。本協約が、「対等な立場で、自由な意思で結ばれた」とは言いがたい状況があったことは確かである。

　しかし、国際法上、同協約の効力を論ずる際に問題となるのは、それが当時の国際法が禁ずるような形での条約強制を伴ったかどうかの一点である。国際法には時際法という考え方があり、過去に締結された条約の有効・無効はその当時に適用されていた国際法で判断する他なく、武力による威嚇又は武力の行使を禁じた現代国際法の考え方で、換言すれば今の我々の感性で条約の無効を主張することはできないからである。当時、禁止されていたのは、国家代表者に対して過去の不行跡を暴露するとか拳銃を突きつけるなどの脅迫により条約の締結を迫る行為であった。筆者の知る限り、明治政府はそうした「劇的な」事態を必要としない形で、巧妙に大韓帝国に圧力をかけたものと思われる（もっとも、伊藤の随員であったと称する西四辻公堯大佐が著した『韓末外交秘話』には、韓国の韓圭卨参政〔総理大臣の職〕が別室に退いた際、「此時伊藤侯ハ他ヲ顧ミテ『余リ駄々ヲ捏ネル様ダッタラ殺ッテシマエ』」と言ったという記述が残されている。ただし、西四辻大佐の軍歴によれば、韓国駐箚軍司令部付となるのは 1907 年 5 月から 1909 年 9 月ま

でであり、彼が交渉の現場に居合わせた可能性は低く、この一節は伝聞による記述と思われ、証拠的価値は低い）。実際、明治政府は、李教授が指摘するように、同協約の締結に先立ち、米国からは桂・タフト協定で、英国からは第2次日英同盟で、そして韓国における覇権を争っていたロシアからはポーツマス条約によって、周到にも日本の大韓帝国の保護国化の承認を取り付けていた。

　こうして大韓帝国に国家の存亡に関わる圧力が日本によりもたらされたことは明らかであるが、協約が国家代表者に対する強制による条約であったかどうかは、韓国の同意がどのような状況下でもたらされたかという点に尽きるのである。ところで、当時の国際法は国家そのものに対する強制は条約の無効原因としなかったと述べたが、この点はもう少し掘り下げて検討する必要がある。なぜなら、国家は団体人格であるから、国家に対する強制という場合、具体的には国家元首や大臣という職務上の機関に強制が加えられる場合をいうのであって、無効原因として承認されていた国家代表者個人に対する強制の区別をどこに置くかという問題は、実際には容易ではないからである。その結果、時として、国家自体に対する強制と国家代表者に対する強制のどちらの範疇で論ずべきかの判断が困難な事例が生ずることになる。第2次日韓協約はまさしくそうした事例のように思われる。国家そのものに対する強制が行われた場合に、それが禁止されている国家代表者に対する強制でないことが示される必要があるからである。その意味で同協約への具体的な適用を考えた場合に、当時の国際法が十分な基準を提供していたかどうか疑問なしとしない。ただし、国際法上は条約の無効を主張する場合、当該主張国に立証責任が配分されることを忘れてはならない。その主張は当然一般的非難に止まるものであってはならない。アイスランド漁業管轄権事件（管轄権）判決（1973 年）において、アイスランドは、裁判所書記に宛てた外務大臣書簡において、「1961 年の〔英国との〕交換公文ははなはだ困難な状況の下で行われたものであり、当時英国海軍は、アイスランド政府が 1958 年に設定した 12 カイリ漁業水域に反対するため、武力を行使していた」と述べたが、国際司法裁判所は、この書簡を「あからさまにいわない強迫の非難」と解した上で、「かくも重大な告訴を、それを支持するための証拠によって固められない漠然とした一般的非難を基礎としては審査できない」として取り扱わなかったことを想起する必要がある。

　そうした証拠固めというべきものが、李論文に示された高宗皇帝による「乙巳勒約無効化運動」であろう。李教授は、大韓帝国と修好通商条約を締結していた9カ国元首に送った高宗皇帝の親書が第2次日韓協約の無効を明白にしていると主張する。同親書は、「(イ)本国政府大臣が調印したというが、本当に成立したものではなく、相手を脅迫したものであり、(ロ)朕が政府の調印を許可しておらず、(ハ)政府が会議したと云々しているが、この会議は国法によって行われたものではなく、日本人が大臣らを拉致し、強制して開会したものである」ことを指摘し、皇帝はこの「勒約は『公法(国際法)違反となり、おのずから無効となる』と明かした」というのである。しかし、筆者の知るところによれば、コロンビア大学で発見された1906年6月22日にロシア皇帝に送ったとされるこの親書では、用いられている御璽が未登録の印章であり、しかも花押がないとのことでその真偽については文書形式上問題があるとも聞く。文書上のこうした問題点をどのように評価すべきか歴史学者でない筆者の能力を超える問題であるが、かかる主張にあたってはこの点ついて合理的な説明を要するであろう。李教授の別の研究によれば、退位後の1914年12月にドイツ皇帝に送った親書では、皇帝として使用していた玉璽及び国璽が日本側に奪われたことが記載されているとのことだが、奪われたのが正確にいつの時点であったか歴史研究の深化を待ちたい。

　さらに、李教授は、「ハーバード法大報告書を経て1963年に国連総会が乙巳勒約の無効を認定するようになったのは、大韓帝国皇帝を中心とした無効化運動の最終的成果であった」と位置づけている。たしかに、国連総会の下部機関である国際法委員会の条約法条約の法典化作業の中で、特別報告者となったウォルドックが、その第2報告書で、ハーバード草案を引用する形で、第2次日韓協約を国家代表者に対する強制による条約の例としてあげたことは事実である。しかし、そのことをもって国連がそうした認定を行ったということにはならないように思われる。同委員会の特別報告者の報告書は、あくまで委員会の審議のたたき台として提出されるものに過ぎないからである。あくまで審議の途中経過にそうした記述があったというにすぎず、この一事をもって国連総会が第2次日韓協約を国家代表者に対する強制の事例として認定したとの結論を導くことは困難であろう。実際、審議の最終報告ともいうべき1966年の国

連国際法委員会の条約法最終草案第 48 条（国の代表者に対する強制）のコメンタリーにはそうした記述はなされていない。ちなみに、この事実を捉えて、1993年 3 月、日本政府は、「国際社会がコンセンサスとしてこの 1905 年の条約を無効であると考えているんだという認識を私たちは持っておらない」（丹波条約局長）との考えを表明している。

(2) 第 2 次日韓協約は形式的適法性を欠く条約か？

　同協約が締結された当時の韓国の国内法制を顧みれば、1899 年の大韓帝国国制はその第 9 条で皇帝の条約締結権を規定し、1894 年の勅令第 1 号公文式第 18 条は、条約批准書に皇帝の署名と国璽の捺印を要求していた。李教授は、同協約には大韓帝国の朴斉純外部大臣と日本公使の林権助の署名捺印があるだけであり、同条約は高宗皇帝の批准を欠いた条約であり国際法上無効であると主張する。すなわち、「外交権移譲のような重大事項は、当然前者（正式条約）の形式を備えなければならない。(a) 国家元首が代表（全権委員）を任命する委任状、(b) 両国が署名した条約文、(c) 条約文に対する国家元首の批准書などがすべて整えられなければならない」とし、「乙巳勒約は協定文があるのみで、……外交権移譲のような重要な事実を扱う外交協定としては要件不備である」と主張される。

　まず、李教授の議論には、外交権を奪うような条約は当然批准を要する正式の条約でなければならないという前提がある。しかし、国際法上の効力要件として批准を要するというのであれば、条約の安定性という見地からは条約中にこの点が明らかにされている必要がある。しかし、同協約には批准に関する条項は存在しない。また、当たり前といえば当たり前なのであるが、日本が韓国に押しつけようとした協約の重大な内容の諾否の強要の前に、交渉時においてこうした点が伝えられたり議論されたりした形跡はない。そうすると、同協約が批准を要する条約であるとの当事者間の合意は存在しなかったといえる。少なくとも日本側が第 2 次日韓協約を批准を要する正式の条約とは考えていなかったことは、次のエピソードからも明らかである。すなわち、同協約で韓国の外交権を奪った結果、外国に居住する韓国国民の外交的保護権は大韓帝国に代わり明治政府が行うことになるが、協約締結直後の 11 月 28 日にこの点を尋

ねてきた日本の在英公使の質問に対して、時の桂外務大臣は「日韓協約ハ既ニ
効力ヲ生シ居リ日本ノ外交代表者及領事ハ外国ニ於ケル韓國ノ臣民及利益ノ保
護ニ任シ居ルモノナリ」として外交的保護を命じているのである。

　したがって、李教授が提起されている批准の問題はいわば国内平面における
批准の問題ということになる。その場合、大韓帝国国制にあって、批准を要す
る条約とそうでない条約を区別する規定や憲法慣行があったかどうかを明らか
にする必要があるが、仮に大韓帝国国制ではこうした条約は批准を要する類型
の条約であったとしても、李教授の立論には国際法上疑問が残る。なぜか。た
しかに、国内法上の批准という手続は、国家の権限ある機関が、条約によって
拘束されることへの国の同意を確立する国際的行為へと進む前に充足すべき要
件たる効果を国内法上もつものである。しかし、仮にこの要件を満たしていな
かったとしても、条約が無効であるか否かを決定するのは一国の国内法ではな
く国際法である。

　条約の締結が条約の締結権者等に関する各国の憲法規定を基礎に行われるこ
とは事実であるが、憲法を基礎に条約が締結されることと、一国の憲法規定を
そのまま国際的に承認することとはまったく別の問題である。国際法上、憲法
違反を理由に条約の無効を主張できるかどうかという問題には、大別して、①
内容違憲の条約の場合と②手続的違憲の条約の場合がある。前者、すなわち正
規の手続を経て締結された条約の効力を憲法内容との抵触を理由に国際平面で
無効を主張しえないことは、国際慣習法上の原則であり、先の条約法条約もこ
れも確認している（第27条）。問題は後者であり、これについては見解が分か
れていた。すなわち、(a) 国際法は条約締結意思を形成する機関と手続を憲法
に委任しているので、これに違反して締結された条約は無効とする説、(b) 憲
法上の手続は単に国内的な意味しかもたず、国際法上適切に締結された条約は
有効だとする説、(c) 憲法上の手続のうち「周知な」手続（相手国が当然に知ってい
ることを合理的に期待しうるもの）とそうでないものを区別し、問題となる手続が
どちらに該当するかによって有効、無効を決定しようとする説である。李教授
は (a) の立場に立っていると思われるが、条約法条約が採用している立場は原
則として (b) をとりつつ一部 (c) を採用している（第46条）。しかも、それは国
際判例や国家実行に基づいた規則とされる。条約法条約の規定を協約に直接適

用することはもちろんできないが、同条約が手続的違憲条約であっても原則有効というのが慣習法規則であるとみなしていることは重要である。国際法は李教授の立場を必ずしも支持していないと思われる。

　また、第2次日韓協約は、1905年12月16日に、韓国「官報」交渉事項欄にその全文が公布されたが、無効を主張する場合、この事実をどう捉えるかという問題が生じる。国内法上皇帝の批准を要し、しかもそれが得られないままであるならば、官報での公布は差し控えるべきであったろう。もっとも、こうした主張は形式論理だとの批判を受けるかもしれない。条約の締結を強制した国家の圧力が条約締結後も続いている限りは、官報での公布にもまた強制が働くと考えるのが合理的推定だからである。しかし、仮に条約の公布さえも強制により可能だったというのであれば、なぜに皇帝の批准を強制的に得ることだけができなかったのかが合理的に説明できなくなる。このあたり、歴史学者の説明を待ちたい。

　次に、全権委任状の問題を取り上げたい。李教授は、全権委任状が朴外部大臣に発給されていなかったことを問題にするが、一般国際法上、外務大臣は、内閣総理大臣とともに、その職務の性質上、条約の交渉、条約文の採択、条約に拘束されることへの国の同意を含み条約締結のあらゆる行為について、全権委任状の提示を要求されることなく自国を対外的に代表するものと認められている（条約法条約第7条2項(a)）。それ故、これらの者に全権委任状の提示を求める必要はないし、仮に求めて相手方が全権委任状を提示しなくても、国際法上はその国を代表する者として取り扱わなければならない。もちろん、外務大臣や内閣総理大臣という職責にある者に対して全権委任状を発給する例がまったくないわけではない。例えば、1951年の日本国との平和条約は重要な条約として全権委任条約の形式がとられたので、内閣総理大臣を全権委員に任命した。日韓併合条約の場合に純宗皇帝が李完用を全権委員に任命したのは、同条約が全権委任条約の形式をとっているからであり、第2次日韓協約に全権委任条約が存在しないのは、李教授が指摘する外交権や内政権を移譲するという重大な条約であるにもかかわらず、それらの条約が全権委任条約の形式をとらなかったからであると考えられる。なお、国際法上、どのような条約形式にするかは、当事者間で自由に決定しうる事項であり、ある程度の慣行が認められる

としても、必ずしも内容が規定するわけではない。

　もちろん、当時の大韓帝国国制上、条約締結行為についてあらゆる場合に、内閣総理大臣や外務大臣といえども皇帝からの全権委任状の発給が必要とされたのであれば、先の国内法上の批准を欠くという主張の場合と同様に、憲法上の全権委任状の手続に違反したとの主張は可能であるが、国際法上、それを当然に無効の根拠としないことは前述した通りである。したがって、李教授の「韓国外部大臣が協定を強要されて現場に職印を持って行かなかったことは、本人が自ら協定代表であると考えていなかったということを意味し、実際に高宗皇帝はこの協定のための全権委員を委任したことはなかった」との主張は、あくまで国内法上の意味をもつに過ぎないのである。おそらく、現場に職印を持参しなかったのは、協約締結に対する抵抗の意思の現れであろうと推察される。実際、外部大臣の署名は得られたものの、職印が宮中に持ち込まれるのに 2 時間を要し、調印はそのために 18 日にずれこむことになったのである。

　最後に、条約の名称に関して付言しておきたい。李教授は、第 2 次日韓協約について、そもそも原文に名称がないのであれば、翻訳にあたって名称を付けるべきではないし、協約という名称をつける必要があるのであれば、"Convention" ではなく "Agreement" を用いるべきだと主張する。その理由として、「Convention は主に郵便協定、赤十字協定、著作権保護など特殊な事項に関する協定に使用される用語であり、形式としては Agreement より一段階格が高いものであるといえる」とする。しかし、そもそも、個々の文書にいかなる名称を用いるかについて、国際法上の規則が存在するわけではない。"Convention" が特殊な事項に関する協定に使用されるといった規則性も存在しない。現に、国連海洋法条約や条約法条約といった普遍的性格をもった一般条約の場合に "Convention" が用いられている。まして、欧文と日本語の訳が常に機械的に対応しているわけでもなく、格の上下を云々することも困難である。例えば、わが国の例でいえば、琉球諸島及び大東諸島に関する日米協定（いわゆる沖縄返還協定）といった重要な条約で "Agreement" が用いられているし、錫協定や砂糖協定といった一般協定及び国際農業開発基金設立協定の場合でも "Agreement" が用いられている。

3　歴史学と国際法のはざまで

　基本条約締結から30年以上が経過した今日、変わったものと変わらないものがある。基本条約を成立せしめた冷戦構造は崩壊し、日韓をとりまく国際政治状況は大きく変化した。韓国における同条約の賛成論には、冷戦構造の中で必要悪としてこれを受け入れようという議論があったと聞く。その意味で、冷戦が終結した今日、対立を曖昧にしたままで締結した本条約の支持基盤が失われ、他方で当時の反対論が依拠したとされる植民地支配に対する反日感情や不信感が残ったままという状況がある。李教授の言葉を借りれば、「韓日両国の『過去の問題』は両国が自ら解決しなければならない『原初』の状態に戻った」ことになる。さらに李教授は、「核心的な問題を未解決のまま残した」日韓基本条約について、「『過去の問題』に対する両国の見解が少しも狭まらないだけに、民族感情が悪化している現実を認めるならば、この協定を過去の歴史として受けとめるのは無責任な行いである」と断じている。確かに、李教授が述べるように、「良心をかけてこの問題を再び真摯に検討しなければならない」時期を迎えているように思われる。

　基本条約の審議がなされた国会で佐藤元総理は、「この過去をせんさくすることも、あまり過ぎますと、これから樹立していこうという将来に、私は、必ずしもあっさりした気持ちになかなかなりにくい、こういう点を十分考えていただきたい」と、歴史の清算という重要な課題を自らの気分の問題に閉じ込めたと誤解されかねない答弁を行っている。答弁の趣旨は「未来志向」に転換する必要性ということであろうが、我々にはその前になすべき作業があるように思われる。確かに、佐藤元総理が述べるように、「未来志向」に立つことは重要であるが、「未来志向」の強調が過去を水に流したいという心情の隠れ蓑になってはいけないからである。「未来は現在の延長線上にのみありうるのであり、そして現在は過去の産物以外の何ものでもない」(須之部元外務次官の発言)という事実を想起する必要がある。過去において、我々があまり誇るべきでないことを隣国に行ってきたことは否定できない事実である。そして、我々のこれまでの対応が必ずしも十分なものではなかったことは相手方の反応からも明らかである。こうした議論が現在も依然としてもちだされているという事実に

こそ、日本国民は目を向ける必要がある。その意味で、李教授の「日本の韓国国権侵奪は決して帝国主義一般論によってごまかし得るものではない」という言葉は重い。本稿で主にとりあげた第2次日韓協約によって、日本は朝鮮半島の国民が望まない保護国という制度を押しつけた。その後の併合条約の締結という行為がまぎれもなく外交に関する事項である以上、それは同協約が創設した日本の統監の権限に属し、統監は大韓帝国政府に対して併合条約の署名を指示できる立場にあった。かくして韓国併合は完成した。そこでは、条約という法的外皮（李教授の立場からは綻びの目立つ法的外皮）をまとった「侵略」が行われたのであり韓国併合は成立していないというのが、李論文の主旨である。それに対して、当時の近代国際法はかかる行為を許す「強者の法」であったと指摘することで納得してもらうことは困難であろう。他方、仮に近代国際法の法理を否定する立場に立つや否や、有効説の立場から、近代国際法のこうした性質の責任をなぜ日本だけが負わねばならないのか、という反発が舞い込むであろう。容易に答えの出ない問題である。筆者を含め、国際法の研究者が真剣に悩むところである。

　本稿は、国際法の立場からの対話の一つの試みであるが、李教授と筆者との間には日韓の旧条約の効力問題、とりわけ第2次日韓協約についてその結論に大きな隔たりがあり、その意味で対話の糸口は少ないかもしれない。李教授が、旧条約の効力問題に対するいわゆる「有効・不当論」は到底受け入れられないとの立場に立っておられる以上、なおさらかもしれない。しかし、筆者が国際法の研究者の一人として、旧条約は無効とまではいえないという結論をもったとしても、そのことは韓国に対する植民地支配をいささかの反省もなしに肯定することを意味するものでないことを強調しておきたい。両者は別個の問題であるというのが筆者の認識である。植民地支配について反省するのであれば、それをもたらした法的措置について断罪すべきだという主張もあろうが、そのような主張は、結局は両者、すなわち歴史認識と法的議論を不可分なものとみる立場に他ならない。正しい歴史認識の必要性を否定するものではないが、歴史認識が法的議論を規定すべきだという考えに立つことはできない。仮に両者は同一でなければならぬというのであれば、そこには法的議論の成立する余地は存在しないことになるからである。

　しかし、その結果、いわゆる「有効・不当論」の立場に立つ場合、その機能が間違った方向に導かれないように注意する必要がある。なぜなら、「有効・不当論」は、主張者の意図とは別に、植民地支配肯定説を補強する機能を果たしかねないからである。その意味で、単なる「有効論」との区別を明確にする必要がある。保護条約締結時の国際法学者であった有賀長雄の有効論は、有効＝正当の図式で大韓帝国から外交権を奪った明治政府の行為の正当化機能を営んだが、現在の「有効・不当論」の議論は明治政府の行為の正当化までを含むものではない。「有効」といったからといって過去の植民地支配を正当化するものではない。「有効・不当論」は、これまでの「有効論」がもっていた正当化機能を奪うという意味ではそれなりの存在意義をもつと思われる。しかし、この主張は、無効論の立場からは、国際法上「有効」であると結論することは結果として「正当化」機能をもつのであり、両者の区別は意味をもたないとの批判にさらされる恐れがある。いずれにしても、「有効・不当論」を否定する立場に立つ李教授とは、この点では議論が相入れないかもしれない。しかし、立場が異なるこそ「対話」が成立するのだという考えに立てば、今後とも継続的に議論を重ねる余地はあろう。

　日韓の旧条約の効力問題は、たしかに日韓の過去の歴史の象徴的な事柄ではあるが、過去の清算という問題をこの効力問題に集約できるかどうか、個人的には疑問を禁じ得ない。なぜなら、歴史の問題を、旧条約の効力問題、すなわち有効か無効かという二分法に閉じ込めることには自ずから限界があるように思われるからである。効力問題が問題の核心のように語られることには違和感が残る。しかし、こうした議論には韓国の人々からの次のような反論が予想される。すなわち、自分たちにとっては、「すでに過ぎた過去の事実は物理的に動かしえないが、わが民族の自尊心から、また名誉のためにもこれをそのまま認めるわけにはいかない。精神的理念回復の方法はただ一つ、侵奪者である日本をして、自ら過去のすべての侵奪手段として使用していた条約を無効化させ、これを確認させることにおいてない」（基本条約締結時の韓国の丁一権総理の国会答弁）と。その意味で、筆者の立場は韓国ではそれほどの共感を得ることはできないかもしれない。しかし、筆者はあえて、問題の本質は何かを問う必要があると主張したい。なぜなら、効力問題の枠に押し込めるということは日韓の過

去に起きた他の多くの歴史的事実を捨象し、効力問題にかかわる要件事実（条約の無効という法効果の発生に必要な事実）のみで両国の過去を語らしめることに他ならないからである。両国の国民の間で共有すべきはこうした狭い法的事実から導かれる効力問題の回答ではなく、植民地支配の過酷な実像とそうした歴史をいかに清算するかというもっと広い課題であると考えるからである。

　もちろん、国際法の一研究者にすぎない筆者には、歴史の清算というこの困難な問題にどうアプローチすべきか、にわかに結論めいたものはない。しかし、この問題を考えるにあたって留意すべき点の多くが、1990 年チェコスロバキアのプラハを訪れたドイツのヴァイツゼッカー大統領の演説に示されているように思われるので、長くなるが引用したい。彼は、ナチスによるミュンヘン協定の強制受諾やボヘミア・モラビアの保護領化といった不幸な歴史を背負った両国の過去の振り返り、次のように述べた。「私たちは、歴史を自己弁護のためとか、他者の告発や罪の相殺のために悪用しようとは思いません。このようなことを歴史が必要としているわけではありませんし、このようなことをしたところで、私たちを未来に向けて前進させる一助にはならないでしょう。私たちが平和と友好のうちに出会うことを望むときには、私たちには、相共にまた自分自身に対して、その固有の過去と向き合う誠実かつ率直さが要求されております。『人はそれぞれ、まず自分の方から自分の誤りを改めることに着手しなければならない』と、貴国の偉大な思想家コメニウスは述べております。……コメニウスの言う意味において、歴史をそれがあったがままに直視し、その諸結果を可能な限り良心的に取り扱うことを、私たちは望んでおります。深く根を下ろした不信感を除去することが、依然として肝心なことである。というのも、深刻な傷が相互に加えられたからであり、その傷跡は今日に及ぶまで痛みを与え続けているからであります。しかし隣人関係の精神の下でこそ、開かれた心をもたらす力が生まれるのです。『虚偽は暴力の伴侶である』貴国の初代大統領トマシー・G・マサリックのこの信条を、私たちはしっかりと肝に銘じようと思います。私たちが共に真実のなかで生きようと真剣に試みて以来、憎悪と敵意は解消しております。真実から生が育成してくるのである」(R.V. ヴァイツゼッカー〔著〕、山本務〔訳〕『過去の克服・二つの戦後』(日本放送出版協会、1994 年) 106-107 頁)。

　我々が日韓の負の歴史の克服にあたって注意すべき点が、ここに示されているように思われる。李教授の「根本的な解決とは真実を尊重することによってのみ得られる、ということを肝に銘じる必要がある。このような意味で、過去の不幸な両国関係の真実に対する探究は、どんなに強調しても強調しすぎるということはない」との指摘も、我々に同じメッセージを送っておられる。過去に生じた事実で何が重要で何が重要ではないという区別はない。すべては起こったのである。要は、我々が何を重要なものとして取り上げるかというその態度である。日韓両国の間では不信感を生み出すに十分なことが過去に起こっており、しかもそれが現在も継続しているとしたら、植民地支配を行った国の立場からわが国が何を重要なものと認識し、それにふさわしい対応をいかにとるか、そのことを真剣に問う必要がある。いずれにしても、来るべき金大中大統領の訪日にあたって、日本の政治指導者が両国の歴史の清算に対して深い省察を行うことを期待したい。そうした真摯な省察なしに両国間に真の意味での友好関係を築くことは困難だからである。そして、歴史の清算の問題が、「通過儀礼」的なものに終わることのないようにその後も真摯な態度を維持し続けることが重要である。

　李論文に触発された本稿が取り上げえたのは、第2次日韓協約の効力問題という国際法上のわずかな論点にすぎない。本稿に対する反論も十分予想される。今後は両国の歴史学者、国際法学者がこの始まったばかりの対話に参加され、冷静な議論の土俵の構築に貢献されることを期待したい。

（3）北朝鮮

不審船事件の検証
──国際法の観点から──

1　事件の発生

　2001 年 12 月 22 日に奄美大島北西海域において発生した不審船沈没事件は、不審船と海上保安庁との生々しい銃撃戦の模様がテレビで放映されたこともあり、国民の関心を引いた。報道によれば、22 日午前 1 時過ぎ、海上保安庁（以下、保安庁）は、防衛庁から奄美大島沖北西 230 キロ（日本の排他的経済水域）の海域で 1 隻の不審な船舶が航行しているとの情報を入手し、直ちに現場に急行。午前 6 時 20 分、奄美大島沖 240 キロで保安庁の航空機が同船を確認し追尾を開始。同船は漁船の型状をし、左舷に「長漁 3705」の船名あり。午後 12 時 48 分巡視船いなさが現場に到着し、1 時 12 分より航空機とともに繰り返し停船命令を実施。しかし、同船はこれに応じず逃走。さらに巡視船に体当たりをしたことから、何らかの目的をもった不審船と断定。2 時 15 分、保安庁長官が「威嚇のための」船体射撃を承認。2 時 30 分不審船が日中中間線を通過。2 時 36 分、巡視船いなさが 20 ミリ機関砲による上空・海面による威嚇射撃を行ったが、同船は停船せず。2 時 47 分不審船乗組員がしきりに中国国旗らしきものを振る。4 時 13 分いなさが再び「威嚇のための」船体射撃を行い、同 58 分巡視船みずきが同じく「威嚇のための」船体射撃を行う。5 時 24 分同船より出火。5 時 51 分鎮火し、53 分再び逃走を開始。10 時巡視船あまみ、きりしまが、同船を挟み込み接舷を図ったところ、同船から自動小銃及びロケットランチャーのようなものによる攻撃あり。巡視船あまみ、きりしま、いなさが被弾し、海上保安官 3 名が負傷。巡視船いなさが正当防衛による射撃を実施。10 時 13 分同船は爆発（原因は不明）沈没。翌午前 8 時 55 分までに 3 遺体発見。うち 2 遺体を引き上げ。1 遺体はハングル文字が書かれたライフジャケットを着用。これが事件

のあらましである。1999年3月に能登半島沖で発生した不審船事件で取り逃がしたこともあり、今回は保安庁としても断固たる措置にでたものと推測される。偶然にも事件が発生するわずか1ヶ月前に、「一定の要件に該当する事態における武器の使用」を認める海上保安庁法（以下、庁法）の改正が、また不審船への対処について閣議決定（11月3日）が行われていた。その矢先に、本事件は発生したのである。

　ただ、能登半島沖と今回の九州南西海域の不審船事件は、対象は同じく「不審船」であるが、発生した海域（前者は領海、後者は排他的経済水域）が異なっている。国際法は、領海、接続水域、排他的経済水域（以下、EEZ）、公海という海域区分を行い、それぞれの海域に対する沿岸国の権利、管轄権を定めている。そうした国際法を法典化し、詳しい定めを置いたものが国連海洋法条約であり、日本、中国、韓国など多くの国がこの条約の当事国になっている。日本が不審船問題に対応する場合、国内法である庁法に適合した対応を要求されるのはもちろん、同時にそれは海洋法条約に沿った対応でなければならない。国際法の観点からいえば、領海とEEZでは外国船舶の航行の権利や自由及びそれに対する沿岸国の権利や管轄権の内容が異なっている以上、不審船という同一事案であっても、沿岸国としての日本の対応もおのずから異ならざるを得ないのである。そこで国際法の立場から、今回の事案を検証し本事案に関する国際法上の論点を整理してみたい。

2　能登半島沖事件が提起したもの

　さきほどから、「不審船」という言葉を使用しているが、国際法上、「不審船」の定義があるわけではない。日本政府は、能登半島沖の事件後の関係閣僚会議（1999年6月4日）で、「工作船と考えられるような武装の可能性のある船舶」という定義を用い、さらに昨年の閣議決定では、「我が国周辺を航行する船舶であって重大犯罪に関与している外国船舶と疑われる不審な船舶」という定義を用いている。日本で「不審船」と呼称する場合、こうした船舶が念頭に置かれていることになる。

　能登半島沖の事件では、2隻の不審船が日本の領海内で発見され、いずれも

日本の船名を付けていたが、調査の結果、船名詐称の疑いが浮上。そこで、保安庁は、漁業法74条3号に基づく立入検査のために停船命令を実施したが、これを忌避し逃走したので、同法141条の立入検査忌避罪により公海上まで継続追跡を行い、威嚇射撃を実施。しかし、同船が速度を上げ逃走したため追跡が困難となり、運輸大臣が防衛庁長官に海上警備行動を要請。内閣総理大臣が、持ち回り閣議を経て初めての海上警備行動を発令。それを受け、海上自衛隊の護衛艦が停船命令を実施し警告射撃を行ったが、同船はこれを無視し日本の防空識別圏外に逃走した。海洋法条約は、「追跡権は、被追跡船舶がその旗国又は第三国の領海に入ると同時に消滅する」(111条3項) と規定し、第三国の EEZ はもちろん、防空識別圏の通過をもって継続追跡の終止要件とはしていないが、日本は追跡を断念した。

　このように事件は領海で発生した。海洋法条約は、沿岸から12海里を超えない範囲で各国が定める領海に沿岸国の主権が及ぶと定めている (2条)。しかし領海では、海上交通の便宜を図るためにすべての国の船舶、つまり外国船舶に無害通航権が認められており (同17条)、沿岸国はこうした無害通航権を妨害しない義務を負っている (同24条)。他方、無害でない通航を行っている外国船舶に対して、沿岸国として規制を及ぼしうることは沿岸国の保護権として国際法上許容されている (同25条)。能登半島沖で対象となった不審船の行為は、海洋法条約がいうところの無害でない通航として、沿岸国である日本がそれを規制するための保護権を行使し、必要な措置をとったという法的構成をとるのである。その際に、いきなり海洋法条約を援用せず、関係国内法令の根拠を示す形をとった。

　海上警察機関である保安庁は、「法令の海上における励行」(庁法2条1項及び5条1号) をその任務としている。ここにいう「法令」に限定はなく、海上において適用されるすべての国内法令を含むとされる。たとえば、漁業法などである。この法令の励行のために、庁法上、海上保安官 (以下、保安官) に具体的な執行権限が与えられている。つまり、保安官は、不審船に対し法令の励行状況を査察し、通航が有害か無害かを確かめるべく停船命令や立入検査を行う権限を有するのである。そこで、先の能登半島事件後の「不審船対応策」では、不審船への対応は「警察機関たる海上保安庁がまず第1に対処するとし、同庁で

対処することが不可能若しくは著しく困難と認められる場合に自衛隊が海上警備行動により対処するという現行法の枠組みを維持する」ことを基本方針として確認した上で、「我が国の領海及び内水並びに排他的経済水域にある不審な漁船には、漁業法の立入検査及び立入検査忌避罪を適用」し、また「我が国の領海及び内水にある外国貨物を積んでいると思われる船舶には、関税法の立入検査及び立入検査忌避罪を適用」することとした。そして、本事件で注目された不審船への武器の使用については、「警察機関としての活動であることを考慮すれば、警察官職務執行法の準用による武器の使用が基本」であることを確認するとともに、「危害射撃のあり方を中心に法的な整理を含め検討」する必要性が確認されたのである。2001年の庁法改正はこの文脈の中で行われた。

3　庁法改正にみる不審船に対する武器使用

　改正前の庁法20条は、保安官等の武器使用について、「警察官職務執行法第7条を準用する」と規定していた。当該7条の下で危害射撃が許容されるのは、①正当防衛・緊急避難、②重大凶悪犯罪の既遂犯、③逮捕状の執行の場合に限定されていた。仮に、逃走する不審船の逃走防止のために船体射撃を行おうとしても、お互いに揺れている船舶の間での射撃という特殊事情から、人に危害を与える恐れがあるため事実上困難であった。そこで現行の20条を1項とし、新たに2項として、的確な立入検査を実施する目的で停船させるための不審船に対する射撃について、保安庁長官が次の4つの要件すべてに該当する事態であると認めたときは、危害射撃を容認する規定を置いたのである。また、同射撃により人に危害を与えても違法性は阻却されるとした。すなわち、①外国船舶と思料される船舶が我が国の領海内で無害通航でない航行を現に行っている、②放置すれば将来繰り返し行われる蓋然性がある、③我が国領域内における重大凶悪犯罪の準備のためとの疑いを払拭できない、④当該船舶を停船させて立入検査をしなければ将来の重大凶悪犯罪の予防ができない、という要件である。加重要件になっているので、適用の敷居は高くなっている。このように敷居を高く設定することはむしろ望ましい。なぜなら、警察機関としての保安庁の任務は、あくまで犯罪の予防・鎮圧、あるいは犯人の検挙にあるのであり、不審

船とみれば、すぐさま船舶を撃沈したり、軍事行動をとることをその任務としないからである。庁法25条が、「この法律のいかなる規定も海上保安庁又はその職員が軍隊として組織され、訓練され、又は軍隊の機能を営むことを認めるものとこれを解釈してはならない」と明記していることを忘れてはならない。

　ところで、庁法改正にあたり、今回認められた危害射撃は国際法上許容されているとの判断が政府・国会にあったものと思われるが、保安庁という国家機関が外国船舶に対する危害射撃を行った場合、その合法・違法を判断するのはあくまで国際法であり、国内法ではない。国内法上は合法であっても、国際法上は違法という場合もありうるのである。国際法はどのような危害射撃を合法とみているのだろうか。次にこの点を検討してみよう。

4　国際法が許容する危害射撃

　停船命令を無視して逃走する被疑船舶に対する危害射撃の問題が、国際裁判などの対象になった例はそれほど多くない。有名な先例としては、禁酒法時代の米国に酒類を密輸しようとして米国沿岸警備船に追跡後撃沈されたカナダ船籍のアイム・アローン号事件（1933年）がある。事件の処理にあたった合同委員会は、強制停船のための実力行使は必要かつ合理的な範囲に止まらなければならず、意図的な撃沈は許されない（但し、偶発的沈没は除く）とし、本事件は意図的な撃沈であったとして米国にカナダへの謝罪と損害賠償を命じた。また、デンマークの漁業水域で違法操業を行った英国漁船の拿捕に伴う被弾事件を扱ったレッド・クルセイダー号事件（1962年）では、デンマークのフリゲート艦による実弾射撃の無警告の発砲とその後の実弾射撃が緊急の必要性もなくレッド・クルセイダー号の人命を危険にさらした、としてデンマークの違法性が認定された。本事件は、沿岸国が国内法令の執行において武器の使用を行う場合、常に必要な段階（適切な警告と他の手段の試み）を経ること、さらに武器の使用はあくまで限定的なものに止め、かつ最後の手段でなければならないとしたことで注目される。こうした立場は、国際海洋法裁判所のサイガ号事件（1999年）でも確認された。本件は、セント・ヴィンセントを旗国とするサイガ号がギニアの経済水域で関税法及び禁輸法で禁止されている漁船に対する軽油補給をしたと

して、継続追跡を受け拿捕された事例である。同事件で、裁判所は、船舶を拿捕する際の武器の使用につき、「その使用をできる限り回避し、それが不可能な場合は、状況において合理的かつ必要な限度内でなければならない」と命じた。さらに、「人道の考慮は、国際法の他の分野におけるのと同様、海洋法にも適用されなければならない」とし、「追跡の船舶が最後の手段として武器を使用しうるのは、適当な行動が失敗した後である。その場合でさえも、適当な警告が当該船舶に発せられ、人命を危険にさらさないようにあらゆる努力が払われるべきである」ことを確認した。このように国際法は、人道の考慮から、危害射撃につき極めて厳重な要件を課しているのである。

　今回の九州南西海域の不審船事案は、外国船舶が航行の自由を有するEEZで発見した不審船に対する危害射撃であり、改正庁法20条2項の想定するものではない。保安庁は、最後の銃撃の場面は同法20条1項による正当防衛だと説明している。国内法上の説明としては十分だろうが、国際法上は、それ以前の「威嚇のための」船体射撃を含め、一連の危害射撃が国際法の要件を満たしていたかどうかが問題となる。意図的撃沈でなかったことは明らかであるが、同じく逃走する不審船といっても、日本に対し主権侵害の恐れのある活動を行う領海における不審船に対する危害射撃と、最後の局面を除き、EEZで立入検査を拒否し逃走するだけの不審船に対する危害射撃が同一に論じられるかどうかが論点となろう。保護法益と侵害法益の均衡の問題である。限られた新聞報道の知識だけでは、国際法上の合法・違法を判断することは困難だが、要は庁法だけで正当化されるわけではないということである。今回の事件の場合、過去の経験に照らし、また通信の傍受等から不審船であるとの具体的認定を前提に危害射撃に踏み切ったのであろうが、どの外国の漁船に対しても同様の対応が可能かといえば疑問なしとしない。いずれにしろ、今回の事例では、巷間噂される北朝鮮は事件への関わりを否定しており、この点につき日本側の行為の妥当性を争う相手当事者は存在しない。

5　今後の対応──**求められる複眼的思考**

　今回の事件を受けて、EEZでの危害射撃にも領海と同様に刑事責任の免責

を認める法改正を行おうとの動きもあると聞く。しかし、この点は慎重に考える必要がある。

　海洋法条約は、沿岸から 200 海里の経済水域で生物・非生物資源に対する沿岸国の主権的権利を認め、海洋の科学的調査や海洋環境の保護及び保全に対する管轄権などを認めているものの、その他の部分の海域の性格は公海と同じである。すべての国の船舶は、EEZ で航行の自由を有している（56 条〜 58 条）。いうまでもなく、年間 7 億トンの物資を輸入する日本にとって、経済水域での航行の自由を確保することこそが国益に沿った対応である。日本が利用する石油タンカーの多くは外国の EEZ を通過しているのである。また、日本はその原子力政策により、今後少なくとも 10 年あまりはフランスからプルトニウムや高レベル放射性廃棄物を日本に海上輸送せねばならない立場にある。事故を恐れる航行ルートにあたる沿岸国は、日本が主張するこうした危険物質を運搬する船舶の領海での無害通航権や EEZ での航行の自由の主張を否定している。ひとたび、日本が EEZ で外国漁船を初めとする外国船舶の航行の自由を否定するかのような国内法を制定すれば、それはただちに日本に跳ね返ってこよう。その意味で、この問題を考える際には、沿岸国としての視点とともに、海運国あるいは遠洋漁業国としての視点が必要である。そうした視線の往復の中でおのずからふさわしい対応策がみえてこよう。主権侵害の危険性のある不審船に対して毅然とした対応をとることはもちろん必要だが、海洋法条約の厳格な解釈の上に立った対応を行うことが、長い眼で見た場合日本の国益にかなうと思われる。

　また不審船が沈没しているとされる地点は、日本が主張する日中の中間線の中国側水域にある。不審船の国籍を特定するために沈船の引き揚げを主張する声もある。実は、日中の間では漁業協定が締結され漁業に関する線引きはなされているものの、EEZ の境界画定はなされていない。中間線なるものは、日本の「排他的経済水域及び大陸棚に関する法律」で関係国の合意がない場合には、中間線までの海域において、沿岸国の主権的権利を行使し（1 条・2 条）、日本の関係法令を適用する（3 条）旨規定する日本の国内法令に基礎を置くにすぎない。現に、奄美北西海域で日本の同意なくして海洋調査を実施した中国に対して、中間線原則を尊重するよう要請する口上書を日本側が発したところ、中

国は受け取りを拒否した事実がある。今回の事件の舞台となった水域は日中の係争水域なのである。沈没地点は日本の立場からしても中間線の中国側水域にあり、同水域で中国が海洋環境の保護及び保全に関する管轄権をもつことは否定できない。たしかに、海洋法条約は、引き揚げに際して中国側の同意の必要までをも要求してはいない。しかし、仮に引き揚げを決定した際は、船体からの油漏れの恐れがないよう、万全の対策を施した引き揚げ方法をとることを日本としては説明することが望まれるであろう。もっとも、こうした引き揚げに際しては位置の特定が必要であり、そのための日本の調査測量が中国側により海洋法条約 246 条が定める沿岸国の同意を要する海洋の科学的調査と性質決定される可能性もある。その時は中国側が同意の付与を拒否することも考えられる。こうした事態をも想定し、中国と事前に綿密な協議を重ねる必要があろう。大人の対応が望まれるのである。

PSI（拡散防止構想）と国際法

1　はじめに

　2001年9月11日に発生した同時多発テロは、テロリストと核兵器など大量破壊兵器（以下、WMD）の組合せの危険性を米国に自覚させ、同国の安全保障政策に根本的な変更をもたらした。ブッシュ政権は、2002年9月17日、「米国国家安全保障戦略」を発表し、国土安全保障（homeland security）体制の構築と対テロ戦争の推進を謳いあげた[1]。その中心に据えられたのは、先制攻撃ドクトリンとともに、拡散防止構想であった。すなわち、いわゆる「ならず者国家」やテロリストの集団にWMDが拡散することを阻止すべく、WMDそのものの拡散はもとより、WMDの製造に必要な物質、技術、知識の移転を阻止する政策を採用したのである。さらに、同年12月10日には、これを一歩推し進めた「大量破壊兵器と戦う国家戦略」という政策指針を公表し、拡散防止体制の強化を表明した[2]。

　時を同じくして、イエメン沖でソサン号事件が発生した。2002年12月10日、イエメン沖を航行中の朝鮮民主主義人民共和国（以下、北朝鮮）船舶の貨物船ソサン号（国旗を掲げていなかった）が、2隻のスペイン艦船によって臨検・捜索され、船内から北朝鮮製のスカッド・ミサイル15基などが発見された。船長は、船舶はカンボジア船籍であると回答したが、カンボジア政府に船籍照会すると、当該船舶はパン・ホープ号の名前で登録されているとの回答であった。こうした事態を踏まえ、米国及びスペインは、当該船舶が国旗を掲揚しておらず、国籍確認のため臨検に及んだと説明した。これに対し、北朝鮮は、米国がスペイン海軍を使い北朝鮮の主権を理由なく侵したとして、その押収を「許されざる海賊行為」と非難した。実際、ソサン号で発見された当該積荷は、北朝鮮とイ

エメンとの適法な契約に基づき、イエメン軍の装備として購入者であるイエメン政府に運ばれていた。

結局、同月18日、米国は、当該輸送には何ら国際法上の違反がないとして、船舶を釈放し、イエメンへの航海の継続を許可した。米国は、「本事例で、乗船及び捜索する権限はあるけれども、北朝鮮からイエメンのスカッド・ミサイルの輸送を押収する権限はない」と述べた。しかし、この事件は、WMD の拡散の現実を国際社会に明らかにした[3]。

こうした現実を前に、ブッシュ政権は、WMD の拡散阻止のための国際的協力を模索し始めた。2003年5月31日、ブッシュ米国大統領は訪問先のクラコフ（ポーランド）で「拡散防止構想（Proliferation Security Initiative、以下 PSI）」を発表し、日本を含む10カ国（英国、イタリア、豪州、オランダ、フランス、ドイツ、スペイン、ポーランド、ポルトガル。これらをコア・グループ国という）に参加を呼びかけた[4]。同提案は、WMD 及びその運搬手段と関連物質の拡散懸念国[5] 又はテロリストなどの非国家主体への流入又はそれらからの流出を阻止するために、参加国（＝有志連合）が共同してとり得る措置を検討しようとするものである。その後、シンガポール、ノルウェー、カナダ及びロシアが PSI に加わり、現在、参加国は15カ国となっている。なお、PSI には、臨検の強化を狙ったオペレーション専門委員会と WMD の輸送情報の収集・交換を強化する情報専門委員会がある。先の15カ国に加えて、デンマークとトルコが、このオペレーション専門家会合に参加している[6]。

この PSI と呼ばれる多国間協力体制は、すでに6回の会合を重ねているが、第3回パリ会合で、参加各国は、PSI の目的や阻止のための原則を述べた「拡散阻止原則宣言（Statement of Interdiction Principles）」について合意した。

当該宣言はまず、PSI の目的を「PSI 参加国は以下の阻止原則を順守し、国内法、国際法及び国連安保理を含む国際的枠組みに従って、拡散懸念国及び非国家主体からの、並びにそれらへの WMD、その運搬手段及び関連物質の移転若しくは輸送を阻止するため、より組織的かつ効果的な基礎を構築する。また、国際の平和と安全に対するかかる脅威を懸念するすべての国に対し、同様の阻止原則を遵守するよう呼びかける」と規定する。そして、PSI の対象たる「拡散懸念国又は非国家主体」を、「(a) 化学、生物又は核兵器、及びそれらの運搬手

段の開発又は獲得への努力、若しくは (b) WMD、その運搬手段及び関連物質の移転（売却、受領又は促進）を行い、拡散を行っていることを根拠として、PSI参加国が阻止対象とすべきと判断した国家又は非国家主体のことをいう」(1項)と定義した。その上で、PSI の活動として、「他国から提供される機密情報の秘密性を維持しつつ、拡散活動を疑われる活動に関する情報を迅速に交換する」(2項) こと、さらに、「これらの目的を達成するため、関連する国内法を必要に応じて見直すとともに、その強化に努めること。また、必要な場合には、これを支持するため、関連する国際法及び国際的枠組みを適切な方法で強化することに努めること」(3項) を約束している。そして、「各国の国内法において許容される範囲で、かつ国際法及び国際的枠組みの下での国家の義務に合致する範囲で、WMD、その運搬手段及び関連物質の貨物に対する阻止活動を支援するために具体的な行動をとる」(4項) として、「(a) 拡散懸念国又は非国家主体への、若しくはそれらからのかかる貨物すべての輸送又は輸送協力を行わないこと。及び、自国の管轄権に服する何人にもこれを許可しないこと。(b) 自国籍船舶が、拡散懸念国又は非国家主体への、若しくはそれらからの当該貨物の輸送を行っていると疑うに足る合理的な理由がある場合、自発的に又は他国の要請及び他国による正当な理由の提示に基づいて、内水、領海若しくは他国の領海を越えた海域において当該船舶に乗船し立入検査を行うための措置をとること。及び、かかる貨物と確認された貨物を押収すること。(c) 他国による自国籍船舶への乗船及び立入検査、並びに当該他国が WMD 関連貨物と認める貨物の押収に対して、適切な状況の下で、同意を与えるかどうかを真剣に検討すること。(d) 以下の目的のために適切な行動をとること。 すなわち、①拡散懸念国又は非国家主体へ、若しくはそれらから WMD 関連貨物を運搬していると合理的に疑われる船舶を、自国の内水、領海又は接続水域（宣言されている場合）において停船させ又は立入検査を行い、かつかかる貨物と確認された貨物を押収すること、及び②かかる貨物を運搬している合理的疑いがあり、かつその港、内水又は領海に入ろうとするか、あるいは出ようとする船舶に対しそれ以前に行われる乗船、立入検査、及びかかる関連物質の押収の受入れなどを義務付けること。(e) 自発的に又は他国の要請及び他国による正当な理由の提示に基づいて、①拡散懸念国又は非国家主体へ、若しくはそれらから、かかる貨物を運

搬していると疑うに足る合理的な理由があり、かつ自国領空を飛行する航空機に対し、検査のために着陸を求め、かかる貨物と確認された貨物を押収すること、又は②かかる貨物を運搬していると疑うに足る合理的な理由がある航空機に対しては、事前に自国領空の飛行を拒否すること。(f) 港湾、空港又はその他の施設が、拡散懸念国又は非国家主体へ、若しくはそれらからのかかる貨物運搬の中継地点として使用される場合には、当該貨物を運搬していると疑うに足る合理的な理由がある船舶、航空機、又はその他の輸送手段を検査し、かかる貨物と確認された貨物を押収すること」を掲げている[7]。

　以上のように、拡散阻止原則宣言により、PSI に参加する有志連合は、拡散懸念国又は非国家主体(テロリスト)に関する情報を共有するとともに、単独又は共同して、WMD、その運搬手段及び関連物質の輸送を含む、拡散懸念の国家や非国家主体による拡散を防ぐために関係国内法の強化及び国際法の枠組みの中で協力することを約束した。問題は、「国際法の枠組みの中で」という言葉に含意されている内容である。PSI はあくまで現行の国際法の枠組みの中で行うのか、PSI に適合するように既存の国際法を変革するのか、いずれとも取り得るからである。PSI をリードする米国は、後者に力を入れているように思われる。いずれにしろ、PSI 参加国は、拡散の懸念を共有する国との対話を開始し、PSI の取組みを強化するために支持を広げる活動を行うことに合意した。実際、同宣言採択後、すでに 50 カ国以上の国がこの宣言に支持を表明したといわれている[8]。

　なお、拡散阻止原則宣言からもわかるように、PSI は国際組織の構築をめざすものではなく、WMD の拡散を防ぐために参加国の機動性のある行動の確保をめざすものである。PSI 参加国は、情報共有を含む実際的な手段について検討するとともに、能力向上と PSI 実施の条件を試行するべく、海、空及び陸における合同阻止訓練の実施について合意した。しかし、PSI それ自体について国際条約でその法的基盤を確保するという政策をとらなかったゆえに、拡散阻止原則宣言は、その実施にあたって、さまざまな国際法上の問題を抱えている。次にこの点を検討してみよう。

2　PSI が抱える国際法上の問題

(1) 領海における阻止行動と国連海洋法条約

　領海には沿岸国の主権が及ぶが、海上交通の便宜を図るために、重要な例外が存在する。すなわち、すべての国の船舶は、領海において無害通航権を有しており（国連海洋法条約 17 条）、沿岸国はこれを妨害してはならない義務を負っている（同 24 条 1 項）。無害通航とは、「沿岸国の平和、秩序又は安全を害しない」通航をいう（同 19 条 1 項）。国連海洋法条約（以下、条約又は海洋法条約）は、この「無害性」の基準として、船舶の積荷・装備・種類（軍艦か商船かといった区別）を基準とする船種別規制をとらず、通航の態様・行動などを基準とする行為態様別規制を採用している。つまり、19 条は、外国船舶が領海において条約が明記する活動のいずれかに従事する場合には無害とはみなされないとし、2 項で 12 の行為（たとえば、①武力による威嚇又は武力の行使、② 武器を用いての演習や訓練、③沿岸国の安全を害する情報取集など）を列挙している。WMD やその運搬手段、あるいは関連物質の輸送はこれに含まれておらず、それらを積載していることのみを理由に、通航を無害でないと認定することは条約上許されないことになる。実際、1989 年、米国と旧ソ連は、「無害通航権に関する国際法規則の統一解釈」に合意し条約 19 条 2 項は無害でない通航の網羅的なリスト、すなわち限定列挙であるとの解釈に合意した。したがって、この解釈に従えば、仮に WMD を運搬する北朝鮮船舶が日本の領海を航行していたとしても、条約 19 条の違反を構成しないことになる。

　もっとも、前述の条約 19 条 1 項の抽象規定は、具体的な行為態様を基準とすることなく、「通航」そのものが沿岸国の平和、秩序又は安全を害する場合は無害ではないとの解釈の余地を残しているようにも読める。この立場に立てば、船舶のもつ潜在的危険あるいは目的や意図により無害ではないと判断する余地がでてくる[9]。たとえば、仮に PSI 参加国が領海における WMD やその運搬手段や関連物質を積載した船舶の通航は沿岸国の平和、秩序、安全を害するとして、事前の許可なく通航することを禁止する国内法を制定した場合、通航の無害性の認定を沿岸国法令の遵守と結びつける接合説の立場をとれば、通航の阻止は可能となるように思われる[10]。当然のことながら、被疑船舶に対する

沿岸国の管轄権の行使は海域ごとに異なる。内水には沿岸国の領域主権が完全に及ぶので内水を航行中の外国船舶には国内法に基づく立入検査が可能である。接続水域で阻止行動を行う場合には、仮に通関上の法令違反を管轄権行使の理由とするならば、拡散懸念国とのWMDの関連物質の輸出入を禁止する国内法が事前に制定され、被疑船舶が沿岸国に向かっているか、又は沿岸国から国際水域に向かっている場合に立入検査が可能となろう。

　注意すべきは、領海における無害通航権の「無害性」の基準と、PSIの活動の根拠とされる「国際社会の平和と安全の維持」という基準は、別個のものであるということである。条約19条1項の要件を満たさない形で、換言すれば、沿岸国の平和、秩序及び安全は害しないが、国際社会の平和と安全を脅かすという根拠のみで、領海を通航中の外国船舶に対して、臨検及び捜索を行うのであれば、海洋法条約の違反となる。違法性を阻却するためには、安保理決議による授権か、あるいは当該船舶の旗国の同意を必要とするであろう。さらに、拡散懸念国を特定し当該国の船舶に対して同意なしにPSI参加国の領海内で停船及び立入検査を行えば、条約24条1項(b)が禁止する「特定の国の船舶に対し又は特定の国へ、特定の国から若しくは特定の国のために貨物を運搬する船舶に対して法律上又は事実上の差別を行うこと」に該当し、これまた海洋法条約に違反することになる。

　以上のことを踏まえると、接合説に立つ国の国内法令制定の場合を除き、各国の領海内でPSIの実施対象となる船舶は、同意原則を媒介とする形で、PSI参加国か協力国の船舶に限られるということになる。かかる状況で、どれほど実効的な規制が可能なのか疑問が残る。つまり、自国領海内を航海中のWMDを運搬していると疑われる外国船舶に対し、停船させ立入検査をし、さらにはかかる貨物を押収するのは、海洋法条約が認める外国船舶の無害通航権の侵害になるのである。

(2) 公海・排他的経済水域における阻止行動と国連海洋法条約

　公海はすべての国の使用に開放されており、すべての国は、自国の船舶を公海において航行させる権利をもつと同時に、同船舶について有効に管轄権を行使することによってその運航管理体制に責任を負う体制がとられている（条約90条・94条1項）。そのため、船舶はその旗を掲げる国（旗国）の国籍を有し（同

91条1項）、公海においては原則として旗国の排他的管轄権に服する制度がとられている（92条1項）。これを旗国主義という[11]。しかし、旗国主義も絶対的ではなく、公海の秩序維持のために、例外的に船舶の旗国以外の国による海上警察権の行使が認められることがある。代表例は、海賊行為である。国際法は、海賊については普遍的管轄権を認め、旗国主義の例外とし、公海上で海賊船に遭遇したいずれの国の艦船にも海賊を捕らえることを認めている[12]。なお、航行に関して言えば、排他的経済水域（以下、EEZ）は、「公海」に準じた利用の自由をもつ水域である（58条1項）。

　その結果、公海やEEZでWMDやその運搬手段、あるいは関連物質を積載していると疑われる船舶を停船させ立入検査を行いたいと考えても、現行の海洋法条約がかかる一般警察権の行使、すなわち船舶の臨検を許している場合に限られることになる。本来、臨検は戦時の交戦国の海上捕獲に付随して認められた権利であり、犯罪抑圧のために認められた権利ではなかったとされる。それゆえ、かかる「臨検の権利を行使できるのは、特定犯罪についての容疑が十分であり、しかも国際法上とくに許されている場合に限られる」[13]とされてきた。海洋法条約は、その110条で臨検に関する規定を置き、軍艦や権限を与えられた政府公船による臨検を、(a)海賊行為、(b)奴隷取引、(c)無許可放送、(d)無国籍船、(e)国旗の濫用の5つの場合に、それを「疑うに足りる十分な根拠」がある場合に許している。ちなみに、(c)と(d)は、臨検に関する公海条約（1958年）22条にはなかった規定である。なお、条約92条2項は、「二以上の国の旗を適宜に使用して航行する船舶は、そのいずれの国の国籍も第三国に対して主張することができない」とし、「このような船舶は、国籍のない船舶とみなすことができる」と規定している。臨検の対象となる無国籍船とは、このような船舶である（先のソサン号の事例）。かかる船舶に対する臨検の結果、(a)や(c)のような行為を行っていることが判明すれば、これを拿捕し、海賊の場合は臨検を行った軍の国籍国が（同105条）、無許可放送の場合はその法益が侵害されている国などが（109条3項）、裁判権を行使することができることになる[14]。

　したがって、公海やEEZでWMDを積載していると合理的に疑われる船舶を停船させ臨検しようとする場合には、110条のいずれかの要件を満たしている必要がある。PSIの拡散阻止原則宣言は参加国政府に公海やEEZにおける

WMD及びその関連物質を輸送する外国船舶の臨検のための新たな法的根拠を付与するものではないからである。換言すれば、現行国際法はWMDやその関連物質を輸送している疑いがあるというだけでは、当該外国船舶を停船させ捜索する権利を与えてはいない。

　ただし、対象行為が犯罪行為と性質決定され、かかる行為を行っていると疑うに足る合理的理由がある場合に、海洋法条約後、船舶の乗船・捜索が許される特別条約が締結されている。例えば、1988年の「麻薬及び向精神薬の不正取引防止国連条約」17条や2001年の「移民密入国防止議定書」8条である[15]。後者を例にとれば、締約国は「移民の海路による密入国に関与していると疑うに足りる合理的な理由を有する場合には、その旨を旗国に通報し及び登録の確認を要請することができるものとし、これが確認されたときは、当該船舶について適当な措置をとることの許可を旗国に要請することができる」とし、旗国は、「(a)当該船舶に乗船すること、(b)当該船舶を捜索すること、(c)証拠が発見された場合には、当該船舶並びにその乗船者及び積荷について適当な措置をとること」(2項)の許可を与えることができると規定されている。このように、一般国際法上の臨検や拿捕といった文言の使用は慎重に回避され、とられるべき執行措置も旗国の許可を条件とする条約上の執行措置にすぎないことがわかる[16]。

　海洋法条約後のこうした条約締結を受けて、PSIをリードする米国は、PSI活動の国際法上の根拠を付与する条約として、1988年の海洋航行不法行為防止(SUA)条約に目をつけた。テロリストの乗船やWMDの輸送をSUA条約の対象犯罪に加え、規制しようというのである。もちろん、こうした改正を正当化するためには、PSIがめざすWMDの拡散防止が国際社会の平和と安全の維持にとって必要であるという認識が共有されていなければならない。そこで、米国は、国連の安全保障理事会で、安全保障上の文脈で、WMDの拡散防止を取り上げることとした。

3　PSIの効果的な実施のための多国間レベルでの対応

(1) 国連安全保障理事会決議1540 (2004) の採択

　第3回会合で採択された拡散阻止原則宣言には、次のような議長声明が付さ

れていた。すなわち、「PSI は、すべての WMD の拡散は国際の平和及び安全に対する脅威であると述べ、拡散防止の必要性を強調する 1992 年 1 月 31 日の国連安保理議長の声明に沿ったものであり、また、その実施の一端を担ったものである」とし「国際の平和と安全の維持のために、国連憲章の下で安保理が第一義的な責任を果たすことを想起する」と述べていた。PSI は、自らの法的基盤の構築において、当初から国連の安保理を強く意識していた。注意すべきは、ここで引用された安保理議長の声明は、各国元首が集まった安保理サミットを総括するものであるが、厳密な意味では法的拘束力はないということである。同声明は、国際テロリズムや平和維持とともに、WMD の問題を取り上げ、「WMD の拡散は国際社会の平和と安全に対する脅威である。安保理の構成国は、かかる兵器の研究又は生産に関する技術が拡散するのを防止するために適当な措置をとることを約束する」[17]と述べていた。

　2003 年 9 月 3 日、PSI を促進するブッシュ大統領は、国連総会の演説で、WMD の拡散阻止のための決議の早期採択を要請した。これに応えるかのように、2004 年 4 月 28 日、国連安保理は決議 1540 (2004) を採択した。安保理は、その前文で安保理議長声明を再確認するとともに、「不拡散に貢献する多数国間の取決めによるこの関連での努力を歓迎し」という表現で PSI に対する支持を表明し、「国連憲章第 7 章の下で行動し」として、12 項目について決議した[18]。本決議において、第 7 章への言及がなされたということは、WMD に関する問題は第 7 章の問題として取り扱うという安保理のスタンスの表明といえるし、第 7 章に言及することで法的拘束力のある決定を意識したともいえる。しかし決議が「憲章第 7 章の下で」採択されたとしても、そのことによって決議内容のすべてが加盟国に法的義務として課せられたと解することはできない。もちろん、1 項のように、「すべての国は、核兵器、化学兵器又は生物兵器及びそれらの運搬手段の開発、取得、製造、所持、輸送、移転又は使用を企てる非国家主体に対し、いかなる形態の支援を提供することを差し控えることを決定する」との「決定する (decides)」いう表現を用いている項の場合には、「国連憲章第 7 章の下で行動し」と併せ読んで、国家に義務を課したと解釈することができる。しかし、PSI に関連すると思われる 9 項は、「すべての国に対し、核兵器、化学兵器又は生物兵器及びそれらの運搬手段の拡散による脅威に対応

するよう不拡散に関する対話及び協力を促進するよう要請する」と「要請する（calls upon）」という表現に止まっており、何ら加盟国に法的義務を課するものではない。したがって、当該決議の採択をもって、加盟国にWMDを積載していると疑われる船舶を停船させ臨検する法的根拠を与えたと解することはできないし、ましてかかる被疑船舶の旗国たる加盟国にPSI参加国による臨検について受忍義務を負わせたと解することもできない[19]。つまり、こうした決議の成立によっても、依然として、PSIに参加する各国は前述の海洋法条約の要件を満たすか特別条約の締結によってしか、被疑船舶に対して停船・臨検の措置をとれないということになる。

　ただし、この決議は、その2項で、「また、すべての国は、自らの国内手続に従って、いかなる非国家主体も、特にテロリストの目的のために、核兵器、化学兵器又は生物兵器及びそれらの運搬手段の製造、取得、所持、開発、輸送、移転又は使用並びにこれらの活動に従事することを企てること、共犯としてこれらの活動に参加すること、これらの活動を援助又はこれらの活動に資金を供することを禁ずる適切で効果的な法律を採択し執行することを決定する」としており、PSIがその目標としていた本主題に関連する国内法の強化は、この決議の採択によりほぼ達成されたといえよう。また、3項でWMDの拡散を防止するため、関連物質に対する国内管理を確立するための効果的な措置をすべての加盟国がとることを決定し、計量管理、国境管理、厳格な輸出管理などを策定することを求めているのも注目に値しよう。この決議の採択により、PSI参加国が、拡散懸念国や非国家主体（テロリスト）に対する自らの活動に対して、権威ある国際的フォーラムで支持を得たことは確かである。これにより、有志連合であるPSIの機動性は温存しつつ、必要に応じて安保理決議を背景に各国に協力を迫る体制が構築されたといえよう。

　他方、米国は、WMD積載船舶の乗船・捜索を可能とすべく、海洋航行不法行為防止条約（以下、SUA条約）及び議定書の改正作業に着手した。その契機となったのは、米国が直面したもう1つのテロ行為であった。

(2) 海洋航行不法行為防止（SUA）条約の改正作業

　2000年10月12日、イエメンのアデン港に給油のために寄港していた米海軍

の駆逐艦コール号に対する、大量の爆薬を積んだ小型ゴムボートによる自爆テロ攻撃で、米兵17名が死亡し、39名が負傷するという事件が起きた[20]。こうした海上におけるテロ攻撃を阻止するための国際法の枠組みとして米国が着目したのは、SUA条約である。国際法は、これまで船舶に絡む犯罪として、船上犯罪の問題を専ら取り上げてきたが、テロリストにより船舶を「武器」あるいは「手段」とした犯罪が出現してきた[21]。かかるテロリストによる犯罪やWMD拡散に対処する条約として、SUA条約の改正作業が始まったのである。

　同条約は、1985年10月に発生したイタリアの客船アキレ・ラウロ号乗っ取り事件を契機として締結された条約で、その3条で船舶の奪取、管理、破壊等の海洋航行の安全に対する不法行為を犯罪行為とし、これらの行為に対して、6条で旗国、犯罪地国、犯人国籍国及び被害者国籍国などに当該行為を処罰する裁判権設定を行い、10条で犯人を自国で訴追するか訴追する国へ引き渡すことを定めている。しかし、9条は「この条約のいかなる規定も、自国を旗国としない船舶内において捜査又は取締りのための裁判権を行使する各国の権限に関する国際法の規則に影響を及ぼすものではない」として、犯罪が行われた船舶に対する臨検、捜索及び犯人の逮捕の権限を締約国に認めてはいない[22]。

　米国は、対象犯罪の拡大とともに、捜査・執行管轄権の付与を狙ってSUA条約の事務局である国際海事機関（IMO）の法律委員会（LEG）の場で包括的な改正提案を行っている[23]。9・11の同時多発テロを受けて、IMOは、2001年11月20日、第22会期総会で決議A.924（22）を採択し、乗客・乗員の安全及び船舶の安全を脅かすテロ行為を防止する措置及び手続の再検討を決定し、その中でLEGにおいてSUA条約などを改正する必要があるかどうかの検討を開始するよう要請した。LEGは、テロ行為の犯人の起訴・処罰を確保するための条約にすぎないSUA条約及び議定書を、テロ行為を回避する条約に改正する必要があるとの判断を示したのである[24]。

　米国はIMOの決議を支持し、2002年8月17日にLEGに最初の改正提案（LEG85/4）を提出した。現行の米国提案の骨格を確立した再々提案（LEG87/5/1）を基に、その概要を説明すれば、SUA条約3条に追加提案を行い、SUA条約上の犯罪を行う人や補給品の輸送、WMDに関連した物質の輸送といった不拡散の問題、さらには船舶やその積荷を武器として使用することを犯罪化すべき

だとの提案を行った。たとえば、人に危害を加える目的等で爆発物、生物・化学物質、放射性物質を保持、輸送、使用等を行うこと、同物質を用いて威嚇すること、テロ関係条約上の犯罪を行うために同物質を輸送すること、さらに化学兵器、核兵器及び生物兵器を輸送することなどを SUA 条約の犯罪行為に加えるべきだというのである（3 条 bis、3 条 ter）[25]。さらに、そうした対象犯罪を行っていると疑うに足る合理的理由がある船舶については、8 条 bis として、「当事国（第 1 当事国）が IMO 事務総長に本条 4 項を適用する旨をすでに通告している場合〔事前の同意の規定〕を除き、他国（要請国）の法執行官がある船舶に遭遇し、(a) いずれか国の領海の外で、第 1 当事国の国籍を主張し、(b) 要請国が、当該船舶、積荷又は乗組員が 3 条、3 条 bis 及び 3 条 ter にいう犯罪行為に関与し又はその標的にされている、若しくはかかる状態になりつつあると、要請国が疑うに足る合理的な理由を有し、かつ、(c) 要請国が乗船を希望し、第 1 当事国に国籍の確認を要請し、国籍が確認されたときには、要請国の法執行官又はその他の権限ある官吏に対し当該船舶に関して適当な措置をとることに許可を与える場合には、旗国は、当該船舶、積荷及び乗員が、3 条、3 条 bis 及び 3 条 ter にいう犯罪行為に関与し又はその標的にされている、若しくはかかる状態になりつつあるか否かを確認するために、特に乗船し船舶、積荷及び乗員を捜索し、乗員に質問する許可を与えることができる」[26]との規定を提案した[27]。さらに、国籍確認に対して 4 時間以内に回答がない場合には、要請国は、国籍証書の検査及び 3 条、3 条 bis、3 条 ter の下での犯罪が行われたかどうか等を決定するために、乗船し、船舶、積荷及び乗員を捜索できるという提案もなされている[28]。

　このように改正 SUA 条約の締約国間においては、当該船舶が締約国の国籍を主張し、締約国の領海から外に出てきたような場合には、当該船舶の旗国の許可を条件として、他の締約国の艦船が停船を命じ、船舶の捜索ができるようにしようというのである。現行の SUA 条約や議定書には船舶への立入検査の規定がなく、かかる新提案に対して、国際海運会議所（ICS）、国際海運連盟（ISF）などの国際海運業界は、旗国主義が基本であり、乗船には明確な根拠が必要であると慎重な対応を望む見解を寄せている[29]。いずれにしろ、今回の提案の狙いは、テロリストが乗船していたり、WMD を積載していた場合には、船舶自

体の捜索・押収まで可能にしようというのであるが、かかるテロリストと船舶の旗国との関連性など検討すべき点は少なくない。この改正作業はいまだ最終結論はでていないが、米国提案に沿う形で決着するとなれば、PSI 参加国はSUA 条約の締約国に対して新たな法的根拠を獲得することになる[30]。

　米国の努力は、以上のような多国間レベルだけでなく、二国間レベルでも行われている。最後に、この点を検討してみよう。

4　PSI の効果的な実施のための二国間レベルでの対応——米国・リベリア間及び米国・パナマ間の臨検協定の締結

　国際法上の困難を克服する 1 つの可能性として、19 世紀に奴隷取引を禁止しようとした英国の行動の例にならって、相互臨検を認める二国間条約を PSI 参加国又は協力国との間で締結し、こうした条約を根拠に、あるいは時間はかかるけれども、こうした条約の集積により、WMD を運搬する船舶に対する臨検の権利という新たな国際法の形成をめざすという対応はありうる。19 世紀、反奴隷貿易の急先鋒であった英国は、ポルトガル（1817 年）、オランダ（1818 年）、スウェーデン（1824 年）及びブラジル（1826 年）との間に、奴隷取引を違法化し相互臨検を認める二国間条約を次々と締結した[31]。PSI の臨検対象船舶の拡大をめざして、米国はこの方式を採用した。米国は、2004 年 2 月 11 日にリベリアと、2004 年 5 月 12 日にパナマとの間で二国間臨検協定を締結した。前者は PSI を目的として締結された協力協定の性格を持っており、とりわけ注目される。周知のように、リベリアもパナマも便宜置籍国であり、これらの協定の締結により世界の海上輸送の 30% を占める船舶が PSI の臨検の対象船舶になった。

　2004 年 2 月 11 日、米国とリベリアは、「海上における WMD、その運搬手段及び関連物質の拡散を抑止するための協力に関する米国・リベリア協定」を締結し、即時発効させた。本協定の前文は、「WMD、その運搬手段及び関連物質の特に海上における拡散、並びにこれらのものがテロリストの手に陥る危険を深く憂慮し、すべての WMD の拡散は国際社会の平和と安全にとって脅威であり、国連加盟国が拡散を防ぐ必要を強調する 1992 年 1 月 31 日の安保理議長声明を想起し」と規定し、協定締結の法的基盤として安保理声明を掲げながら、他方で、その具体的活動にあたっては、「海に関する慣習国際法の重要性を再

確認し、また1982年の国連海洋法条約の関連規定に留意し」行動することを誓い、18カ条に及ぶ条文につき合意した。その骨子は、まず、対象船舶は裸用船契約に基づいて当事国の一方の国内法によって登録された容疑船舶（無国籍船を含む）であること（3条）、かかる容疑船舶に対して要請する当事国の保安職員が国際水域（公海及びEEZ）で乗船・捜索する権限を認めるのみならず、拡散の証拠が発見された場合には、船舶や積荷及び乗組員を抑留する権限すら認めている。同時に、国籍の照会があった場合には2時間以内に回答することを義務づける（2時間ルール）とともに、臨検の権利及び当事国の国内法及び国際法に従った武器の使用を承認している（4条）、さらには抑留船舶、積荷、乗組員に対する管轄権の行使（押収、没収、差押え、起訴）を認めている（5条）、さらには当事国の国内法に従った押収財産の処分さえ承認している（12条）[32]。

　他方、PSIの政策立案者であるボルトン（John R. Bolton）軍備管理・国際安全保障次官補は、パナマとの間で、2004年5月12日にPSIを実施するための二国間臨検協定を締結した。本協定は、米国とパナマ間で1991年3月18日に署名され、その後2002年2月5日に補足協定が締結された、麻薬密輸や禁制品の運送といった違法行為を取り締るための「海上での法執行活動のための米国沿岸警備隊の援助に関する米国・パナマ間協定」を改正したものである。ここでも、先の米国・リベリア臨検協定の前文の表現に加えて、「特に、国際テロリズムと核兵器、化学兵器、生物兵器及びその他の潜在的な致死物質の違法な移動との密接な関連を懸念する2001年9月28日の安保理決議1373を想起し」という形で安保理決議にその法的基盤を求めると同時に、「2003年9月4日にパリのPSIの阻止原則声明に鼓吹され」という表現で、PSIを対象範囲に加えることとし、補足協定を改正し、その第1条で、「1 補足協定の第2条（定義）の（b）は次のように改正される。『（b）『不法取引』には海上における拡散及び国際法、両国が当事国である国際条約、この補足協定に従って執行が両当事国の法律によって正当化される限度で、禁止されているその他の違法な活動をも含む』に（u）項から（v）項を追加する。『（u）『海上における拡散』とは、WMD、その運搬手段及び関連物質の拡散懸念国及び非国家主体への、又はそれらからの船舶による運送をいう。（v）『WMD』とは、核兵器、化学兵器、生物兵器及び放射性兵器をいう」という文言が追加され、従来の活動に加えて、PSI協定を

その取り締まり対象に加えたのである。

　このように、臨検協定を新たに締結し、又は既存の二国間条約を改正する形で、PSI の実施のために、臨検の対象目的と対象船舶を拡大する方式を米国は採用しており、相手国の理解が得られるのであれば、さらに対象船舶の国籍は拡大するものと思われる。なぜなら、すでに米国は、10 カ国のカリブ海諸国（たとえば、コスタリカやベリーズなど）と包括的な海上反麻薬協定を締結し、これらを旗国とする船舶につき、麻薬の不正取引を国際水域（公海及び EEZ）で相互に取り締まることを協定しており、これらの協定を PSI のための臨検協定に転換することはさほど困難ではないからである[33]。

5　おわりに

　以上のように、米国は PSI の実効性を確保するために、多国間レベルでは、国連安保理決議の承認の獲得、現行の多数国間条約（具体的には SUA 条約）の改正、二国間レベルでは、新たな条約（臨検協定）の締結という立法政策を推し進めている。PSI の対象地域は、もっぱら中近東とアジア・太平洋地域であるといわれている。日本は、米国や豪州と並んで、特にアジア地域で PSI の主導的な役割を果たしている。その背景には、「アジアにおいては、北朝鮮による核問題及び弾道ミサイル活動がもたらす脅威は、現実かつ重大な問題」[34] であるとの認識がある。

　いうまでもなく、WMD の拡散は国際社会の平和と安全の維持という観点から見過ごすことができない問題である。とりわけ、核兵器テロの脅威は国際社会に共有されていると思われる。われわれは、現在、テロリズムと核の危険性という 2 つの脅威にさらされている。核物質やその他の WMD 関連物質の非実効的な輸出規制といった現実が、核兵器テロや他の WMD によるテロを現実のものとしているのであれば、それを阻止する努力が必要である。PSI の発想は、まさにこうしたものである。ただしわれわれは、こうした危機に対して、既存の国際法の秩序体系を犯すことのない形で、PSI を正しく運用していく必要がある。正しい意図が誤った行動を正当化するわけではない。個別の問題状況の解決に拘泥するあまり、現行の国際法体系、とりわけ海洋法条約の体系性

を危うくするような対応は避けるべきであろう。国際法上よく確立された規則
である、航行の自由、旗国主義及び領海における無害通航権を害することなく、
PSI の実効性を高めていく努力を継続する必要がある。国際社会の平和と安全
の維持のためにとり得る措置と現行の国際法規則の間には、ある種の溝がある
といえる。ある論者の比喩的表現を借りれば、さしずめ「北朝鮮は、その溝の
間を航行している」[35] といえる。PSI に関して現在行われているさまざまな努
力は、その溝を国際法の観点から埋める作業といえよう。

注

1　*The National Security Strategy of the United States of America*, September 2002, http://www. whitehouse.gov/nsc/nss.html.

2　山本武彦「不拡散戦略の新展開—PSI と CSI を中心にして」『大量破壊兵器不拡散問題』（日本国際問題研究所、2004 年）66-67 頁。

3　ソサン号事件の詳しい経緯については , J. Ashley Roach, "Initiatives to enhance maritime security at sea", *Marine Policy*, vol.28 (2004) , pp.53-54.

4　U.S. Department of State, Proliferation Security Initiative, Bureau of Public Affairs, Washington, DC, July 28, 2004, http://www.state.gov/t/np/rls/other/34726pf.htm.

5　どの国が拡散懸念国であるかは明らかにされてはいないが、北朝鮮、イラン、シリア、キューバなどが想定されていると思われる。

6　海上臨検訓練は 2003 年 9 月に豪州主催で豪州沖のコラル海で（海上保安庁が正式参加、防衛庁がオブザーバー参加）、同年 10 月にスペイン主催で西地中海で、11 月にはフランス主催で地中海で、2004 年 1 月には米国主催でアラビア海で、4 月にはイタリア主催で地中海で行われた。いずれの訓練にも、保安庁か防衛庁がオブザーバー参加している。外務省ホームページ参照。http://www.mofa.go.jp/mofaj/gaiko/gunso/genjyo/genjyo_06.html.

7　The Proliferation Security Initiative, Bureau of Nonproliferation, Washinton, DC, July 28, 2004, pp.3-4, http://www.state.gov/t/np/rls/other/34726pf.htm.

8　実際、こうした各国の協力を得て、2003 年 4 月にはハンブルグから中国向けのフランス船舶 Ville de Virgo 号から北朝鮮への不正輸出の疑いがあるウラン濃縮装置に転用可能な英国製アルミ管を発見し、2003 年 9 月末にはドバイからリビアに向かった BBC China 号（ドイツの運送会社が用船していた）を臨検したところ積荷目録にない濃縮ウラン精製のための遠心分離機の部品を発見し押収した。詳しくは、村上暦造「停船命令——近接権の性格を中心として」『平成 15 年度各国における海上保安体制の比較研究』（海上保安協会、2004 年 3 月） 9 頁参照。

9　兼原敦子「沿岸国としての日本の国内措置」『ジュリスト』1232 号（2022 年）63 頁。

10　2003 年 6 月、ギリシヤ領海を 680 トンの爆発物と 8000 の雷管を積み航行していたバルチック・スカイ号（コモロ船籍）は、ギリシヤ海軍に臨検され、違法に爆発物を輸送し、かつ沿岸当局に通告しなかったとして起訴された。Cf. Andrea Persbo and Ian Davis, "Sailing Into Uncharted Waters? The Proliferation Security Initiative and the Law of the Sea," *British American Security Information Council, Research Reports 2004.2*, pp.50-51.

11　この旗国主義は、公海の自由のコロラリーとして確立した規則となっている。1817 年のルイ号事件で、英国海事高等裁判所は、「国際法上、いかなる国も海洋の領有されていない共同の部分では、交戦権の行使の場合を除いて、臨検の権利を行使することはできない」と判示した。杉原高嶺「新麻薬条約と許可方式の臨検制度」『季刊海洋時報』58 号（1990 年）14 頁。

12　しかし、注意すべきは、この普遍的管轄権はもっぱら公海における執行にとどまっており、国家に海賊という組織犯罪を撲滅するために国内法によってこれを犯罪化し、その処罰を義務づけるものではないということである。海賊行為の犯罪化と処罰は、それぞれの国の立法裁量権にゆだねられている。その意味では、国の積極的な姿勢が必要とされる。

13　山本草二『海洋法と国内法制』（日本海洋協会、1988 年）197 頁。

14　ただし、単に無国籍というだけでは、せいぜい船長の国籍国に通報するにとどまるという見解もある。小田滋『注解国連海洋法条約（上）』（有斐閣、1985 年）303 頁。

15　この他、1995 年の国連公海漁業実施協定においても、旗国主義を原則としながらも、他の締約国船舶による執行管轄権の行使を認めている（21 条）。

16　詳しくは、「麻薬及び向精神薬の不正取引防止国連条約」を例に解説する山本草二『国際刑事法』（三省堂、1991 年）330 頁参照。

17　Note by the President of the Security Council, S/23500, 31, January 1992, p.4.

18　S/RES/1540（2004），pp.1-2.

19　その意味で、今回の決議は、かつての南ローデシアに関する決議 221 (1966)、湾岸戦争の際の決議 665 (1990)、旧ユーゴ紛争に関する決議 713 (1991)、ボスニア・ヘルツェゴビナの非人道的行為に関する決議 757 (1992) 及びハイチの事態に関する決議 875 (1993) のような、加盟国に禁輸執行を命じる海上阻止行動 (Maritime Interception Operation, 以下、MIO) とは異なる。MIO とは、国連憲章 7 章の下での禁輸措置の「決定」や「要請」が行われ、禁輸が遵守されない場合に禁輸の執行を加盟国に「要請」し、この権限付与により船舶検査 (inspection) が許容されるものである。事態はそのような状況に至ってはいない。詳しくは、拙稿「大量破壊兵器の拡散防止構想と日本―PSI の参加をめぐって」『国際協力時代の国際法』（関西大学法学研究所、2004 年）16-20 頁参照。

20　事件の詳しい内容については, Cf. The Investigation into the Attack on the U.S.S. Cole,

Report of the House Armed Services Committee Staff, May, 2001.

21　真偽の程は不明であるが、ワシントンポストの記事 (2002 年 12 月 31 日) によれば、アルカイダは、自爆テロや爆発物等の密輸に使用可能な約 15 隻の貨物船を所有しているとの報道もある。Cf. Roach, *supra* note 3, p.41.

22　その意味では、杉原高嶺教授の「本条約は発生した事件の迅速な抑止と犯人の逮捕という面からは限界がある」との批判が妥当する。杉原高嶺『海洋法と通航権』(日本海洋協会、1991 年) 204 頁。

23　米国は、その後も、積極的な改正提案を行い、2003 年 2 月 23 日 (LEG86/5)、2003 年 8 月 8 日 (LEG87/5/1)、2004 年 2 月 13 日 (LEG88/3) に新提案を行っている。SUA 条約で改正の対象となっているのは、1 条、2 条、3 条、8 条、11 条、12 条及び 20 条である。他の条文も修文上の提案がなされている。Cf. LEG88/3, ANNEX$_2$, pp.1-17.

24　LEG84/6, 13 March 2002, paras. 1-3 and 7.

25　LEG87/5/1, 8 August 2003, para.8. なお、メキシコ政府は、WMD の明確な定義なしには濫用の危険性があることを指摘している。Cf. LEG88/3/1, 19 March 2004, paras.10-13.

26　LEG87/5/1, 8 August 2003, ANNEX$_2$, p.8.

27　日本政府は、米国による SUA 条約及び議定書の改正努力を評価しながらも、他のテロ関係条約との重複がないかどうか、また法執行官による乗船については海洋法の既存の規則との適合性など慎重に検討すべきであるとの見解を表明している。Cf. LEG85/4/1, 23 September 2002, paras.3-6.

28　LEG87/5/1, ANNEX$_2$, p.8. この 4 時間ルールは、最新の提案でも維持されている。Cf. LEG88/3, 13 February 2004, ANNEX 2, p.9.

29　Cf. LEG88/3/3, 19 March 2004, paras.2-4. なお、ICS などは、8 条 bis につき独自の提案を行っている。Cf. LEG88/3/4, 19 March 2004, ANNEX.

30　SUA 条約の改正作業の動向については、Cf. Roach, *supra* note 3, pp.46-48 and pp.55-63.

31　この点については、杉原・前掲注 (22) 207 頁参照。

32　Proliferation Security Initiative Ship Boarding Agreement with Liberia, http://www.state.gov/t/np/trty/32403.htm. 米国は、2004 年 8 月 13 日、マーシャル諸島と同様の協定を締結した。

33　拙稿「排他的経済水域における違法行為取締りに関する米国の対応」『排他的経済水域における沿岸国管轄権の限界』(日本国際問題研究所、2003 年) 7-9 頁。

34　2003 年 11 月 13 日に PSI に関してアジア各国の理解と協力を促すために開催されたアジア不拡散協議 (ASTOP) での阿部俊子外務副大臣の演説。Cf. http://www.mofa.go.jp/mofaj/press/enzetsu/15/eg_1113.html.

35　Benjamin Friedman, "The Proliferation Security Initiative; The Legal Challenge", *Policy Brief*, September 2003, p.8.

3　外交問題に関する新聞時評

（1）中国

私の視点　中国人船長釈放 最悪のタイミングだ

『朝日新聞』(2010 年 9 月 25 日)

　検察当局は 2010 年 9 月 24 日、東シナ海の尖閣諸島沖で逮捕した中国人船長を、処分保留のまま釈放すると発表した。これは最悪のタイミングだ。

　なぜなら、中国側によるレアアース（希土類）の対日輸出禁止、邦人 4 人の拘束、温家宝首相の米国での「さらなる対抗措置をとる」という発言が報じられた直後だからだ。日本側がまるで中国の圧力に屈したかのような印象を多くの人は持つだろう。

　中国人船長の勾留は石垣簡裁の決定で 29 日まで延長していた。この法的処分に対し、政治的な判断が勝った印象を与えてしまった。24 日の発表が適切か、疑問だ。 日本は立法、行政、司法が独立した三権分立の国家だ。釈放は「日本国民への影響や今後の日中関係を考慮した」（那覇地検）との発表では、政府が否定しても、司法に対し何らかの政治的判断があったと思われても仕方がない。将来に禍根を残す。

　私は、日本側はこの事件の早い段階から中国側に対してある種の「慮り」を示していたと見ている。逮捕容疑が公務執行妨害だったことがその一つだ。同罪の成立には「暴行または脅迫」や「犯意」の立証が必要だが、今回の事案を報道で見るかぎり、「該当しない」という法的判断余地はありうるように思えたからだ。 実は、この事案に適用すべき国内法に「外国人漁業規制法」がある。これは、日本の領海内で大臣の指定を受けない外国人の漁業を禁止する法律だ。こちらの立証は拿捕した漁船を調べれば容易だったろう。だがこの容疑の話は聞こえてこなかった。

　日本側は領有権の問題が前面に出て、外交的なあつれきが生じるのを避けよ

うとしたのではないか。残念ながら日本側のメッセージは中国側には届かなかったが。

　日本政府は「尖閣諸島は日本固有の領土であり、他国と領有権の問題は発生しない」という立場だ。一方、中国もここを自国領土とし、「ただちに船長を釈放せよ」と求めていた。今回の処分保留の決定は、「尖閣諸島は日本の領土」という従来の主張を自ら疑わしめることにならないだろうか。というのは、「領有権を争っている地域だから、自国の法律を一方的に適用するのは差し控えよう、それが衝突の拡大を防ぐことになる」という論理を、日本側が採用してしまったようにも見えるからだ。

　日中両国は「戦略的互恵関係」で合意し、東シナ海を「紛争の海」から「協力の海」にすることで一致したはずだ。その延長線上に東シナ海の日中共同開発がある。もし、この枠組みを壊してしまったら、どちらの国も資源確保の利益を得られなくなってしまう。

　東シナ海を「紛争の海」に戻さないためにも、日中両国、とりわけ中国側に、自制的態度を求めたい。

東シナ海ガス田
──中国の行為は国際法違反──

『朝日新聞』(2011 年 4 月 22 日)

　中国海洋石油幹部が東シナ海ガス田「白樺」(中国名・春暁)で生産活動を開始したとの報道に接した。中国は「白樺ガス田に完全な主権と管轄権がある」と主張するが、日中間には大陸棚の境界画定はなされていない。中国は自然延長論に立ち沖縄トラフまでを中国の大陸棚と主張するのに対して、日本は中間線を主張しており決着はついていない。そこで、両国は境界画定を棚上げにして、2008 年 6 月に日中両国首脳が「日中共同プレス発表」で共同開発に合意した。

　合意は、北部海域における共同開発と白樺への日本法人の参加、合意された以外の海域については継続して協議を行うことをその内容とするものである。中国の行為はこの共同開発の合意に反することはもちろん、両国がともに締約国である海洋法条約に違反する行為である。

　海洋法条約は、大陸棚の境界未画定の海域では、「関係国は、1 の合意〔境界画定に関する合意〕に達するまでの間、理解及び協力の精神により、実際的な性質を有する暫定的な取極を締結するため及びそのような過渡的期間において最終的な合意への到達を危うくし又は妨げないためにあらゆる努力を払う。暫定的な取極は、最終的な境界画定に影響を及ぼすものではない」(83 条 3 項)と規定する。共同開発の合意はこの暫定的取極の性格をもつと同時に、二国間の紛争案件を協力案件に変えるという政治的に賢明な判断の所産である。

　この問題を考えるにあたって、ガイアナとスリナムの海洋境界画定をめぐる紛争が参考になる。海洋法条約に基づいて設置された仲裁裁判所は、2007 年の判決においては、境界未画定区域において一方的に資源探査活動を実施することは、海洋法条約がいう合意を阻害する行為にあたると判示している。今回の中国の行為は生産活動であり、なおさらこれに該当する。

　中国は、21世紀の国際秩序の形成に積極的に関与することになると思われる国だが、こうした国がひとたび合意を守らない国との烙印を押されれば、中国との合意に全幅の信頼を置く国はなくなるだろう。合意の性格が法律的合意であれ政治的合意であれ、共同開発の合意を最大限尊重することが中国の国益であることを知るべきだ。

　世界、とりわけ近隣のアジア諸国は、東シナ海の共同開発の合意の行方に注目している。日中両国は、双方の法的立場の相違を乗り越え共同開発の合意を遵守し、その実施のために必要な国際約束の締結に向けて努力を継続すべきである。東シナ海を「協力の海」と位置づけた共同開発の合意を無視することは、東シナ海を「紛争の海」に戻す事態となる。戦略的互恵関係の象徴たる共同開発事業の成功のためにも、日中双方、とりわけ中国に自制が求められる。

(2) 韓国

「竹島」国際司法裁提訴　韓国は国連原則を守れ

『読売新聞』(2012年9月5日)

　日本は、2012年8月21日、竹島問題を国際司法裁判所(ICJ)に共同提訴する提案を行った。これに対して、韓国は、竹島(韓国名：独島)は韓国固有の領土であり、日本の提案は「一顧の価値もない」として、これを拒否した。

　しかし、竹島の領有権について両国間に紛争が存在することは紛れもない事実である。韓国併合前から日本領であった竹島に対し、領有権の問題を提起したのは韓国であり、対日平和条約の起草時に遡る。条約の起草過程における米韓のやりとりは、竹島に対する日本の領有権を認め、韓国の主張を否定するものであった。

　米国務省による当初の平和条約草案では、たしかに竹島は日本が放棄すべき島嶼に含まれていた。しかし、この草案に対し、東京駐在のシーボルド駐日政治顧問が、国務省担当者に電報を送り、「竹島の再考を勧告する。この島に対する日本の領土主張は古く、正当と思われる」と具申した。この指摘を受け、国務省は条文を修正し、日本が保持する島に竹島を加えた。国務省作成の注釈には、「竹島は、1905年に日本により正式に、朝鮮の抗議を受けることなく領土主張がなされ、島根県隠岐支庁の管轄下に置かれた」との記述が残る。

　韓国は、日本が放棄する地域に竹島を含むよう米国に修正を要求した。しかし、当時のラスク国務次官補が韓国大使に宛てた公文では、「米国政府は、遺憾ながら修正に賛同できない。竹島として知られる岩島は、我々の情報によれば朝鮮の一部として取り扱われたことはない」と述べて、これを拒否したのである。

　平和条約でみずからの主張を実現できなかった韓国は、1954年に一方的に李承晩ラインを引き、その内側に竹島を取り込んだ。それ以来、韓国による不

法占拠が継続している。

　国際法上、一国の主張によって紛争の存否が決定されるわけではない。戦前の常設国際司法裁判所は、「紛争とは、2つの国家間の法律又は事実の論点に関する不一致、法律的見解又は利益の衝突である」と定義した。また、ICJ も、「国際紛争が存在するか否かは客観的に決定されるべきであり、単に紛争が存在しないとの主張がその不存在を証明することにはならない」と述べた。

　これらの判例に従えば、竹島の領有権をめぐる「紛争」は存在する。なぜなら、両国はともに、この島の領有権を主張しており、両国の法律的見解の衝突があるからである。

　日本の ICJ への紛争付託の提案は、1954 年、1962 年に続いて三度目である。今回は大きく事情が異なる点がある。1991 年に韓国が国連の加盟国となったことである。

　国連憲章は、加盟国が紛争を平和的手段によって解決することを定めている。加盟国である日韓は、国連のこの基本原則を受け入れているはずである。しかも、現在の国連事務総長は韓国籍の潘基文氏である。日本による今回の提案は、加盟国として当然のことであり、これを拒否する韓国側の姿勢は到底支持できるものではない。

日韓合意　誠実な履行を

『読売新聞』(2018 年 1 月 10 日)

　日韓両国外相は、2015 年 12 月 28 日、共同記者発表において、「韓国政府が元慰安婦の女性を支援する財団を設立し、日本政府がその資金を拠出することで、この問題が最終的かつ不可逆的に解決されること」を確認した。しかし、2018 年 1 月 9 日の康京和外相による、日本が拠出した 10 億円相当額を韓国政府の予算で拠出するとの表明は、先の日韓合意に反している。10 億円の扱いにつき日本に協議を求めるのは、再交渉の提案にほかならない。

　合意の再交渉を公約に掲げ初当選した文在寅大統領は、この合意を検証するための作業部会を設置した。作業部会は昨年 12 月 27 日に報告書を公表し、合意は被害者の理解と同意を得ることに失敗した「一方的な」合意であり、合意に至る協議が「秘密交渉」だったと非難する。本報告書の公表に伴い、韓国の財団の理事 5 人が辞表を出すなど、合意履行が危ぶまれる事態がすでに生じていた。

　言うまでもなく、日韓外相の合意は両国首脳の意向を踏まえた政府間の公式の合意である。合意の性格が条約でなく政治的合意であったとしても、「合意は守らなければならない」のであり、国際法上、合意履行の期待は条約と異ならないと言えよう。

　韓国政府は、合意に至る過程が「秘密交渉」であったとの言葉を用い、あたかも民主的な手続きが確保されていなかったかのような印象操作を行っている。しかし、機微に触れる案件につき、非公式協議を行うことは通例であり、それに同意したのは韓国自身であることを忘れてはならない。非公開とすることで合意した内容を一方的に公開した今回の韓国政府の行為が、外交慣例と信義則に反することは論を待たない。

　韓国では、日韓合意に対する世論の批判が多いと聞くが、合意当事者である韓国政府が行うべきは、世論に迎合することではなく、その世論を変えるための努力である。しかし、文大統領は、今月4日に元慰安婦らと懇談し、「合意が公式合意だった事実は否定できないが、合意で慰安婦問題が解決したと受け止めることはできない」と述べたとされる。その「公式合意」の中で、慰安婦問題が「最終的かつ不可逆的に解決されることを確認する」と述べたことの重みを、韓国政府はどのように考えているのだろうか。

　日韓合意は、片方が他方に一方的に押しつけたものではなく、冷え込んだ日韓関係改善のために双方が折り合った成果である。賠償請求権問題が「完全かつ最終的に解決された」ことを確認した1965年の日韓請求権協定の存在にもかかわらず、日本の首相が、改めて元慰安婦の方々に心からのおわびの気持ちを表明する形で歩み寄ったものだ。同時に、過去のことに終止符を打って未来を志向しようとする日韓両国の理性的姿勢の所産でもあった。過去の歴史を「他者の告発」にだけ用いても、何の解決にもならない。

　合意を守らない国と言われぬように、韓国政府に日韓合意の誠実な履行を求めたい。

韓国政府は自らが締結した協定を守れ

『読売新聞』(2018 年 12 月 5 日)

　日韓両国の関係を揺るがすような判決が韓国大法院によって立て続けに出されている。今回の判決は、すでに徴用工の請求権の問題は解決済みとする1965 年の日韓請求権協定の内容を覆す内容だ。自らの意思で締結した条約を守らないのは、日本も韓国も当事国である条約法に関するウィーン条約が定める「合意は守らなければならない」との規則に違反している。韓国の最高裁の判決といえども国内の判決にすぎず、国内法を理由に条約の不履行を正当化できないことは、ウィーン条約で確認されている。韓国政府は司法府の判断を尊重すると述べているが、韓国政府がやるべきことは、その前に、国際法の基本原則に反する判決が出ないように、外交関係に責任を負う行政府として、日韓請求権協定の合意内容を正確に法廷で述べることであった。

　韓国大法院は、日韓請求権協定及びその合意議事録のどこにも日本の植民地支配の不法性が言及されていないので、植民地支配の不法性と直結する請求権までも協定の対象に含まれていると見るのは難しいとした。元徴用工の強制動員慰謝料請求権は同協定では解決されておらず、新日鉄(現：日本製鉄)や三菱重工には損害賠償義務があるというのである。

　日韓両国の関係正常化のために、1965 年 6 月 22 日に日韓基本条約と日韓請求権協定がセットで締結された。韓国大法院がいうように、日本の植民地支配が不法であるというためには、1905 年の第 2 次日韓協約(保護条約)や 1910 年の日韓併合条約といった旧条約が無効な条約であったとの合意が日韓基本条約に存在する必要がある。しかし、そのような合意は存在しない。韓国大法院の判決は、旧条約の効力に関する日韓基本条約第 2 条のこれらの条約は「もはや無効であることが確認される」という当時の日韓両国の妥協を受け入れず、旧

条約は「当初から無効」であり日本による植民地支配は不法であるとの韓国側の交渉時における一方的主張に依拠しており、条約解釈として問題がある。

　合意議事録の中では、「完全かつ最終的に解決されたこととなる請求権に関する問題については、（1951年に韓国が要求した）対日請求（8項目）範囲に属するすべての請求が含まれており、従って今後いかなる主張もなしえない」ことが確認された。この8項目の第5項に徴用工問題が入っている。徴用工の未収金、戦争被害に対する補償の問題は、日韓請求権協定ですでに解決されていた。しかも、韓国大法院の今回の判決は、2005年8月の盧武鉉政権における「日韓請求権協定を通じて日本から受け取った3億ドルは、強制動員の被害補償問題解決の性格を持つ資金」との結論にも反している。

　韓国政府には、自らが締結した条約を遵守する早急な対応を望みたい。

徴用工訴訟の韓国最高裁判決

『読売新聞』(2019 年 3 月 30 日)

　韓国の文在寅大統領は 1 月の年頭記者会見で、徴用工問題についてこう述べた。

　「韓国政府は司法府の判断を尊重しなければならない。日本は仕方がないという認識を持つべきだ」

　韓国大法院(最高裁)が憲法を理由に、徴用工問題で日本企業に賠償を命じた。韓国政府としては従わざるを得ないというわけだ。

　果たしてそうだろうか。日韓両国が当事国である「条約法に関するウィーン条約」は、「条約の不履行を正当化する根拠として自国の国内法を援用することができない」(27 条)と規定する。つまり、徴用工問題などが「完全かつ最終的に解決」されたとする日韓請求権・経済協力協定について、韓国憲法を理由に否定する判決は国際法上、通らないことははっきりしている。日本が「仕方ない」と思う必要はない。

　日本は徴用工問題をめぐり、請求権協定 3 条 1 項に基づいた外交での協議を呼びかけているが、韓国側はすでに 3 か月近く回答を先延ばしにしている。条約に反した紛争解決を阻害する行為といえよう。2011 年に慰安婦問題で韓国が同様の協議を要請した時は、日本は請求権協定で「最終的かつ完全に解決されている」と明確に回答した。韓国の対応とは異なる。

　韓国に十分な時間的猶予を与えた日本としては、次の対応として請求権協定に基づく仲裁委員会の設置を求めることが可能だ。国際司法裁判所(ICJ)に問題を提訴することもできる。韓国は ICJ の強制管轄権を受諾していないので実現は難しいが、こうした手続きを 1 つずつ踏めば、日本が韓国に制裁など対抗措置を取ることが可能になる。対抗措置について定めた国連の国家責任条文

50条2項(a)が「当該国と責任国との間で、適用可能なあらゆる紛争解決手続きに基づく義務を取る必要がある」と定めているためだ。

　慰安婦問題でも、日本はアジア女性基金を作ったり、2015年の日韓合意を実現させたり、手続きを踏んで誠実に対応してきた。だが、韓国は日韓合意に基づき、元慰安婦を支援してきた「和解・癒やし財団」を一方的に解散する決定を行った。

　日韓関係には、法を重視する日本と、自らが主張する「正義」を貫こうとする韓国という価値の相克が起こっているのだろう。だが、「正義」や「憲法」は人の数、国の数だけある。憲法を根拠に議論しても、国際的な紛争は解決できない。国際社会における共通言語は、国際法しかない。

　さらに、文政権下で今年1月、元徴用工訴訟の審理を遅らせたとして、前政権時代の大法院長（最高裁長官）が逮捕された。文政権は、元徴用工訴訟の判決について「司法を尊重する」と言いながら、前政権時代の司法を全く尊重していない。これでは、国際的な理解を得られないだろう。

　文氏は日韓関係の「未来志向」を語るが、未来は「現在」の延長線上にある。現在をこれだけ壊しておきながら、どんな未来があると考えているのか。理解に苦しむと言わざるを得ない。

（3）ロシア

危害射撃は適切に行われたか

『読売新聞』(2006 年 8 月 23 日)

　2006 年 8 月 16 日未明、北方領土貝殻島海域で操業中の日本漁船「第 31 吉進丸」(坂下登船長ら 4 人が乗り組み)がロシア警備艇の銃撃を受け、乗組員である盛田光広さんが銃撃により死亡し、船舶・乗組員が拿捕・連行される事件が発生した。事件の詳細な事実関係は未だ不明だが、ロシア側は、日本漁船は停船命令を無視して逃走し、盛田さんは警告射撃により誤って被弾したものであり、すべての責任は「密漁を行った当事者たちと、密漁を放置した日本当局にある」と説明しているという。実際に、同漁船が日ロの「中間ライン」を越えてロシア側水域で花咲ガニの密漁を行っていたかどうかは定かではないが、仮に密漁を行っていたとしても今回のロシア側の措置がはたして国際法上妥当な措置であったかどうか疑念が残る。

　事件が起きたのは、日ロが領有権を争っている北方領土の 4 島の 1 つである歯舞群島の海域である。周知のように、歯舞群島を含む択捉島、国後島および色丹島は日本の固有の領土である。外務省がロシアの駐日臨時代理大使を呼んで、「わが国の領海内での銃撃、拿捕を意味し、到底容認できない」と抗議したのは、歯舞群島は日本の領土であり、その周辺海域は当然日本の領海であるから、取締管轄権をロシア側が行使し、銃撃拿捕したことは認めることはできないというのである。なお、国際法上、領海で外国漁船が漁獲行為を行うことは禁止されている。

　外国漁船の取締りを沿岸国が行う場合、対象行為は取締り権限を行使しうる地理的位置で生じなければならないし、当該船舶による適用法規の違反が存在しなければならない。ロシア側の立場に立てば、北方 4 島は戦後ロシアが実効支配を行っており、対象行為はロシアの「領海」で発生し、1998 年に北方 4 島

での操業を定めた日ロ漁業協定の了解覚書で認められている魚種（花咲ガニは含まれていない）以外の魚種を違法に漁獲していたので取り締まったという理屈になる。しかし、同協定には取締り権限についての規定はない。事件が、両国が領有権を争う島の周辺海域で生じたことが、事態を複雑にしている。

　いずれにしろ、ロシア側が現実に取締り権限を行使していることは事実である。その際、今回の日本漁船に対するロシアによる武器の使用が国際法上の要件を満たしているかどうかが問題となる。この問題を考えるにあたって参考となる国際判例がある。セントビンセントを旗国とするサイガ号がギニア当局により継続追跡され拿捕された際に、過度の実力行使が行われなかったかどうかが争われた、国際海洋法裁判所のサイガ号事件（1999年）である。同裁判所は、本判決で、「実力の行使はできる限り回避し、それが不可能な場合は、状況において合理的かつ必要な限度内でなければならない。人道の考慮は、海洋法にも適用される」と判示した。同時に、「追跡の船舶が最後の手段として実力を行使しうるのは、適当な行動が失敗した後である。その場合でさえも、適当な警告が当該船舶に発せられ、人命を危険にさらさないようにあらゆる努力が払われるべきである」ことを確認した。

　ロシア側は、当時波が高く警告射撃が誤って命中したとの説明を行っているという。しかし、警告射撃は、本来、意図しない標的にあたる危険性を考慮しながら、対象船舶の乗組員などを傷つけないように行使されなければならない。純粋な漁業事件においては、米国沿岸警備隊の実行にもあるように、武器の使用は著しく制限されている。今回のロシア警備艇による発砲が、非武装の漁船の拿捕の方法として過度なものでなかったかどうか、実弾射撃が国際法上の要件を満たす方法で行われたかどうかを、日本側は厳しく追求する必要があるように思われる。

一刻も早い戦争終結を

『東京新聞』(2022 年 7 月 3 日)

　2022 年 2 月 24 日、ロシアによる「特別軍事作戦」と称するウクライナ侵攻が始まり、ウクライナの人々の平和な日常が全土で奪われる事態が生じた。世界193 カ国が加盟する国連は、加盟国に国際紛争の平和的解決の義務と武力による威嚇、武力の行使を禁止している（国連憲章 2 条 3 項・4 項）。ロシアの行為は国連憲章に違反する。

　われわれが今回目撃しているように、戦争は何の罪もない一般市民を襲う。戦争は人命を奪う最もひどい人権侵害である。ロシア軍の戦争犯罪の犠牲となった多くの市民の遺体が発見されたウクライナのブチャは、戦争の悲惨さと平和の尊うさを伝える場所として今後世界に記憶されるであろう。

　平和の破壊によって影響を最も受けるのは、何よりもまず個人である。日本国憲法は、「われらは、全世界の国民が、ひとしく恐怖と欠乏から免れ、平和のうちに生存する権利を有することを確認する」（前文）と宣言する。世界人権宣言（1948 年）は、「人類社会のすべての構成員の固有の尊厳及び平等で奪い得ない権利を認めることが世界における自由、正義及び平和の基礎をなすものである」（前文）と述べて、人権の保障が平和の基礎であるとする。ロシアでは、表現の自由の行使である反戦デモさえ弾圧される人権状況下にあることを考えると、平和の条件としての人権の保障の大切さがわかる。

　2015 年に国連総会で採択された持続可能な開発計画（SDGs）は、「誰一人取り残さない」を合い言葉に、17 の目標を定めている。「平和と公正をすべての人に」と題する目標 16 は、平和で包摂的な社会を推進し、あらゆる形態の暴力をなくし、人権を尊重する法の支配に基づく効果的な統治を呼びかけている。戦争はその対極にある。地球温暖化による気候変動や生物多様性の減少など地球を

限界に追い詰めている現在の地球環境下にあって、最たる環境破壊である戦争を一刻も早く終わらせる必要がある。

事項索引

264

さ行

人名索引

著者

坂元 茂樹（さかもと しげき）

神戸大学名誉教授、法学博士（神戸大学）

一般財団法人国際法学会代表理事、国際人権法学会理事長、日本海洋政策学会会長、日本海洋法研究会会長、国連人権理事会諮問委員会委員、国連海洋法条約附属書Ⅶに基づく仲裁人、みなみまぐろ事件（豪州・NZ対日本）日本政府代表団顧問、海上保安庁海上法執行調査研究委員会委員長、最高検察庁参与、（公財）人権教育啓発推進センター理事長、（公財）世界人権問題研究センター理事長などを歴任。

〈主要著・編著〉

『人権法と人道法の新世紀』（共編著）（東信堂、2001年）、『21世紀国際社会における人権と平和』（上下巻）（共編著）（東信堂、2003年）、『条約法の理論と実際』（東信堂、2004年）［第38回安達峰一郎賞受賞］、『国際人権条約・宣言集』（共編）（東信堂、第3版・2005年）、『法科大学院ケースブック 国際人権法』（共著）（日本評論社、2006年）、『講座国際人権法1 国際人権法と憲法』（共編著）（信山社、2006年）、『講座国際人権法2 国際人権規範の形成と展開』（共編）（信山社、2006年）、『有斐閣Sシリーズ・国際法』（共著）（有斐閣、第5版・2007年）、『講座国際人権法3 国際人権法の国内的実施』（共編著）（信山社、2011年）、『講座国際人権法4 国際人権法の国際的実施』（共編）（信山社、2011年）、『国際立法の最前線』（編著）（有信堂、2009年）、『現代国際法の思想と構造Ⅰ・Ⅱ』（共編著）（東信堂、2012年）、『普遍的国際社会への法の挑戦』（共編著）（信山社、2013年）、『国際環境条約・資料集』（共編）（東信堂、2014年）、『国際海峡』（編著）（東信堂、2015年）、『ブリッジブック国際人権法』（共著）（信山社、第2版・2017年）、『人権条約の解釈と適用』（信山社、2017年）、『判例国際法』（共編著）（東信堂、第3版・2019年）、『実証の国際法学の継承』（共編著）（信山社、2019年）、『ベーシック条約集2020』（共編）（東信堂、2020年）、『侮ってはならない中国―いま日本の海で何が起きているのか』（信山社、2020年）、『防衛実務国際法』（共著）（弘文堂、2021年）、『現代海洋法の潮流4 国家管轄権外区域に関する海洋法の新展開』（共編著）（有信堂、2021年）、『海の生物と環境をどう守るか―海洋生物多様性をめぐる国連での攻防』（共編著）（西日本出版社、2022年）、『海上保安法制の現状と展開―多様化する海上保安任務―』（共編著）（有斐閣、2023年）、A Global Impact（co-edit）（Hurst, 2023）、『日本の海洋政策と海洋法』（信山社、第3版・2023年）

国際法で読み解く外交問題

2024年3月25日　　初　版第1刷発行　　　　　　　　　　　　〔検印省略〕

定価はカバーに表示してあります。

著者ⓒ坂元茂樹／発行者 下田勝司　　　　　　　　印刷・製本／中央精版印刷

東京都文京区向丘 1-20-6　　郵便振替 00110-6-37828
〒113-0023　TEL（03）3818-5521　FAX（03）3818-5514

発 行 所
株式
会社 東信堂

Published by TOSHINDO PUBLISHING CO., LTD.
1-20-6, Mukougaoka, Bunkyo-ku, Tokyo, 113-0023, Japan
E-mail : tk203444@fsinet.or.jp　http://www.toshindo-pub.com

ISBN978-4-7989-1876-1 C3032　　ⓒ SAKAMOTO Shigeki

東信堂

〒113-0023　東京都文京区向丘1-20-6　TEL 03-3818-5521　FAX 03-3818-5514
Email tk203444@fsinet.or.jp　URL:http://www.toshindo-pub.com/

東信堂

蔑まれし者たちの時代 ——現代国際関係の病理	ベルトランド・バディ著 福富満久訳	二四〇〇円
サステナビリティ変革への加速	国際基督教大学社会科学研究所編 上智大学グローバル・コンサーン研究所編	二七〇〇円
緊迫化する台湾海峡情勢 ——台湾の動向二〇一九〜二〇二一年	門間理良著	三六〇〇円
ウクライナ戦争の教訓と日本の安全保障	神余隆博著	一八〇〇円
「ソ連社会主義」からロシア資本主義へ ——ロシア社会と経済の100年	松村五郎著	
パンデミック対応の国際比較	岡田進	三六〇〇円
リーダーシップの政治学	川上高司 石井貫太郎 編著	二〇〇〇円
2008年アメリカ大統領選挙 ——オバマの当選は何を意味するのか	石井貫太郎	一六〇〇円
オバマ政権はアメリカをどのように変えたのか ——支持連合・政策成果・中間選挙	吉野孝 前嶋和弘 編著	二〇〇〇円
オバマ政権と過渡期のアメリカ社会 ——選挙、政党、制度、メディア、対外援助	吉野孝 前嶋和弘 編著	二六〇〇円
オバマ後のアメリカ政治 ——二〇一二年大統領選挙と分断された政治の行方	吉野孝 前嶋和弘 編著	二四〇〇円
危機のアメリカ「選挙デモクラシー」 ——社会経済変化からトランプ現象へ	吉野孝 前嶋和弘 編著	二五〇〇円
ホワイトハウスの広報戦略 ——大統領のメッセージを国民に伝えるために	M・J・クマー著 吉牟田剛訳	二七〇〇円
「帝国」の国際政治学——冷戦後の国際システムとアメリカ	山本吉宣	二八〇〇円
国際関係入門——共生の観点から	黒澤満編	四七〇〇円
国際共生とは何か——平和で公正な社会へ	黒澤満編	一八〇〇円
現代共生と広義の安全保障	黒澤満編	二〇〇〇円
現代アメリカのガン・ポリティクス	鵜浦裕著	二〇〇〇円
暴走するアメリカ大学スポーツの経済学	宮田由紀夫著	二六〇〇円
グローバル化と地域金融	内田真人編著	三〇〇〇円
現代国際協力論——学融合による社会科学の試み	柳田辰雄編著	三三〇〇円

※定価：表示価格（本体）＋税

〒113-0023　東京都文京区向丘1-20-6　TEL 03-3818-5521　FAX03-3818-5514
Email tk203444@fsinet.or.jp　URL:http://www.toshindo-pub.com/